U0498265

教育部人文社会科学研究一般项目，批准号：18YJAZH06
盐城工学院人文社科出版基金、盐城产业经济研究院资助出版

近代中国秘密社会

生存模式的社会学研究

陆勇 著

JINDAI ZHONGGUO MIMI SHEHUI
SHENGCUN MOSHI DE SHEHUIXUE YANJIU

西南财经大学出版社

中国·成都

图书在版编目(CIP)数据

近代中国秘密社会生存模式的社会学研究/陆勇著.—成都:西南
财经大学出版社,2024.5
ISBN 978-7-5504-6078-2

Ⅰ.①近… Ⅱ.①陆… Ⅲ.①帮会—研究—中国—近代
Ⅳ.①D693.75

中国国家版本馆 CIP 数据核字(2024)第 034450 号

近代中国秘密社会生存模式的社会学研究

JINDAI ZHONGGUO MIMI SHEHUI SHENGCUN MOSHI DE SHEHUIXUE YANJIU

陆勇　著

策划编辑:雷　静
责任编辑:雷　静
责任校对:李建蓉
封面设计:墨创文化
责任印制:朱曼丽

出版发行	西南财经大学出版社(四川省成都市光华村街55号)
网　　址	http://cbs.swufe.edu.cn
电子邮件	bookcj@swufe.edu.cn
邮政编码	610074
电　　话	028-87353785
照　　排	四川胜翔数码印务设计有限公司
印　　刷	郫县犀浦印刷厂
成品尺寸	170 mm×240 mm
印　　张	14.75
字　　数	339 千字
版　　次	2024 年 5 月第 1 版
印　　次	2024 年 5 月第 1 次印刷
书　　号	ISBN 978-7-5504-6078-2
定　　价	88.00 元

1. 版权所有,翻印必究。
2. 如有印刷、装订等差错,可向本社营销部调换。

内容简介

　　本书在系统梳理传统秘密社会生存模式的基础上，从社会学视角研究了近代中国社会转型过程中，秘密社会的组织结构形式、资源获取方式、社会交往模式和内部聚合机制等显性要素的变化，并分析这些变化对近代秘密社会组织生存与发展的意义。全书涉及社会学、组织学、历史学、心理学等多学科领域，其前瞻性和创新性体现在两个方面：一是研究近代秘密社会生存模式的调整及其社会学意义；二是从分析生存模式的角度来探究秘密社会的生存空间问题。本书坚持以辩证唯物主义与历史唯物主义为指导，以中时间段为主，同时把长时间段和短时间段相结合，并且兼顾宏观和微观来进行综合研究。本研究成果有助于更深层次理解和把握近代中国基层社会变迁，同时也为当代社会治安综合治理提供借鉴。

前　言

　　近代是中国秘密社会发展的膨胀时期，各种教门与帮会组织遍及城乡基层社会，它们依附于主流社会而生存、繁衍，成为近代中国"亚"社会系统的"暗流"。秘密社会与近代社会变迁交互，"传统意义上近代中国的三大高潮竟是与秘密结社密不可分的"①。与传统秘密社会相比，近代秘密社会从组织结构形式、资源获取方式、社会交往模式和内部聚合机制等各方面发生了嬗变，生存模式的适应性调整是其组织膨胀的重要原因。秘密社会的生存模式是秘密社会组织及其成员在主动适应自然和社会生存环境过程中形成的相对稳定的生存方式。生存模式的适应性调整及其带来的组织膨胀，是近代秘密帮会与秘密教门的共同点。分析近代社会变迁中秘密社会组织生存模式的适应性调整过程，可以揭示近代社会转型期间秘密社会组织膨胀背后的社会学意义，并能够为当代社会治理有组织的犯罪行为提供历史借鉴。

　　秘密社会史自20世纪80年代进入社会史研究领域以来，受到了历史学、政治学、社会学、民俗学等多领域学者的关注，取得了大量研究成果，产生了蔡少卿、秦宝琦、戴玄之、庄吉发、赫治清、胡珠生、酒井忠夫、周育民、邵雍等诸多海内外研究专家。21世纪初，随着学界对秘密社会研究的深入，综合性研究著作不断出现，例如，秦宝琦的《清末民初秘密社会的蜕变》，秦宝琦、孟超的《秘密结社与清代社会》，邵雍的《中国近代会党史》，谭松林的《中国秘密社会丛书》，等等；高水平的研究论文也十分丰富，2000年来，在CSSCI期刊发表的以"秘密社会"为主题的研

---

① 时刚、华强：《近代社会转型期的流民问题与秘密结社》，《南京政治学院学报》2010年第1期。

究论文近百篇，内容涉及秘密社会史研究的各个领域。秘密社会史的研究趋势集中在三个方面：一是区域史研究方兴未艾，例如，路遥的《山东民间秘密教门》（2000 年于当代中国出版社出版）从历史学与社会学角度梳理与分析了山东秘密教门的形成与发展的历史概况，彭先国的《湖南近代秘密社会研究》（2001 年于岳麓书社出版）研究了近代湖南秘密社会的发育及其与太平军、湘军的关系，雷冬文的《近代广东会党：关于其在近代社会变迁中的作用》（2004 年于暨南大学出版社出版）系统论述了以天地会为代表的广东秘密社会的传播发展及其在近代社会变迁中的角色变化与影响，等等；二是专题性研究成果丰硕，例如，刘平主编，刘平、孙昉、李恭忠、欧阳恩良等学者撰写的《洪门与辛亥革命丛书》以洪门的发展及其与辛亥革命的关系为线索，并从新的视角出发细化了洪门史的研究，吴善中的《晚清哥老会研究》（2003 年于吉林人民出版社出版）着重研究了晚清哥老会的起源、发展及其成员构成、组织体系，高鹏程的《红卍字会及其社会救助事业研究（1892—1949）》（2011 年于合肥工业大学出版社出版）从传统社会救助事业和晚清义赈的角度专题研究了红卍字会的社会救助过程及其所结成的社会救助网络，布赖恩·马丁的《上海青帮》（2002 年于上海三联书店出版）论述了上海青帮在适应近代社会经济与政治秩序中如何成为都市社会有机组成部分的历史过程；三是研究视角与方法创新成为趋势，例如，刘平的《文化与叛乱——以清代秘密社会为视角》（2002 年于商务印书馆出版）从文化角度研究了清代秘密教门的文化内涵及其长期存在并经常发动叛乱的原因，梁景之的《清代民间宗教与乡土社会》（2004 年于社会科学文献出版社出版）运用宗教学、人类学和民俗学等多学科的理论对秘密教门进行了历史透视与现实思考，欧阳恩良的《形异神同——中国秘密社会两大系统比较研究》（2004 年于贵州人民出版社出版）用比较研究的方法研究了民间教门与秘密会党的关系，等等。

但是最近十多年来，关于秘密社会史的研究一直处于相对停滞状态，有影响力的专著或者研究论文不多。以新视角系统化总结已有研究成果，是当前研究的主要趋势，其中比较有代表性的专著包括：秦宝琦、孟超的《秘密结社与清代社会》（2008 年于天津古籍出版社出版），邵雍的《中国近代会党史》（2009 年于合肥工业大学出版社出版），《中国近代会道门史》（2010年于合肥工业大学出版社出版），《秘密社会与中国革命》（2010 年于商务印书馆出版），刘平的《中国秘密宗教史研究》（2010 年于北京大学出版社出版），等等。近代是中国秘密社会发展的膨胀期，近代社会的变迁不仅使得秘密社会组织传统的"南会北教"格局发生了嬗变,而且产生了不同于传统秘密社会组织的近代会道门和青帮。但是,相比于秘密社会史研究的其他领域,传统与近代秘密社会比较研究的成果不多,尤其以社会学的视角、以生存模式的变迁为主线,分析近代秘密社会嬗变、探究社会变迁与近代秘密社会发展之间的关系的研究,学术界尚未系统涉及。

基于此,本书主要从梳理近代社会变迁所引发的社会生存环境的变化出发,探究近代秘密帮会与教门的生存模式的变化,并在此基础上分析生存模式适应性调整与近代秘密社会发展膨胀的关系,揭示近代秘密社会嬗变的社会学的意义,进而探索在社会转型中遏制有组织犯罪的方式。本书研究的意义主要有两个方面:一是近代是中国秘密社会发展的膨胀时期,各种教门与帮会组织遍及中国的城乡基层,它们依附于主流社会生存、繁衍,与社会变迁交互。本书运用组织社会学的理论框架,系统研究近代秘密社会组织的生存模式,对拓展秘密社会史研究领域和从更深层次理解和把握近代中国基层社会的变迁过程,具有重要的理论意义。二是当今中国社会仍处于转型期,秘密社会生存的土壤仍然存在,有组织的犯罪,尤其是黑社会性质的组织犯罪短期内还很难根除。在社会转型期,要控制或打击带有黑社会性质的犯罪组织,必须弄清其生存模式,通过各种措施挤压其生存空间,这样才能最大限度抑制其繁衍。因此,本书的研究成果可以为综合治理当代社会治安与维护社会稳定提供借鉴。

本书的基本研究思路是:在系统梳理传统秘密社会生存模式的基础上,从社会学视角出发研究在近代社会转型过程中,近代秘密社会的组织结构形式、资源获取方式、社会交往模式和内部聚合机制等显性要素的变化,并分析这些变化对近代秘密社会组织生存与发展的意义,进而为当下社会治安的综合治理提供借鉴。

本书的研究思路如图1所示。

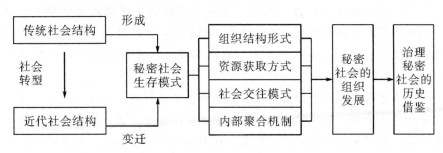

图1 本书的研究思路

由此本书在内容结构上分成六章：

第一章是社会变迁与秘密社会的近代重组，主要研究社会变迁与秘密社会的构成。在系统梳理帮会和秘密教门的基础上，本章分析了在传统社会变迁过程中秘密社会构成的变化；重点研究了传统社会转型与生存环境变迁的关系，以及探究了会教融合与秘密社会的近代重组问题。

第二章是近代秘密社会内部组织结构的调适，主要研究近代秘密社会的组织结构形式变迁。本章探究了在近代社会变迁过程中秘密社会价值取向的变化及其引发的组织结构的变迁；重点分析了近代主流社会所尊崇的制度文化与价值取向的变化对秘密社会的影响，并研究了由此引起的其组织结构调整的相应问题。

第三章是近代秘密社会资源获取方式的转换，主要研究近代秘密社会的资源获取方式的变迁。本章分析了近代社会群体获取资源的渠道的变迁，探究了这种变迁对秘密社会的资源获取方式的影响；重点研究了秘密社会"正式途径"与"非正式途径"资源获取方式的交互变化，以及对拓展其组织生存空间的意义。

第四章是近代秘密社会内外交往模式的嬗变，主要研究近代秘密社会的社会交往模式的变迁。本章从交往的目的、交往的形式、交往的内容、交往的层次和交往的手段等多个层面出发，分析了交往模式变迁对秘密社会组织拓展生存空间的影响；重点研究了秘密社会与不同社会群体的交往模式问题。

第五章是近代秘密社会内部聚合机制的演进，主要研究近代秘密社会的内部聚合机制变迁。本章分析了在秘密社会聚合过程中价值引导与利益激励之间的关系变化，探究了这种变化对组织扩张的影响；重点研究近代社会的观念变迁和环境变化对传统的以价值引导为主的聚合机制产生的影响，进而探讨了秘密社会基于利益激励的聚合机制问题。

第六章为本书的结语，探讨了近代秘密社会生存模式变迁带来的启示，从防范和遏制有组织犯罪的视角，研究了社会转型期如何挤压有组织犯罪的生存空间，进而探究了其对当代加强与改善社会综合治理的借鉴意义。

本书坚持以辩证唯物主义与历史唯物主义为指导，结合历史学、历史社会学、政治学、管理学的理论，以中时间段为主，长时间段和短时间段相结合，宏观和微观兼顾，运用多学科方法进行综合研究。具体而言，本书的研究方法主要有以下三种：

一是历史学研究方法。本书主要采用的是历史学的实证研究方法。本书通过对近代秘密社会组织的相关史料进行分析，洞悉近代社会政治、文化变迁对近代秘密社会构成的影响，以此来论述近代秘密社会组织在近代的继承、发展和变化。在具体的研究过程中，为避免庞杂的历史内容叙述，本书采用长时间段与短时间段相结合的叙述方式，即在注重整个清代特别是近代社会变迁与观念变迁的同时，在具体论述时，以短时间段的具体个案史实来证明或者论述相关主题。

二是历史社会学研究方法。历史社会学就是在历史背景下探讨社会如何运作与变迁的学科，揭示的是人类社会延续和转型的机制，以及人类社会行为和制度的形成原因及模式。历史社会学实际上是一种研究方法，而非一种总体理论，它注重归纳分析历史事件和社会演化的结构，多运用社会学的概念和研究方法对事件进行概括和解释。本书运用历史社会学的分析框架，将秘密社会组织的嬗变置于近代社会变迁的大背景下进行社会学分析，在理解整体进程或微观事件的基础上，对社会组织行为的过程及其结果予以合理的解释。

三是政治学研究方法。本书的研究吸收了政治学的许多理论与研究方法，特别是政治学的历史制度主义的研究方法。历史制度主义即新制度主义的研究范式之一，它强调关注历史进程中的一些重大问题，并在宏观背景下分析社会政治演进过程展开的组织与制度序列，从而对这些重大历史事件进行解释。在历史发展过程中，历史制度主义倾向于强调路径依赖，强调把制度同其他影响因素联系起来分析政治结果。

本书在研究中也存在诸多难点和不足。研究资料的搜集、整理较难，明清以来的实录、政书、地方志的文献资料相对容易检索，但是涉及秘密社会的大部分原始史料保存在历史档案馆中，这些档案具有很高的价值，很难准确、全面地获取，因此本书在原始史料的应用方面明显不足。本书的研究涉及历史学、社会学、法学、政治学等多学科领域，同时要具备这些学科的知识积累实非易事，笔者虽然非常努力，但囿于自身学术背景，其中定然有许多不足之处。基于以上原因，还请相关专家学者及读者对本书的不足之处进行批评指正。

陆勇

2023 年 4 月

目　录

第一章　社会变迁与秘密社会的近代重组

社会变迁泛指一切社会现象的变化，社会转型是社会变迁的重要内容。按照社会变迁的突显要素，社会变迁涉及群体行动，社会结构和功能、社会关系等诸多领域。社会变迁尤其是社会转型，必然引起经济、社会、政治和思想观念的嬗变，进而对社会秩序产生深刻影响。我们梳理明清社会变迁与秘密社会滋长的关系可以发现，秘密社会的源起及流变与社会变迁之间存在因果关系。秘密社会的近代重组是近代社会变迁的结果。近代中国社会处在传统型向现代型的转变过程中，近代社会的快速发展伴随着社会弊端与矛盾的不断出现，基层社会的生存环境因此出现嬗变。秘密社会正是在适应性调整过程中完成了其近代重组。

第一节　传统社会变迁与秘密社会的滋长

秘密社会是具有秘密宗旨与礼仪，秘密从事宗教、社会或者政治活动的社会组织。传统中国社会中所谓的"教匪"和"会匪"就属于秘密社会序列，但是"秘密社会并不是中国特有的社会现象，差不多世界各地都存在。在亚洲，中国的秘密社会最为突出，它是清代以来特别是近代中国的一个严重社会问题"①。秘密社会的源起及流变与社会变迁密不可分。

---

① 蔡少卿：《中国近代会党史研究》，中华书局，1987，第 2 页。

一、传统社会控制与秘密社会的缘起

秘密社会起源于基层社会，是社会控制弱化和生存资源匮乏的产物。基层社会的控制力与秘密社会的产生之间存在内在关联性，但是这种关联性并不意味着社会控制的强化可以消弭秘密社会的繁衍，相反可能使秘密社会在适应性调整过程中产生更强的生存能力。秘密社会产生以后，其流变过程取决于其所处的生存环境及所采取的相应的生存模式。

社会控制是一种有意识、有目的的社会统治，"是通过各种社会或文化的手段对个人或集体的行为进行引导和约束，使其符合社会传统的行为模式，以维持社会秩序的过程"①。由于社会秩序的形成是基于社会整合，而促进社会整合的主要工具或者手段是社会制度；因而，社会控制的主要依托是社会制度，包括官僚体系、道德观念、法律制度等，其价值取向是维护社会规范，清除或矫正社会成员的越轨行为。社会制度崩溃或者瓦解会使社会控制弱化，从而造成社会规范体系的崩坍，形成社会失范现象。在社会失范的生存环境下，基层社会就会缺乏可以共同遵守的行为规范或者可以参照的行为模式。在剧烈的社会动荡之中，无从依靠的社会成员只能从体制外寻求庇护或者自保，这就为秘密社会的产生创造了条件。

传统中国是"大一统"社会，拥有相对完整且稳定的社会制度，社会控制是维持传统社会稳定的基本手段。传统近代中国的社会控制工具主要包括严酷的法律制度体系、传统的封建道德伦理、森严的宗法等级制度和遍及基层社会的乡约民规等。在社会相对稳定的环境下，基层社会群体聚族而居，男耕女织，在既定的社会秩序与宗族组织中，安于现状，心甘情愿地服劳役、纳赋税，以维持整个封建统治的有效运行。但是，一旦出现王朝更替或者民族纷争时，社会控制就会迅速弱化，传统的社会秩序就会遭到破坏，基层社会动荡不安，许多民众被迫从传统的社会网络中游离出来，成为社会"脱序"阶层。"脱序"阶层主要包括游民与流民群体。他们为了适应无序杂乱与艰辛苦难的生存环境，"就要组织与主流社会相对

---

① 易益典、李峰:《社会学教程》，上海人民出版社，2013，第354页。

抗的隐性社会，甚至要藉此发展自己，并彻底改变自己的一切。这一切都促使他们要产生一套有别于主流社会人们的思想意识以应对自己社会地位的变化"①。因此，游民与流民的大量出现形成了秘密社会产生的社会基础。② 但是，流民与游民的大量出现只是秘密社会产生的必要条件。在传统中国社会，流民与游民问题被认为是影响基层社会秩序稳定的主要因素，是困扰执政者的严重社会问题，但是流民与游民阶层并不必然产生秘密社会。事实上，在社会秩序重构后，流民重新获得土地，游民也各有所业，这样，秘密社会便很少有产生的空间了。

战争、自然灾害等所导致的社会秩序混乱，以及由此引发的基层社会群体的生存资源匮乏，是秘密社会产生的另一个重要条件。社会控制弱化是导致社会分配不公和引发基层社会冲突的重要原因。社会控制就其功能而言，就是促进社会的协调发展与良性运行，但是社会控制弱化，会使社会在"失范"的环境下运行，一些社会成员违反既定的规则，以实现自身的利益，"当这些行为影响了其他社会成员所享有的、由既定的社会关系规定的利益时，就可能引发冲突"③。如果社会控制弱化的前提是长期的战争或者自然灾害，一般社会群体在既定的社会规则下就会面临生存或生计问题，此时抱团取暖与相互协作，在体制外获取原本匮乏的生存资源，就成为许多基层社会成员迫不得已的选择。所以，秘密社会就其外在表现形式而言，通常为追求特定利益、获取生存资源的神秘组织，甚至是暴力团

① 王学泰：《游民文化与中国社会》，山西人民出版社，2014，第70页。
② 在传统中国社会中，游民也就是所谓的"闲民"，是不在士农工商的四民之内的基层社会群体，俗称无业游民。冯尔康先生认为，传统中国社会中的游民并不是真正意义上的无业者，他们只是从事了被普通人看不上的行当或者职业，包括不正当的行业，而被社会视为"无业游民""游手好闲"之徒。究其原因在于：一是在重农抑末的传统政策与观念的支配下，社会不承认游民所从事的一些职业；二是这类行业不稳定，就业者也不稳定，人们对其还没有足够的认识，故而对其非难。（参见冯尔康：《冯尔康文集·清史专题研究》，天津人民出版社，2019，第539页。）流民通常是指丧失土地而无所依靠的农民，流民问题一直是困扰传统中国的一个严重的社会问题。游民就其来源而言，主要包括丧失土地而无所依归的农民、因饥荒年岁或兵灾而流亡他乡的农民、四处求乞的农民，以及因自然经济解体的推力和城市近代化的吸力而流入都市谋生的农民。（参见池子华、吴建华：《中国社会史教程》，苏州大学出版社，2016，第259页。）在传统农业社会中，游民与流民其实并没有明确的界限，游民是没有找到"正规"营生的流民，流民是游民的前身。大量的流民及其转化的游民，是秘密社会得以形成的社会基础。
③ 徐祥运、刘杰：《社会学概论》，东北财经大学出版社，2015，第286页。

体。例如，帮会组织按照江湖社会的"血酬定律"① 参与社会财富的分配方式，典型地反映出基层社会因生存资源匮乏所引起的社会冲突问题。

社会控制按照其实现方式，可以分成外在控制和内在控制。依托社会制度，维护社会规范，清除或矫正社会成员的越轨行为，此属于外在控制，具有刚性与强制性的特点；将价值观念内化为社会成员的行为规范，以约束或者指导其行为，此属于内在控制，具备内化的、自觉性的特征。仅仅是外在控制的弱化并不足以导致秘密社会产生，内在与外在控制的全面弱化，才是秘密社会产生的根源。在社会变迁过程中，社会控制的弱化，以及由此导致的传统价值观念的崩坍，如果没有新的价值观念去及时填充，往往会引起社会群体的迷茫，而秘密社会组织正是在这样的环境中滋生和蔓延的。

在传统中国社会中，"教化"是对社会成员思想控制的主要方式。② 社会"教化"体现在宗教、礼仪、制度、习俗等不同的层面上，主流社会的价值观念经由"教化"而内化为社会成员自觉遵守的基本规范。秦汉以降，以儒家思想为核心的传统价值观念，包括封建纲常伦理与忠孝节义思想，在历代的教化过程中，逐渐内化为传统社会共同遵循的行为规范，成为维护传统社会秩序的思想工具。因此，在传统中国社会，流民与游民阶层的大量出现，以及社会资源匮乏而引起的生存环境的恶化，并没有直接导致秘密社会的出现，其中基层社会坚守传统价值观念及其内化的行为规范是重要原因之一。而这种"坚守"大致在宋代出现了变数。

---

① "血酬"，简而言之，就是流血拼命所得的酬报，体现着生命与生存资源的交换关系；"血酬定律"就是指，付出血的代价的多少，应该与获得的财富多少成正比。对于许多底层的社会成员而言，在主流社会中，他们缺乏公平参与社会财富分配的渠道，为了获取生存资源，被迫参加秘密社会，从而按照"血酬定律"获取相应的生存资源。研究表明"从晚清到民国，吃这碗饭的人比产业工人多得多"。（刘延刚、唐兴禄、米运刚：《四川袍哥史稿》，四川教育出版社，2015，第60页。）

② 在传统中国社会的治理模式中，教化始终是社会控制的重要手段，儒家思想主张要对老百姓施行教化。孔子认为，"道之以德，齐之以礼""有耻且格"，只要能够广施教化，就不但能够让老百姓自觉地遵守社会规范，维护社会秩序，而且还能够通过"王道"使天下的人都能归附；孟子认为，推行教化，实施五伦之教，就能实现"兼济天下"的目标；荀子主张，"礼义教化，是齐之也"，教化能够实现齐心协力与社会秩序和谐，能够实现国家的富足和强大。（参见赵清文：《品读王阳明：知行合一的心学智慧》，华夏出版社，2019，第113页。）

二、传统社会环境与秘密社会的形成

秘密社会就其主要特征而言，应该是"源"于宋代。秘密社会的主要特征，按照蔡少卿先生的理解应当包括四个方面，即组织的秘密性、秘密的宗旨或者教义、从事非法活动，以及一定条件下的反政府行为。[①] 而宋代的诸多民间秘密结社组织大都具备这些特征，因此，传统秘密社会当"源"于宋代，不仅如此，明清以后的秘密社会最初源头或者主要特征都可以追溯到这一时期。[②] 例如，宋代出现的白莲教、明教这类秘密教门和没命社、亡命社、霸王社之类的秘密会党，都曾对明清秘密社会的流变与发展产生重大影响；秘密社会的"标签"性描述，如"夜聚晓散""男女混杂"和"吃菜事魔"等在两宋时期开始普遍流传。显然以这三个词语指代与社会秩序相悖的秘密社会现象，"实系有意为之，而从来都不是对事实的客观描述"[③]。

当然，这一时期的秘密社会还处于形成期，秘密社会组织与行帮组织或者民间宗教结社的界限并不十分清晰。北宋时期的一些流氓组织，如"没命社""亡命社"等，都有自己的魁首，会众皆以游民为主，他们为侠乡里，巧取豪夺，以偏僻之术为业，"或不如意，则推一人以死斗，数年为乡人患，莫敢发"[④]。这显然与近代秘密会党相差无几。也有一些带有行帮性质的秘密组织很难明确被界定为秘密社会，如把持民间诉讼行业的"业嘴社"，有公推的讼棍为盟主，组织不为外人知，成员"粗晓文墨，自称士人，辄行教唆，意欲骚扰乡民，因而乞取钱物"[⑤]。这类组织黑白通吃，很难判定是否属于秘密社会。尽管如此，在宋代，秘密社会已具组织雏形是不争的事实，其形成的原因与宋代基层社会生存环境的变迁密切相关。

---

① 蔡少卿：《中国近代会党史研究》，中华书局，1987，第2页。

② 秘密社会的起源问题，从现有研究成果来看，学界无定论。秘密教门最初的源起，有的追溯到东汉末年的五斗米道、魏晋时期的佛教结社，也有学者将宋元时期的佛教异端作为秘密教门的前身；至于秘密会党的最早起源，有学者追溯到秦汉时期"背公死党"的游侠群体或者"歃血拜盟"的山林盗贼。这些观点其实都有一定的道理，但是由于缺乏足够的史料，其具体的特征无从查考。基于秘密社会的定义及其主要特征的约定，笔者认为将秘密社会的起源定位在宋代比较适当。

③ 田海：《中国历史上的白莲教》，刘平、王蕊译，商务印书馆，2017，第45页。

④ 陈宝良：《中国流氓史》，上海人民出版社，2013，第110页。

⑤ 张四维：《名公书判清明集》，中华书局，2002，第594-595页。

一是土地兼并的推力和城镇发展的吸力，使基层社会的流动不断加速。北宋时期，政府实行"田制不立"和"不抑兼并"的土地政策。该政策促进了全国范围内的荒地垦辟，但同时也为豪族富家的土地兼并打开了方便之门，以至于各地"势官富姓，占田无限，兼并伪冒，习以成俗，重禁莫能止焉"①。到南宋时，豪族富家拥有的土地往往能绵亘数百里，"阡陌绳联，弥望千里，囷仓星列，奚啻万斯"②。乡村土地的大量兼并将许多农民"推出"赖以生存的土地，使其成为流民；与此同时，城市畸形发展所带来的商业"繁荣"吸引失去土地的流民进入城市。两宋时期，国内外贸易和商品经济的发展，带来城镇的发展，尤其是海外贸易的发展，促进了沿海工商业城市的形成与发展。城镇发展所产生的"吸力"加快了城乡人口的流动，"游食"于城市成为流民重要的谋生手段。但是，两宋的城镇发展是畸形的，城镇"繁荣"的主角是在土地兼并中获利的城居地主，"地产、商业和高利贷三结合的发展，正体现了宋代商品经济发展的时代特征"③，享受性、炫耀性、精神性、发展性的高消费所形成的城镇畸形发展，在吸纳流民的同时也造就了城镇基层社会庞大的游民阶层。

二是天灾人祸的袭扰和民间结社的膨胀，使基层社会控制趋于弱化。两宋时期，自然灾害频繁，④加上辽宋夏金政权对峙，战争不断，基层社会动荡不安。天灾人祸的持续袭扰，以及两宋时期财政与军事上的"积贫积弱"，使得基层民众转而寻找体制外的力量以求"自保"。因此，两宋时期的民间结社较以往历朝历代都要更发达。在城镇，"民间开始流行举行社、会，各行除参与宗教社邑外，尚以行会为单位，组织各类社、会"⑤，而乡村社会则流行互助性社团，包括各类武术团体，例如，河北的弓箭

---

① 托克托：《宋史（13）》，中华书局，1977，第4164页。
② 舒大刚：《宋集珍本丛刊（85）》，线装书局，2004，第410页。
③ 方行：《中国古代经济论稿》，厦门大学出版社，2015，第394页。
④ 两宋时期自然灾害频繁，据统计，北宋各类自然灾害发生113次，南宋发生825次。其中，明确记载死亡人数逾万人者，或有骨肉相食、积尸满野相关记载的特大灾情23次，死伤逾百、损田毁屋的各类灾害更是不计其数。（参见李华瑞：《宋代救荒史稿（下）》，天津古籍出版社，2014，第875页。）
⑤ 陈宝良：《中国的社与会》，中国人民大学出版社，2011，第233页。

社。据苏轼调查，澶渊之盟以后，河北"百姓自相团结为弓箭社，不论家业高下，户出一人，又自相推择家资武艺众所服者为社头、社副录事，谓之头目，带弓而锄，佩剑而樵"①，再如，北宋末年抗金自保的忠义巡社。忠义巡社推举豪右为首领，自备枪杖器甲，成员寓兵于农，在动荡环境下具有了维持基层社会秩序的功能。研究表明，当时的忠义巡社"遍及山西、河北、河南、山东诸省，发展规模甚大"②。基于乡社而产生的民间结社遍及乡村，民间结社的膨胀既是基层社会寻求自保的产物，也是当权者对基层社会控制弱化的表征。

三是佛教异端的传播和江湖文化的崛起，使传统价值观念出现嬗变。宋代佛教结社盛行，念佛往生极乐世界成为当时社会普遍的精神寄托。正统的佛教结社，如净行社、念佛施戒会等，通常只能满足社会上层的需求，而对于社会下层民众而言，世俗化的佛教可能是最好的选择。因此"两宋之际，社会风习在佛教信仰领域大致有两种趋势，一是正统，一是异端"③。佛教异端在下层民众中迅速传播，传统的弥勒教及其宣扬的造反救世观念充斥基层社会，许多佛教异端，如孔清觉的白云宗、茅子元白莲宗及以金刚禅、二会子、摩尼教等名目出现的"吃菜事魔"等，成为此后明清秘密教门的前身。在佛教世俗化的同时，两宋时期传统庙堂文化呈现江湖化趋势。④ 依托日益兴盛的民间私塾，高居庙堂的儒家伦理，借鉴佛教白话宣讲的传播方式，使江湖化的庙堂文化逐渐渗透到基层社会。基层大众在有选择地吸取过程中，形成具有亚文化特征的江湖文化，如"忠

---

① 苏轼：《乞增修弓箭社条约状二首》，转引自吕思勉：《吕著史学与史籍（下）》，吉林人民出版社，2018，第723页。

② 朱小云：《中国武术发展研究》，光明日报出版社，2017，第94页。

③ 刘平：《中国密宗教史研究》，北京大学出版社，2010，第63页。

④ 庙堂文化借以指代传统社会中的正统文化。江湖是相对于庙堂的民间或者草莽，范仲淹语"处江湖之远则忧其君；居庙堂之高则忧其民"。在传统社会中，主流文化可以分成正统文化和民间文化，其中，正统文化包括了正史以及经史子集及其蕴含的价值观念，民间文化包括了乡规民俗、方志族谱以及百姓安身立命的各种道德伦理。江湖文化是依附于主流文化的亚文化，江湖文化最为核心的表现形态就是帮会意识和侠客崇拜。传统社会的"这种与庙堂文化相对的亚文化在社会底层与边缘化民众生活中具有深厚的基础和广泛的影响，这种独特的文化对其会众起着精神支柱与思想导向作用"。庙堂文化的江湖化是指正统文化在世俗化过程出现"异化"，即向亚文化的嬗变。（参见张永理：《封建主义及其当代影响研究》，中国政法大学出版社，2007，第365页。）

义""侠义""好义"等。所以有学者将宋代作为近代侠文化的形成期，并将秘密社会与武林、绿林共同定义为近代侠的"三种形态"。① 伴随佛教异端的传播和江湖文化的崛起，传统价值观念出现嬗变。基层社会的多元信仰动摇了传统道德伦理的权威，基层社会的江湖化逐渐使下层民众的意识形态呈现多样化的发展趋势，社会控制的内在机制日渐式微。②

三、传统社会变迁与秘密社会的发展

如前所述，社会控制弱化可能导致秘密社会的滋生，而社会控制的强化并不能抑制秘密社会的繁衍。宋元以后的秘密社会进入了滋长蔓延时期，从明代秘密教门的到处繁衍到清代秘密会党的异军突起，传统秘密社会逐渐成为影响基层社会的不可忽视的力量，防范和打击秘密社会活动也成为国家加强基层社会控制的重要手段。社会变迁以及由此造成的下层民众社会生态失衡，成为传统秘密社会滋长蔓延的主要原因。

社会变迁是社会发展与停滞、进步与倒退、整合与解体等一切社会现象或者社会过程的总称。按照帕森斯的社会功能理论，处于常态下的社会系统是平衡的，社会系统的各个子系统在功能上相互依赖。但当社会系统的内外条件发生变化时，平衡就会被打破，子系统会进行适应性调整，这就是社会变迁。因此，社会变迁是社会系统由"失衡"达到新的"平衡"的过程，"系统内部的紧张、偏差行为和社会控制，构成系统的变迁，系统变迁的方向是适应性增强"③。社会生态是社会群体与生存环境所组成的特定结构及其功能关系，既包括体现为国家意志的政治制度、机构设置、

---

① 吴凯：《中国社会民俗史（6）》，中国古籍出版社，2010，第2917-2910页。

② 尽管传统社会的上层社会精英与下层普通民众属于不同的文化系统，下层普通民众文化系统甚至掺杂了包括宗教、迷信、经验、血缘在内的多种元素，但是两者文化系统的价值取向方面基本一致，这也是宋代以前社会控制的内在机制。宋代以后，佛教异端的传播、江湖文化的崛起以及商品经济的畸形发展，下层普通民众的文化系统发生了变化。研究表明，下层民众意识形态的变化体现在"追末逐利，诚信孝悌朴素伦理的式微""富求贵，贫求富"和"重神鬼，轻法度"，具有中国前近代社会乡村民众的共性意识形态，也体现了宋代的时代特点，这也是秘密社会源于宋代的重要原因。（参见谷更有：《唐宋时期的乡村控制与基层社会》，天津古籍出版社，2013，第107页。）

③ 许建兵、李艳荣、宋喜存等：《社会学教程》，吉林大学出版社，2016，第183页。

法律法规，也包括不同层面的社会行动或者人际关系，以及由此体现出的社会伦理、社会公德、乡规民俗等。① 任何社会群体的生存都离不开其特定的社会生态，社会变迁所引发的社会生态"失衡"，要求包括民间结社、秘密社会等在内的社会群体，进行适应性调整以维持群体生存。

从明朝洪武元年（1368年）到鸦片战争（1840年）前，明清时期的传统社会共持续了约470年。其间，只有明清之际不到60年的社会动荡，整体社会大体维持了相对平和的"大一统"格局。从传统中国农耕文明的发展过程来看，"商周时期是中国农耕文明的萌芽期，春秋战国时期是形成期，两汉时期是完善期，隋唐时期是繁荣期，宋元是稳定期，明清是衰落期"②。明清时期，生产力的提高，商品经济的繁荣，导致了明清时期社会生产关系的变化，也导致这一时期成为传统封建社会危机积聚与爆发的时期。

明清时期持续的"大一统"格局虽然暂时缓解了阶级矛盾与民族矛盾，但是经济危机与社会纷争却暗潮涌动，基于农业经济的传统社会，其内部各系统由于生产关系的变化而日趋"失衡"。明清时期传统社会具有从"渐变"到"巨变"的社会经济特征③，傅衣凌先生将这种社会经济特征概括为四个方面，即自然经济与商品经济的争斗；新旧因素的并存；没有崩溃但有分化的征兆；地方对经济的严密控制。④ 尤其是明朝后期，整

① 社会生态是与自然生态、精神生态及文化生态等相对应的概念。按照归属学科不同，对社会生态内涵的理解不尽相同：从生态学视角而言，社会生态关注的是社会与自然的关系，探讨的是由于人的活动介入，特别是对自然资源的开发过程中，人与自然的关系；从社会学角度而言，社会生态关注的是社会群体与其生存环境之间的互动关系，探讨的是社会群体或者个人与社会要素之间的关系。社会生态系统是重要的社会子系统，"社会生态平衡与非平衡的状态特征和动态规律，不仅存在于社会经济领域，也同样存在于人类社会各个领域之中"。（参见周国文：《生态和谐社会伦理范式阐释研究》，中央编译出版社，2019，第46页。）本文"下层民众社会生态"概念主要是从社会学视角出发关注群体生存的经济、政治与文化等社会环境。

② 曲洪志、林永光、王公伟：《中国传统文化概论》，山东大学出版社，2003，第226页。

③ 明清时期是中国传统社会从"唐宋社会革命"向"明清社会经济变迁"的巨变时期，也是由宋元时期的"准近代"渐变走向"前近代"巨变的转型期。明清时期，社会出现的大商业资本、工场手工业、财政货币化、市民运动、奢侈之风等新经济现象，表明明清时期社会经济"已基本具备前近代社会的经济特征"。（参见黄海涛：《明清实学经济伦理思想研究》，云南大学出版社，2012，第34-35页。）

④ 傅衣凌：《明清封建土地所有制论纲》，上海人民出版社，1992，第3-6页。

个社会的基本特征就是"变","兵变、士变、儒变、民变、'妖'变、佃变、奴变到处爆发，此起彼伏，连绵不绝"①。明清社会变革与动荡所形成的下层社会生态的"失衡"，为秘密社会的滋长蔓延提供了生存的土壤。

首先，明清时期，社会生产力发展与人口不断增长，社会分工的细化、社会分化的加剧及人口流动的加快，改变了传统的社会经济结构。明清社会呈现"多元经济结构"，无论城乡，"社会关系由对人的依附关系向对物的关系转移"②，新的社会分层开始出现，基层社会的原有均衡亟待重构，下层社会生态处于"失衡"状态。伴随农业生产的商品化与农民赋役的货币化，传统的乡村生活方式发生变化，"特别是明中后期和鸦片战争前夕，这种变化就更加明显，主要表现为自耕农生产日益商品化，自耕农生活的贫困化和自耕农的不断佃农化"③，自耕农日益贫困和不断破产，使明清乡村社会动荡不安，秩序混乱。

其次，明清时期国家对基层社会控制的式微以及民间结社功能的增强，动摇了中央政权的绝对权威，政府职能部分下移到民间社会。歇家势力在城乡社会异军突起，并成为与里甲、士绅、宗族相比肩的社会存在，改变了传统的基层权力结构。④ 尽管在基层社会权力结构中，官府仍然是表面上的"中轴"，"但权力的施展往往要借助各类民间社会组织，在所有各类民间组织中商业组织尤为重要，尤其在市场化后，官商社会性质更为

① 傅衣凌：《傅衣凌治史五十年文编》，厦门大学出版社，1989，第134页。
② 万明：《晚明社会变迁问题与研究》，商务印书馆，2005，第26页。
③ 姜守鹏：《明清社会经济结构》，东北师范大学出版社，1992，第60页。
④ 歇家是明清时期随着商品经济发展而逐步兴盛的政府与民间社会之间的中间组织。歇家组织的出现改变了原来基于里长制的"粮长—里长户—一般农民"乡村身份秩序。明清时期的歇家势力延伸到基层社会，他们上通各类势要与各类势力群体，下通民户、纳户、商户等各类基层群体，遍及税关、粮里、漕运、仓储、司法等各行各业。明清政府曾一度以歇家为中心构建了保歇制度和委保体系，通过控制歇家类组织来完成政府职能。研究表明，明清时期的歇家类群体在明清社会中的地位、作用与影响远远超过其他群体，不管是士绅还是胥吏衙役及各类势力群体，往往都需借助歇家类组织来实现利益分配。歇家及其保歇制度对下层社会生态产生较大影响。但是，歇家分割的是"正式"权力，削弱的是政府对基层社会的控制力，是国家意志在基层社会"式微"的表现。因此，从明清制度变革的视角，"保歇制度从来没有得到中央的法定认可，保歇制度一直在合法与非法之间运转"。（参见胡铁球：《明清歇家研究》，上海古籍出版社，2015，第589-600页。）

凸显"，下层社会生态趋于复杂。[1]

最后，明清时期，"三教合一"思想逐渐成为思想界的主流，"弃儒就贾"现象的普及及重利重商的社会风尚，推动了精英文化平民化与学术组织的社团化，传统的价值观念出现变迁。[2] 此外，自明晚期以后，商业出版业迅速发展，又进一步促进了精英文化的下移和大众文化的形成：许多流行的历史演义小说家喻户晓、妇孺皆知；世情小说"关注市民阶层的心理和情感诉求，市井生活反映市民大众的生存状态、价值观念和审美情趣"[3]。从这个意义上而言，传统的道德观念和价值取向自晚明以后出现了嬗变，这是完全有可能的。

当然，明清社会变迁是缓慢的过程，除了明清之际出现的剧烈的社会动荡与观念变化，整个社会秩序相对平稳，下层社会生态的"失衡"更多体现为动态之中的不稳定，秘密社会在不断的适应性调整中滋长蔓延，进而形成"河出伏流"之势。

明清时期秘密社会沿着教门与会门两条相对独立的脉络在基层社会传承与蔓延。明清不同时期，秘密社会的发展各具特点：明代是秘密教门的形成与滋长期，而清代则是秘密会党的崛起与膨胀期。鉴于普遍意义上的秘密教门和帮会的研究成果丰硕，相关研究专著较多，此处不再赘述，现仅就明清时期秘密社会的脉络进行简要的梳理，并就其流变从社会学的角度进行阐述。如前所述，秘密社会的雏形是在宋代，因此，梳理秘密社会

---

[1] 胡铁球：《明清歇家研究》，上海古籍出版社，2015，第600页。

[2] 余英时认为，士商互动与儒学转向是明清社会史与思想史上重要的变迁之一。明清时期的中国社会存在"内在渐变"，大致说来，在明代中晚期有两种力量对儒学的动向发生了重要的影响：一是"弃儒就贾"的社会变迁，二是君主独裁制度的恶化。这两种力量一挽一推，终于使儒学的发展方向逐步从上面的朝廷转移到下面的社会。（参见余英时：《士与中国文化》，上海人民出版社，2013，第530-531页。）

[3] 张献忠：《从精英文化到大众传播——明代商业出版研究》，广西师范大学出版社，2015，第280页。

发展脉路的逻辑起点是在宋代。①

第二节　传统社会结构与秘密社会的布局

传统秘密社会在空间布局呈现"北教南会"的特征，这与传统中国的社会结构密切相关。传统中国南北之间的自然社会环境迥异，由此形成的文化习俗差异及社会控制方式不同，对秘密社会的布局具有重要影响。明清时期的秘密社会大体按照"北教南会"的空间布局来传承与发展。大致说来，明代是北方教门的快速蔓延期，清代则是南方会党的迅速崛起期。由此，秘密社会成为明清时期影响深远的基层社会群体组织。

一、秘密社会"北教南会"的现代阐释

秘密社会"北教南会"这一特征最初是由陶成章提出的。陶成章在其《教会源流考》中，将能够左右中国局势的反政府秘密团体分成南方天地会和北方白莲教两大系统。他认为：地属长江以南的南方，"人智而巧，少迷信而多政治思想"，洪门之会遍于南；地属黄河以北的北方，"人直而愚，尚武力而多神权迷信"，白莲教盛于北；地属南北之间的江淮，"兼有南北风气，教与会因并著"。同时，陶成章也指出，"北教南会"并不是绝对的，"白莲之教，非无南下者，然终不能比肩于洪门；洪门之会，亦非无北上者，然终不能并提于白莲。盖民情风俗之不同使然也"②。此后，"北教南会"成为对传统秘密社会空间布局的基本认知。

从传统社会的实际情况来看，秘密教门主要分布在北方，尤其是在华

---

①　当然，也有学者将两汉时期的秘密结社活动，如东汉民间的"盗帅"、汉末的"五斗米道"以及隋唐时期流行于安徽的"黑社""白社"等，也视为秘密社会"雏形"。（参见杜永明：《黑白二十四史（下）》，中国文联出版公司，1998，第2993页；郑劭荣、刘丽娟：《侠客》，中国社会出版社，2009，第118-119页。）这其中涉及如何定义秘密社会的概念问题，此处不作讨论。

②　陶成章：《教会源流考》，转引自汤志钧：《陶成章集》，中华书局，1985，第413-426页。

北地区黄河流域特别盛行；而秘密会党则活跃于南方，包括长江流域诸省。秘密社会空间布局的"北教南会"特征的确很明显。当然，也有诸多学者对此存有异议，认为秘密社会两大系统南北分界并不明晰，认为南也有教门，北也有会党，陶成章的判断并不准确。① 但是，如果仅就秘密社会长时段的发展态势而言，近代以前秘密社会"北教南会"的特征还是比较明显的，而这又与传统中国南北地域差异及基层社会结构密切相关。

传统中国社会的南北差异首先体现在思想观念与文化习俗方面的地域差异上。地域差异包括基于不同生存环境的城乡差异，以及因距离王朝中心区域不同而形成的区位差异，最主要的还是地理环境的南北差异。中国的地理环境南北差异明显，北方多平原，南方多山川，黄河长江由西而下，滚滚东流。南北之分虽然没有明确的界线，但是黄河和长江是南北之间重要的分界线。地理环境的南北差异使得南北方传统基层社会的政治、经济、文化等方面存在显著的差别。

传统中国社会的南北差异，不仅反映为基层社会的自然环境差异及其相应生存模式的南北区别，而且体现在思想观念与文化习俗方面的南北分野上。大致说来，以南北不同来区分传统中国的地域差异，当是从六朝开始。俞樾在其《九九销夏录》中指出：孔子以风气不同而分南北，至六朝学派有南北之分，释道也有南宗北宗，"乃至画有南宗北宗，词曲有南曲北曲。群分类聚，凡事皆然"。凡事皆言南北，不言东西，究其原因在于"南条之水江为大，北条之水河为大。西北之地，皆河所环抱，故二代建

_____

① 欧阳恩良教授在"南会北教"说辩正中认为，"教盛于北而不盛南"并不准确。他统计了明清历史档案及其他文献资料中所列各种教门组织以及教门起事案例，认为"教盛于北而不盛南"缺乏可靠证据，而且他认为"南方的'迷信'思想并不逊于北方"，因此"南会北教"的说法并不准确。(参见欧阳恩良：《形异神同——中国秘密社会两大系统比较研究》，贵州人民出版社，2004，第20-64页。)欧阳恩良教授的观点不无道理，教门与会党的南北空间布局的确不是非常清晰，秘密社会"南会北教"只是总体的特征。"南会北教"只是相对的说法，并不是绝对的，秘密教门与秘密会党，自北而南抑或由南向北地跨地区传播扩散，都属组织的生存和发展模式。要质疑"教盛于北而不盛南"，如果仅仅是从档案中出现的"教名""教案"及其分布区域来判断，显然还不够让人信服，可能还需要从教门组织发展的规模，以及其对基层社会的影响来考察，同时还要结合不同时段，特别是近代社会变迁以后，教门与会党的融合问题来具体分析。笔者认为，从传承关系、组织规模及社会影响等层面而言，至少在明至清前期，传统秘密社会"南会北教"的基本特征还是相当明显的。

都皆在河北；江南之地皆江所环抱，故荆楚之强，自三代至今未艾；南北之分，实江河大势使然"①。南北的社会差异成为传统中国基层社会结构的重要特点，这一特点同样存在于亚社会系统中。秘密社会属于亚社会系统，其生存与发展离不开传统基层社会，基层社会的南北差异显然也必然会影响秘密社会系统。陶成章用"人直而愚，尚武力而多神权迷信"和"人智而巧，少迷信而多政治思想"来区别南北之间不同的社会群体特质，并以此解释秘密社会"北教南会"分布特征，这是有道理的。

历史上的中国，黄河和长江在历代都被视为区分南北的标志。以黄河流域为中心的北方地区，一年中的大多数时期，气候寒冷，土地高燥，草木稀少，自然资源匮乏；而以长江流域为中心的南方地区则相反，一年中的大多数时期，气候温暖，土地低湿，草木繁茂，自然资源丰富。不同的自然环境造就了南北方不同的风土人情：北方人生活艰辛，崇尚武力，性格质朴，为人刚毅耿直；南方人生活安逸，长于辞章，性格细腻，为人柔顺温和。不同的地域风情形成了不同的群体心理特征。日本近代汉学家青木正儿通过对比《诗经》和《楚辞》在形式与内容上的差异后认为，古代中国南北方的自然观念存在根本的不同。青木正儿的观点可以从另一个视角反映出传统中国南北文化的差异性。② 明初，朝鲜人崔溥遇海难，漂流至浙江台州，后沿运河经京北返朝鲜，途中记录了明弘治初年的南北的市肆物产、宅第民居、冠履服饰、性格特征、文化知识等诸多见闻，其中关于南北方人的性情差异的描述颇有价值。江南读书人多，而"江北则不学者多，故臣欲问之则皆曰：'我不识字'""江南和顺，或兄弟、或堂兄弟、再从兄弟有同居屋""江北人心强悍，至山东以北，家不相保，斗殴

---

① 俞樾：《九九销夏录》，中华书局，1995，第152页。
② 青木正儿认为，"北人因为得到大自然的恩惠较少，知其威力可畏，而不觉其可亲。因而相信天是绝对的权威，把天当成命运的主宰，他们的宗教和道德，就是以此为基调而逐渐形成的"；而"南人因为受自然恩惠多，所以毋宁说感到自然可亲、而不觉其可畏"。因而，南人自然神话中的神，诸如河伯、湘君、风伯、山鬼等，并不是高高在上的主宰者，他们"把自然和人类拉到同一地平线上才出现的现象"，表达的是对自然的神往与亲近。（参见青木正儿：《中国文学思想史》，孟庆文译，春风文艺出版社，1985，第5-6页。）

之声炮闹不绝，或多有劫盗杀人。"① 陶成章的北方人"尚武力而多神权迷信"，以及南方人"少迷信而多政治思想"的观点，正是基于南北不同的风土人情及其所蕴含的思想观念而得出的，并且教门与会门的不同特点也可以反映或者印证南北文化习俗上的差异。

传统中国社会南北差异，不仅体现在思想观念与文化习俗差异上，还体现为基层社会的权力结构不同以及由此产生的基层社会控制方式不同。传统中国社会结构是建立在小农经济基础上的，其经济的基本结构是"一个个并存排列在无数村子里的独立小农"②。国家、绅士和小农的均衡互动，形成了超稳定的基层社会结构，体现为基于乡村治理权威上的官府与绅士之间"文化、意识形态的统一与管辖区域实际治理权的分离"。由皇权及其官僚体系组成的政治系统和绅士及小农构成的社会系统之间相互分离、相互制衡，促进了传统基层社会的稳定。③ 国家层面的政治系统注重"划齐统一"，以维护国家政治权威；而散布于基层乡村的社会系统允许"各有千秋"，以切合传统基层社会治理的地域差异。在明代以前，基层社会结构相对稳定，朝代的更替虽然短暂影响基层社会秩序，但不会改变乡村的价值认同和道德内聚的共同体性质。但是，明清时期，国家权力逐渐向下渗透，基层社会的权力结构发生变化，宗族势力蔓延并趋于普遍化和庶民化。国家权力与宗族势力对基层社会的控制权的竞争，形成南北之间不同的社会秩序形态，"在中国北方形成了以政权为中心的大共同体形态，而在南方则形成了以血亲为纽带的宗族小共同体形态"，而处于南北中间地带，如两湖地区，则呈现出异于南北的秩序形态。④ 南北不同的秩序形态对秘密社会的形成与发展产生了深刻影响。

明清时期，在血亲为纽带的宗族小共同体形态中，虽然设有维护社会秩

① 崔溥：《漂海录——中国行记》，社会科学文献出版社，1992，第16-17页。

② 费孝通：《乡土中国·乡土重建》，联合出版公司，2018，第141页。

③ 朱新山：《试论传统乡村社会结构及其解体》，《上海大学学报》（社会科学版）2010年第5期。

④ 吴雪梅：《适应性选择：明清两湖乡村社会秩序的形成机制——乡村社会秩序建构的另外一种解释》，《华中师范大学学报》（人文社会科学版）2017年第6期。

序的里社保甲制度，但是绅士在乡村权力结构中的地位大多已经被宗族所替代，宗族的械斗与反抗成为威胁基层社会秩序的重要因素。械斗是传统基层社会中平行阶层之间的聚众暴力竞争和对抗的形式，不同群体之间组成敌对阵营，以持械寻殴的行为来争取或者维护自身利益。明清时期，特别是清代，随着宗族势力在基层社会崛起，宗族成为械斗主要的组织者和参与者。"在宗族组织盛行的南方如福建、广东、广西、江西等省份，不断发生宗族间的武装械斗，其中尤以福建的泉州和广东的惠州、潮州为代表，南方宗族械斗的严重化形成了当时的社会问题。"[①] 明清时期帮会组织的出现与民间基层社会的冲突密切相关，许多帮会原本就是宗族械斗的产物。在群体间的冲突中寻求成员间的互帮互助，成为帮会产生的原始动力。因而，"尽管在任何情况下，帮会都是现政权的一种异己力量，但在某些情况下，以成员间互助为主旨的帮会可以与现政府妥协，与政府'和平共处'，甚至相互合作"[②]。不仅如此，在宗族控制下的基层社会，为了阻止国家权力向基层渗透，宗族势力往往以官府"处事不公""欺压过甚"的理由，将以械斗为主要形式的群体冲突转化为针对官府和官员的有组织的暴力反抗活动，从而完全走向政府的对立面。许多帮会势力也正是在与政府的对抗中逐渐壮大起来的。因此，在宗族势力集中的南方地区，社会秩序相对不稳定，基层社会群体性冲突事件频发，尤其是"大规模的宗族组织、反国家的行动以及宗族之间的世仇，似乎已经成为与中国东南部有关的三种现象，而在中国的其他地方并不存在"[③]。明清时期的帮会势力主要是从东南地区开始膨胀和蔓延的。

而在以政权为中心的大共同体形态的北方地区，基层社会实行里社保甲制度，绅士与国家权力互为支撑，社会秩序相对稳定。乡村社会封闭的生活环境和有限的生存资源，使得小农生活较之南方更加艰辛。在强力的社会控制下，许多社会成员无力于现世的苦难纷争，只能乞求来世的宝贵平安，加之在北方民间社会儒、释、道三教兴盛，为秘密教门的形成与发

---

① 冯尔康：《中国宗族社会》，浙江人民出版社，1994，第248页。
② 王询：《文化传统与经济组织》，东北财经大学出版社，2007，第267页。
③ 弗里德曼：《中国东南的宗族组织》，刘晓春译，上海人民出版社，2000，第177页。

展奠定了良好的社会基础。

当然，"北教南会"只是传统中国秘密社会分布的总体特征，并非绝对。传统中国的基层社会，南方也有教门，北方也有会门，南北中间地带更是会教混杂。"北教南会"的特征同样具有历史性。秘密教门组织产生得较早，并且是由北向南蔓延，而会门组织的产生相对较晚，并且地域性较强，因此在明代及清初，秘密社会"北教南会"的布局特征较为明显。但是，随着会门组织的膨胀及教门组织的繁衍，加之交通条件的改善，到清中期以后秘密教门的南北差异逐渐缩小。①

二、传统秘密教门组织的传承关系

秘密教门是传统秘密社会重要的组成部分，明清时期主要活动在北方地区，并逐渐向南扩展。秘密教门的源头虽然可以追溯到汉魏时期的佛教结社，但是只有宋元时期的佛教异端才可视为其前身。宋元时期社会生存环境的变迁，使得白云宗、白莲宗及"吃菜事魔"名目的结社等佛教异端在下层民众中迅速传播，并逐渐向秘密教门嬗变。通常认为，"佛教异端教派弥勒教、白云宗、白莲教等，乃是秘密教门的前身"②。尤其是元代，白莲宗的膨胀与分化，使得下层以"白莲名色"的名目向各种秘密教门蔓延，最终融合形成白莲教。白莲教是明清时期主要的秘密教门系统之一，其影响力几乎贯穿了明清两代的始终。

---

① 传统中国秘密社会"北教南会"的分布特征是历史现象，这种现象最终会随着秘密社会两大系统的全国性传播而逐渐消失。尤其是形成相对较早的秘密教门系统，自形成以后，就开始向南方蔓延。例如，明代最初活动在北方的罗教，因其在粮船水手中流传而逐渐随着漕船向南方蔓延。粮船水手主要来自北方破产劳动者，他们常年漂泊，生活艰辛，在"空回"期间需要另寻生计，"罗教针对这种情况，便在杭州、苏州运河附近建造一些庵堂，作为'回空'水手驻足之处与年老残疾水手的栖息之所"，（参见秦宝琦、王大为、白素珊：《"千年王国"与"白阳世界"中外"末世论"载体的演化历程》，福建人民出版社，2003，第147页。）"庵堂"成为罗教在江浙一带流传的据点。清代粮船水手人数增加，信奉罗教的人也更多了，这类"庵堂"的数量也逐年增加，罗教传播更广。教门由南向北蔓延的情况在清代比较普遍，例如，清初闽浙一带"道心教"、广东一带的"后天教"、江西一带的"圆顿教"等，大多属北方教门南传的产物。而随着北方秘密教门组织在南方逐渐蔓延，到了清代中晚期，以往"北教南会"的特征趋于不明显，以至于出现会教杂存、相互融合的现象。

② 秦宝琦、王大为、白素珊：《"千年王国"与"白阳世界"——中外"末世论"载体的演化历程》，福建人民出版社，2003，第65页。

元末的白莲教"弥勒下生""明王出世"思想对凝聚反元势力，并最终推翻元朝统治发挥了重要作用。白莲教所蕴涵的反叛思想及其社会动能，具备改朝换代的功能，因而也为新王朝所忌惮。明朝建立以后，亲历白莲教起义的朱元璋就严禁包括白莲教在内的各色秘密教门组织，明成祖朱棣更是严厉镇压白莲教的造反活动。在残酷的镇压与反镇压的交织活动中，白莲教势力的生存空间被压缩，到明中期以后，白莲教教门组织日渐式微。尤其是在天顺、成化之际的陕、楚的教门暴动被镇压以后，白莲教各种名目的造反活动逐渐平息，取而代之的是各式新秘密教门组织的出现和膨胀。新教门组织大多在白莲教各支流的基础上形成，其教派林立，遍及社会底层，"皆讳白莲之名，实演白莲之教，有一教名，便有一教主。愚夫愚妇转相煽惑，守怯于公赋而乐于私会；守薄于骨肉而厚于伙党；守骈首以死而不敢违其教主之令"①，成为明清两代无法解决的社会问题。白莲教系统中最具影响力的是罗教、黄天教以及传承的各支流。明清时期白莲教系统秘密教门的传承关系如图1-1所示。②

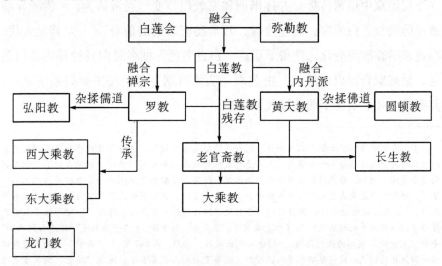

图1-1　明清时期白莲教系统秘密教门传承关系

---

① 《明神宗实录》（卷531-550），台北：台湾"中研院"历史语言研究所，1966，第10094-10095页。

② 图中并未将所有的教门及其相互间的关系表示出来，仅列出了其中有代表性的教门组织。

罗教是明清时期影响深远的秘密教门组织。罗教由山东莱州即墨人罗梦鸿于成化正德年间在北直隶密云卫创立。罗梦鸿所著的五部六册，即《苦功悟道卷》《叹世无为卷》《破邪显证钥匙卷（2册）》《正信除疑无修证自在宝卷》《巍巍不动秦山深根结果宝卷》流传至广，为后来许多秘密教门组织奉为经典。罗教在教义上汲取佛教禅宗思想，并结合传统的劫变说，形成所谓"真空家乡，无生老母"八字真言。尽管罗教以"无为"为名，竭力撇开其与白莲教的关系，但其确与白莲教存在渊源关系，"一般认为，无为教是宋元时期的白莲教向明清各民间教门过渡的桥梁"[1]。明清以后的罗教传承主要形成三大方向：一是杂糅儒学道家思想的如河北广平曲周人韩太湖在明万历年间创立的弘阳教，即混元教；二是明万历年间出现的西、东大乘教，其中，西大乘教由归圆依托皇姑寺而创立，[2] 东大乘教（也称闻香教）由直隶滦州石佛口王森所创；三是与原来白莲教残存教派合流在明嘉靖万历年间形成的江南斋教，其中蔓延范围最广的当属殷继南、姚文宇先后掌控的浙江处州老官斋教。

黄天教是明清时期影响力不亚于罗教的另一秘密教门组织。黄天教由直隶怀安人李宾于嘉靖年间在北直隶万全卫创立。李宾即碧天寺的普明禅师，又号虎眼禅师，黄天教的经卷《普明如来无为了义宝卷》《普静如来钥匙宝卷》《太阴生光普照了义宝卷》《太阳开天立极亿化诸佛归一宝卷》及《虎眼禅师遗留唱经卷》记载有李宾事迹及宗教思想。黄天教在教义上融合了道教的内丹派思想，并受罗教教义的影响，是外佛内道、仙佛参杂、以道为尊的秘密教门。黄天教的宝卷流传有"九经八书""十经一忏""三元了义，八祖归真"之说，有20多部，现存"通计十部（包括长生教宝卷），其余仅存目录"。宝卷内容丰富，流传较广，对明清两代的秘密教

---

① 刘平：《中国民俗通志·江湖志》，山东教育出版社，2005，第163页。

② 西大乘教的创始人，按照马西沙、韩秉方的考证，他们认为"西大乘教的真正创教祖师是五代归圆，吕菩萨只不过是假借其显赫的威名灵光，被推尊为一代教主罢了"。（参见马西沙、韩秉方：《中国民间宗教史》，社会科学出版社，2017，第493页。）也有学者认为是吕尼，如果是五代归圆创立，那么在经卷中"只字不提，应该是不可能的"。（参见连立昌、秦宝琦：《中国秘密社会（2）·元明教门》，福建人民出版社，2002，第220页。）

门影响深远。① 李宾以后的黄天教主要分成两支：一是杂糅佛道的圆顿教，包括前后出现的普善圆顿教和弓长圆顿教；二是传到江南与老官斋教混杂形成的长生教。

明清时期，非白莲教系统的秘密教门组织也很多，例如，金幢教、三一教、龙门教、一炷香教、八卦教、净空教、金丹教、还源教等。这些教门组织与白莲教系统各支流虽然也有联系，但没有清晰的传承关系，相互之间相对独立，其中影响最大的当属董四海的一炷香教和刘佐臣的八卦教。

一炷香教由明末清初山东商河县"火居道人"董四海创设，一炷香教的教义由儒道混杂而来，以道为主，汲取道教内丹修炼之途，以师法道教符箓派绪余。一炷香教主要在山东、直隶一带，以道观为中心传播，也有以民间自发教团形式传播。但是"无论是以道观为活动中心的一炷香教教团，还是在乡村中常有的自发性、松散性、更世俗化的教团，与同时代的一些教派相比它们大多独具一格"，体现的是明末清初道教世俗化的趋势。② 道教的世俗化造就了八卦教这一清代最大的秘密教门组织。八卦教是在康熙初年由山东单县人刘佐臣创立的，最初名为五荤道，又称收无教，在发展历程中有清水教、八卦教、天理教、九宫教等多种名目，其流派按教门的组织架构又可分成离卦教、震卦教、坎卦教等。八卦教与白莲教系统的秘密教门之间存在较多的联系，但是其本身并不属于该系统。刘佐臣按照"内安九宫，外立八卦"的组织模式，分八卦、收徒党，经过百年经营，其成为华北地区最大的传世教派。

综上所述，明清是秘密教门的发展壮大时期，教门组织不仅数量激增，而且分布极广。据统计，明代涉及教门的案件有 284 起，到了清代涉及教门的案件达 507 起，活动区域遍及北方大部分省份。③ 尤其是到了清代，秘密教门活动频繁，各类反叛活动对清王朝政权造成严重威胁。以八

① 马西沙：《中华文化通志·民间宗教志》，上海人民出版社，1998，第 263-264 页。
② 马西沙、韩秉方：《中国民间宗教史》，社会科学出版社，2017，第 677 页。
③ 欧阳恩良：《形异神同——中国秘密社会两大系统比较研究》，贵州人民出版社，2004，第 34-49 页。

卦教为例，从乾隆年间王伦清水教暴动，到嘉庆年间的林清天理教袭击紫禁城事件，八卦教的反叛活动曾一度动摇清王朝的统治根基。

三、传统秘密会党组织的发展脉络

秘密会党是传统秘密社会的另一重要组成部分，明清主要分布在南方地区，包括南北的结合地带。尽管具有"游侠"性格的帮会最早可以追溯到先秦时期，但是具有"结社"特点的秘密组织是宋元时期才出现的，尤其在元代。当时的秘密会党不仅称社，而且拜盟互助，有诸如"扁担社""五陵会"等不同名目。[①] 明清时期是秘密会党的崛起时期，与秘密教门不同的是，秘密会党的出现从一开始就具有"破坏"社会秩序的特质，从早期松散的流氓组织到后来严密的帮会集团，帮会势力遍及城乡，依附主流社会，成为难以解决的社会问题。

明代是秘密会党的繁衍发展时期，其重要表征就是城市型"无赖"组织的发展与蔓延。城市的"无赖""流氓"组织在历代都存在，但是明代的"无赖"组织与以往历代不同的是，这些组织不仅遍及城市各个角落，而且呈现有组织、集团化发展的特点，与近代的黑社会性质的帮会组织非常相似。城市型"无赖"组织的大量出现是在明中叶以后。里甲制度的松缓瓦解、土地兼并的恶性发展，以及由此导致的人口由农村向城市移动的数量激增，在城市形成了庞大的没有固定职业的游食群体，从而为"无赖"组织的形成与发展提供了社会基础。明中叶以后的具有代表性的城市型"无赖"组织当属"打行""访行"。"打行"是以暴力获取金钱的秘密社会组织，他们有自己的头目，组织成员称为"打手"或者"青手"。打行人数不等，少则三到五名，多则百名，他们歃血结盟，集体行动，群聚殴人、诓骗偷盗、替人出头、充当打手。打行遍及江南城乡，势力颇盛，"打行打人有一套秘密的规矩，内部人员间自相传授，外人不得而知。此外，打行一旦为官府所追捕，就歃血拜盟，窜入绿林"[②]。"访行"是指帮

---

① 陈宝良：《中国的社与会》，中国人民大学出版社，2011，第82-83页。
② 陈宝良：《中国的社与会》，中国人民大学出版社，2011，第93页。

忙罗织罪状，暗设陷阱来陷害别人行当的秘密社会组织。"访行"盛行江南地区，是典型的秘密会党组织。[①] 例如，明季常熟邵声施设立的访行，初名"保生社"，成员称为"干儿"。"保生社"为官府捕杀后，成员朱灵重聚组织，又有"八大分""八小分"等名目，此后组织多次聚变，形成南北两部，依附者近千人，其秘密性"不仅表现在外在组织形态的变化上，也表现为其内部组织结构的日益严密化"[②]。除了"打行""访行"外，明末还有"脚夫""白拉"等其他"无赖"组织，其共性是：以暴力活动来获取非法利益；有自己的头目并以歃血结盟仪式结成严密组织；按照划定的势力范围进行活动；独立于任何其他有势力者，但不排除与其他有势力者进行合作。[③] 这些都属于秘密会党组织。

明代秘密会党繁衍发展的另一表征就是依附于盐业、矿业等特定行业产业的帮派组织的出现，例如，由贩卖私盐的盐枭形成的秘密帮派。明代的两淮盐场，贩卖私盐屡禁不绝，至英宗时期已经发展成为武装的盐枭集团。成化年间的南京一带盐枭集团甚至拥有遮洋大船、数千人众，并配有各种军器，公然与政府抗衡。私盐的暴利，使得"以无籍流民为主的秘密社会，结合地方上的大姓，土棍、豪商、私牙、官弁兵役、灶户等，组成庞大而周密的贩私集团，到处兴贩，尤其官盐不到之地，枭私更可以乘虚而入"[④]。明代中叶，流民遍地，进山采矿成为他们一条重要的生路，尽管政府制定了严厉的监矿禁令，但是无法抑制流民秘密采矿的势头。进山采矿的流民为了生存，结成各种秘密帮派组织，他们有自己的首领和组织，

---

① "访行"始于明末，最初不过是依附衙门，协助地方上司官员"访察"官员、胥吏和豪右"恶行"的组织。由于奸猾胥吏和市井流氓的加入，"访行"逐渐演化为专事报复私仇、诬陷诳诈的秘密社会组织。"访行"往往通过行贿，将目标对象置于豪蠹之列，然后罗织罪款，暗投陷阱，即使官府也无从为其开脱。访行有时也会派出缇骑，偷偷拘人，然后"设局讲款"，从中勒索，此为"造访"。"访行"有严密的规制，首领称"宗主"，组织遍及城乡，乡绅仰仗其鼻息，虽官府也无可奈何。（参见陈宝良：《中国流氓史》，中国社会科学出版社，1993，第178-179页。）

② 申浩：《江南"访行"的兴起、结构及功能》，《史林》2001年第3期。

③ 吴金成：《明末清初江南的城市发展和无赖》，转引自中国明史学会：《第六届明史国际学术讨论会论文集（1995）》，1997，第639-659页。

④ 徐泓：《明代的私盐》，《台湾大学历史学系学报》1980年第7期。

或依附于豪强势家，或受雇于商业资本。在明末"矿税之祸"所酿成的民变中，这类基于矿工的秘密帮派体现出强大的组织力，"熊廷弼经略辽东时，提出招他们当兵，采矿头目能结聚千人者署都司，能结聚五百人者署守备"，其力量之强由此可见。①

　　清代前期是秘密会党异军突起的时期，其中天地会是清代创立时间较早、发展规模最大、影响极深的秘密会党。因此，秘密会党通常可以分成天地会与非天地会两个系统。清代非天地会系统的帮会组织主要兴起于嘉道年间，例如，江西的担子会、边钱会、花子会，广东的共和义会、守义会、连兄会、集义会、老表会，广西的忠义会、父母会，湖南的观音会、兄弟会、黑会红会、赵瞎子，湖北孤老会，等等。② 天地会起源问题比较复杂，学界观点各异，但是，关于天地会是基于明末清初异姓结拜兄弟团体而逐步形成的秘密会党组织，学界大致能形成共识。明末清初存在各色名目的异姓结拜团体，具有"年少居首、歃血订盟、结会树党、人数众多"等不同特点，而"四者兼有"的就是乾隆时期的天地会，"天地会必然是一个在异姓结拜弟兄基础上发展起来的、以反对清王朝为宗旨的秘密会党"③。天地会在不同时期的名称各异，体现出其在清代的传承关系。尤其是在嘉道时期，出现了许多各种新名目的帮派组织，其中大多属天地会

---

　　① 祝慈寿：《中国工业劳动史》，上海财经大学出版社，1999，第145页。
　　② 在论及天地会系统的秘密会党问题时，无可回避的是哥老会与青帮问题。通常的论著都将哥老会与青帮作为清前期重要的帮会组织，当然也有将其直接视为天地会系统的会党组织。哥老会的起源，学界尚无定论，大致与啯噜、边钱会、青莲教等秘密结社相关，但是，明确有哥老会名目的时间显然不是在清前期；青帮的起源通常被认为与罗教水手行帮有密切关联，但是真正有"清帮"或者"青帮"名目的，也属近代的事情，毕竟类似于船帮、盐帮、漕帮等行帮组织并不能等同于会党。哥老会、青帮可以视为晚清时期的会党组织，其形成与发展反映出帮会组织的近代嬗变。
　　③ 周育民、邵雍：《中国帮会史》，武汉大学出版社，2012，第17页。

系统的会党组织。① 天地会系统的会党以"歃血结盟"形式组成，并多属互助互济、自卫抗暴，间或也从事抢劫斗殴，这一点与其他帮派组织无异。但是，天地会系统的秘密会党，"都有一套大体相同或相似的结盟仪式，隐语暗号及诗句歌诀，以及一个有关该会缘西鲁传说"，尽管在不同地区有不同的名称，"但其渊源，则皆可追溯到天地会"，由此可以清晰地辨别会党是否属于天地会系统。②

第三节　近代社会转型与秘密社会的嬗变

近代中国社会处于转型期，一方面是由传统的农业社会向近代工业社会转型，另一方面是由传统的封建专制政体向近代的民主共和政体转型。近代社会转型所形成社会政治、经济、文化等领域的变革，改变了秘密社会的生存环境。为适应生存环境的变迁，秘密社会的生存模式进行了相应调整，进而在调整中完成了其近代的重组。

一、近代社会转型与生存环境的变迁

中国近代化发端较迟且曲折坎坷。大致说来，至少到 19 世纪中叶，传统中国虽然面临诸多的动荡与灾难，但仍能通过大一统的自我调适机制，维护传统社会的稳定与平衡。19 世纪中叶以后，欧洲诸国"闯入中国边界腹地，凡前史之所未载，亘古之所未通，无不款关而求互市"，大一统面

---

① 在清代前期天地会名称，按照戴玄之的考订，大致包括乾隆年间的"添地会""复兴天地会""重兴天地会""鑶黑氣会"，以及嘉道年间的"三合会""双刀会""担子会""情谊会""父母会""义兴公司""洪莲会""添刀会""千刀会""三点会""棒棒会""靶子会"，等等。当然，除了戴玄之先生考订的各色异名天地会组织外，嘉道时期还有许多其他新名目的帮派组织，主要分布在福建、广东、广西、江西等地区，其中大多也属天地会系统，如"和义会""阳盘教阴盘教""百子会""串子会""三和会""仁义会""拜香会""良民会""洪钱会""平头会""保家会""隆兴会"，等等。（参见戴玄之：《明清帮会教门》，中国社会科学出版社，2019，第289-308 页；欧阳恩良、潮起龙：《清代会党》，福建人民出版社，2002，第76 页。）

② 秦宝琦：《中国地下社会（1）》，学苑出版社，2004，第646 页。

临"三千余年一大变局"①。传统中国社会的自然发展过程发生断裂，社会进入了脱胎换骨式的转型期。这个过程历经 70 多年。虽然，近代社会转型从 1840 年鸦片战争开始到 1912 年中华民国成立，持续 70 多年尚未完成，但是，由此带来的社会基本结构的转变和社会生存环境的变迁，极大改变了社会成员的生存方式。

生存环境是指社会成员或者群体所生活的具体空间，包括自然环境和社会环境。自然环境是人类社会存在与发展的必要条件，它包括气候、水土、山川、植物等各种自然要素，能够潜移默化地影响人们的性情。传统中国政治、经济、社会和文化习俗的南北差异，主要是南北不同的自然环境使然，如前所述的秘密社会的"南会北教"特征也与自然环境的南北差异密切相关。社会环境是人们在自然环境中长期实践所形成的，是自然与人类结合共生的产物。社会环境既包括社会制度、文化传统、价值观念等宏观层面的社会结构要素，也包括行为规范、生活方式、风俗和习惯等微观层面的社会生活内容。近代社会转型视角下的生存环境变迁，主要是指社会环境相对传统社会的变化。生存环境决定社会成员或者群体的生存方式。近代生存环境变迁，使得秘密社会的生存状态、生存方式及思想与情感特征皆发生嬗变。

社会转型概念源自西方现代化理论，通常是指传统社会向现代社会的整体性嬗变或质变，包括器物文明、制度规范及思想观念等社会各领域的全面变革。社会转型可以从经济、政治、文化等不同的维度进行衡量，但是"社会转型的基础是经济领域的转型，其核心是人和人之间的社会关系的变革和制度重建，其主体是社会结构本身而非社会结构的任何一个组成部分"②，考察传统中国社会的近代转型首先要把握经济领域的变革，在此基础上进一步考量社会关系的变化。

就经济领域而言，传统中国社会的近代转型，就是传统的封建小农经

---

① 李鸿章：《李鸿章全集（5）》，安徽教育出版社，2008，第 107 页。
② 曹胜亮：《转型与建构：社会中间层组织与创新社会治理研究》，华中科技大学出版社，2018，第 17 页。

济体系向资本主义生产方式与经济形态的转型，主要表现为传统经济结构逐步瓦解，以及从无到有的近代工业的形成与发展。但是，这一近代经济转型是外力强力嵌入而触发的，对社会秩序的冲击力较强。在近代中国的社会转型中，一方面，由于专制政权和军阀势力的干预，支撑经济社会发展的法制体系并不健全，近代中国还缺乏类似于西方资本主义的"形式理性"；另一方面，在某些地区和社会生活领域内，契合近代社会的制度文化和交往习惯得以确认，社会的市场制度逐渐形成。可见"形式理性和非形式理性并存"成为近代中国的一大特点。① 传统中国原有的社会经济结构逐渐瓦解，而基于市场化的新社会经济结构并没有建立起来，社会经济生活处于动荡之中。近代经济转型在促进资本主义发展的同时，导致了大量的城乡失业人口，这些失业人口既有农村破产农民和城市手工业者，也有工商业破产以后的原企业业主及其雇员，整个社会的贫富差距进一步拉大，由此所衍生的社会危机成为秘密社会拓展其生存空间的机遇。

就政治领域而言，传统中国社会的近代转型，就是传统专制政治向现代民主政治的逐渐转型，其最明显的表现就是贯穿整个近代中国的改良与革命。但是，近代中国的政治转型始终摆脱不了西方殖民者的阴影，从早期的自强运动、维新变法到后来的清末新政及民国政治，列强的干涉造成晚清政局动荡及民初政权更迭。近代社会的经济转型缺乏政权力量的有效调控，经济变革与政治变革不能做到同频共振、相互支撑，由此造成社会秩序混乱。在城乡社会变迁中，官府衙门横征暴敛，地方豪强巧取豪夺，普通民众缺乏基本的权利保障。在城乡广大的失业人群当中，"有许多人被迫到没有任何谋生的正当途径，不得不寻不正当的职业过活，这就是土匪、流氓、乞丐、娼妓和许多迷信职业家的来源"②。拉帮结伙、抱团取暖甚至武装劫掠，成为许多底层民众的生存方式。

就思想文化领域而言，传统中国社会的近代转型，表现为传统的纲常

---

① 杜恂诚：《中国传统伦理与近代资本主义：兼评韦伯〈中国的宗教〉》，上海社会科学院出版社，1998，第189页。

② 毛泽东：《毛泽东选集（2）》，人民出版社，1991，第645-646页。

名教和等级观念逐渐被资本主义的平等精神取代。传统的重义轻利道德伦理受到了批判,尊重个人利益和倡导"人己两利"成为社会接受的价值理念,所谓"大利所存,必其两益。损人利己非也,损己利人亦非;损下益上非也,损上益下"①,注重人们在利益上的一致性。思想文化领域的近代转型有利于社会成员,特别是基层小农群体,冲破传统礼法的桎梏,转变传统重农轻商、因循守旧和重土安迁等传统价值观念,促进传统社会向近代社会的转型发展。但是,由于传统道德伦理的惯性,近代社会转型期间,思想文化领域始终处于"新""旧"交织状态,在面临新式文明的浪潮时,传统伦理道德与功利动机的冲突加剧。在近代社会转型中,"蔑视礼法、追求享乐的生活方式不只是个别现象,也不只局限于某个领域,某个阶层,它已成为新的社会风尚,具有很强的普遍性,涉及社会生活的方方面面"②,对许多低层社会成员而言,追求新式文明的方式可以有很多种,而依托秘密社会组织是其中的重要捷径。

综上所述,近代中国社会在经济、政治及思想文化上的转型,改变了社会成员或者群体的生存环境。近代社会转型引起多个层面的变迁,即社会整体、社会资源、社会区域、社会组织和社会身份等社会结构的变迁,社会利益分配、社会控制、社会沟通、社会流动和社会保障等社会机制的转换,以及以义利观为中心的传统价值观念的转变。与上述层面变迁相应的是社会经济结构、政治体制和文化形态等社会要素的变迁。因此,近代社会转型"不仅意味着结构转换、机制转轨、利益调整和观念转变,而且意味着人们的行为方式、生活方式、价值体系都会发生显著变化"③,而这些变化深刻改变了基层社会的生存环境,对秘密社会的重组和近代秘密社会的形成产生了深刻的影响。

二、会教合流与传统秘密社会的重组

近代社会变迁使得秘密社会的生存环境发生了变化,传统秘密教门和

① 赫胥黎:《天演论》,严复译,贵州教育出版社,2014,第55页。
② 张仁善:《礼·法·社会 清代法律转型与社会变迁》,商务印书馆,2013,第344页。
③ 池子华、吴建华:《中国社会史教程》,苏州大学出版社,2016,第154页。

秘密会党都面临着调整，以适应环境的变迁。事实上，在近代社会变迁中，所有基层社会组织都要进行调整，里甲、保甲、厢坊等官方基层组织要变革，乡族、会社、会馆等民间基层组织也要调整，而秘密社会虽然属于亚社会组织，同样也面临着适应性调整的难题。在适应性调整过程中，有的秘密社会组织逐渐解体，有的则重获生机。适应近代社会环境变迁，淡化组织边界，在合流中实现组织重组，成为传统秘密社会的重要特征。

首先是传统秘密教门的裂变。近代秘密教门就其传承而言，主要来自八卦教和青莲教两大派系，近代传统秘密教门大多是从这两大派系中裂变出来的。

八卦教是康熙初年刘佐臣创立的，分乾、坤、震、巽、坎、离、艮、兑收徒传教，自创立以来长期由刘氏家族掌教。林清、李文成天理教起事失败后，八卦教多次遭到清廷打击，教门发展缓慢。晚清时期，八卦教传承的主要教派是以河南郜家为首的离卦、张善继为首的坤卦和从尚选等为首的兑卦，"整个八卦教在晚清时期继续处于衰落期，活动主要集中在太平天国后期，此后也没有大的活动。晚清时期出现的圣贤教、九宫道其实是八卦教变名"①。传统秘密教门的裂变主要来自罗教系统的青莲教。

青莲教源自罗教系统南传的老官斋教和江西大乘教。乾隆四十八年（1783年），大乘教十祖吴子祥自编经书和斋单，以盘装果供神，立有天、地、人、神、圣五种"斋盘"并分属不同弟子执掌，称"五盘教"，后世弟子称其为青莲教。道光七年（1827年），青莲教被清廷查获，教首徐继兰以及大部分教内骨干被捕杀。道光二十三年（1843年），逃逸的青莲教教众在骨干陈汶海、李一沅、郭建文等人的组织下，复兴教门。教门奉湖南教徒朱中立为教主，建立"五行十地"的新的组织机构，以汉阳为"云城"，向各地发展。"请得江南人刘依道设坛扶乩，定下字派是元秘精微道法专真果成十字，都用依字加首名，为十派；又定致温、致良、致恭、致俭、致让五名，恐人多名字不敷，又添克、持二字，共十七字；又分出内

① 陆勇：《晚清秘密教门与近代社会变迁》，《云南社会科学》2003年第4期。

五行五专管乩坛，外五行五人，同五致，共为十地，分派各省传教。"[1] 但是，由于教门矛盾重重，朱中立实为傀儡，组织分裂趋势日益显现。李一沅拥立朱中立为总教主，广招门徒，掌控全教，引起"十依"之首的郭建汶极大不满。郭建汶拥立周位抡为教主，另起教会；自号"摘光祖"的周位抡坚决不承认朱姓的总教主之位，为防止陈汶海等人加害，改名张利贞四处躲避。道光二十五年（1845年），清政府在各省大规模查禁青莲教，李一沅、陈汶海、邓良士以及周位抡等教内骨干纷纷被捕，青莲教组织分裂为若干小的秘密教门。包括灯花教、金丹道、末后一著教、先天道、江南斋教，等等。

伴随组织的裂变，传统秘密教门的宗教色彩逐渐淡化，组织规模也逐渐变小。传统的神灵救劫和来世转运的理念，逐步向反抗压迫和谋求生存转向，在屡次造反失败的情形下，秘密教门也趋于合流。以四川为例，清末流落入川的以秘密教门组织为主体的义和团成员，"与巴蜀已有的白莲教、灯花教、红灯教、少林神打、无生门教、顺天教等秘密组织合流。民间'反清'活动，1902年后达到高潮，他们集合信徒进行武功训练，即所谓'神拳'，清政府概称之为'拳匪'"[2]。当然，传统秘密教门在总体上呈日趋衰落的趋势并没有改变。

其次是传统秘密帮会的重组。天地会系统的秘密帮会组织在近代大致沿两个方向发展：一是传承传统的发展模式，二是适应近代社会变迁的新发展模式。

传统的发展模式就是按照以往的发展路数，或者以"反清复明"为口号，反抗清政府统治，在政治斗争中扩大其影响力；或者以"劫富济贫"为借口，劫掠富绅豪族的财富，在聚集财富中拓展其生存空间。前述的棒棒会、把子会以及后来太平天国时期张家祥的天地会"广义堂"、张钊等的天地会"艇军"，等等，都属于这种类型。传统天地会组织在太平天国

---

[1] 湖北武昌府等府继获传习青莲教之张善成等人（裕泰奏折，道光二十五年三月二十六日）。（参见刘子扬、张莉：《清廷查办秘密社会案》，线装书局，2006，第9609页。）
[2] 郑光路：《成都"变脸"》，西南交通大学出版社，2018，第117页。

时期建立了若干割据政权，例如，两广地区朱洪英、胡有禄的升平天国政权，陈金刚的大洪国政权，陈开、李文茂的大成国政权以及广西天地会的平清王、建章王、延陵王等三王政权，等等。

新的发展模式就是适应近代社会环境的发展路数，或者进入近代城市，通过内部重组，完成向近代帮会的转型；或者立足基层农村，通过改头换面，适应近代社会变迁。在近代城市的生存环境中，通过内部重组，实现帮会转型的典型案例是上海小刀会。近代初期的上海天地会组织名目繁多，互不统属，最大的组织是广东刘丽川的三和会和福建李咸池的小刀会，除了天地会各种组织外，另有罗汉党、塘桥帮等地方帮会，还有同乡会性质的行帮和行业性质的会馆。为了适应近代城市环境，天地会系统进行重组，吸纳其他帮派组织，最终形成以"小刀会"为名称的统一的天地会组织。"新形成的小刀会领导骨干中，有代表三合会的刘丽川；代表原小刀会的李咸池以及李仙云、林阿福、陈阿林；代表百龙党的潘起亮、朱月峰、张汉宾及代表罗汉党的徐耀等"，上海小刀会统一了原来分散的帮会力量，促进了传统帮会的转型，同时又"继承了以小刀作为标志的传统和天地会的特征"①。通过改头换面，以适应近代社会变迁的天地会组织主要分布在农村，如广东的双刀会、隆兴会、斋公会，江西的关爷会、三点会，湖南的添弟会、尚弟会、徽义堂，等等，这些天地会组织规模较小，主要的群众基础是近代社会变迁带来的大量流民群体。传统秘密帮会在近代社会转型中的重组，形成了近代城市型帮会和乡村型帮会的雏形。②

最后是传统秘密社会的教会合流。传统秘密教门在向南漫延的过程中与天地会产生密切关系。青莲教在江西、湖南一带传教，因其徒众茹素食

① 秦宝琦：《中国洪门史》，福建人民出版社，2012，第200页。
② 蔡少卿先生根据帮会在城乡不同地区的活动特点，将近代帮会组织分为城市型和农村型两种不同的类型。农村型帮会以农村中的破产农民和其他游民为主体组合而成；城市型帮会由在近代城市中找就业和生活机会的农村的失业者、土匪和游民组成。蔡少卿认为，在近社会变迁过程中，"由于近代中国城市的半殖民地性，以及城市行业多样，竞争激烈，人群庞杂，流动频繁，统治者的力量较强等因素，就决定了城市会党有许多不同于农村会党的特点"。（参见蔡少卿：《中国近代会党史研究》，中华书局，1987，第27-28页。）以天地会为主的传统秘密帮会在近代的传承与发展中，虽然保持了以往的性质，但是至少具备了近代城市型和农村型帮会的特征，可以视为近代帮会的过渡形态。

斋而谓之为斋教。早在嘉庆年间，吴子祥的弟子李凌魁就加入了天地会。李凌魁"因天地会奉拿严紧，忆及经本内有阴阳语句，遂另令立阳盘、阴盘名目，暗藏天地会之意"，入阳盘会者，传授手诀口号，阴盘会者，传授吃斋。① 后其同会兄弟杜世明在江西"邀人吃天地会酒"，模仿李凌魁的"阴盘""阳盘"结社方式结盟拜会，"会内的人有吃斋与不吃斋两种，善字号尽是吃斋，和字号俱系吃荤"②。李凌魁和杜世明表明，许多秘密教门组织虽然保留神灵救劫范式的许多要素，但是已经将天地会的仪式引进教门，"李凌魁和杜世明团体拥有的三合会知识尽管很零碎，但已经非常接近于后来的三合会立会根由，不同之处在于，它设想朱太子和万大哥率领的三合会军队很快就要到来"③。

道光中叶，秘密教门与秘密帮会的合流趋势愈加明显。青莲教中裂变出来的金丹道教就是明显的例子。在青莲教重组过程中，自号"摘光祖"的周位抡"另兴教会，传徒敛钱，是以假称劫难危词，编写传播"，执天地会的杏黄旗，其中"杏黄旗亦系纸剪，上书'敕令万云龙'五字""经卷钞本内如《推背图》《东明律》《风轮经》《九莲宝赞》《托天神图》《无上妙品》等书，非语涉悖逆，即事近妖邪"。④ 道光二十七年（1847年），新宁县瑶族人雷再浩因习金丹道教被刑责，愤而遂邀人结拜成立棒棒会，又名"三合会"，分设青教、红教，全州李世得"听从新宁县瑶人雷再浩之纠邀，在广州聚众拜会结社，与雷再浩联合互助，成立青教与红教"，⑤ 雷再浩起事失败以后，其余党仍在活动。道光二十九年（1849年），在新宁县又兴起李沅发的把子会。把子会虽属帮会，但从起事失败后发现的组织体系来看，又与金丹道教密不可分。

---

① 中国人民大学青史研究所、中国第一历史档案馆：《天地会（6）》，中国人民大学出版社，1987，第244页。

② 中国人民大学青史研究所、中国第一历史档案馆：《天地会（6）》，中国人民大学出版社，1987，第285页。

③ 田海：《天地会的仪式与神话：创造认同》，李恭忠译，商务印书馆，2018，第245页。

④ 李星沅：《李星沅集（1）》，岳麓书社，2013，第181页。

⑤ 广西全州李世得与雷再浩邀约成立青教与红教（郑祖琛奏折道光二十七年十月十二日）。（参见刘子扬、张莉：《清廷查办秘密社会案》，线装书局，2006，第10067页。）

天地会在发展组织时，也大量利用秘密教门的神灵救劫范式。道光末年广东朱九涛尚弟会就与金丹道有联系。研究表明，尚弟会的黄、红、白三教应是金丹道教郭建汶与周位抡合教后的产物。当然从"老万山""忠义堂"的名号来看，在尚弟会中起支配作用的是天地会，可见"在广东这样一个天地会势力十分强大的地方，青莲教中的天地会因素终于成为主导的方面，摆脱了教门的系统"①。

教会合流与近代社会环境的变迁密不可分。一方面，近代社会转型造就了基层社会大量的游民，为了生存他们或入会，或入教，在众多的游民地区，尤其是南方各省，会教各树其党，形成会教合流的群众基础；另一方面，近代社会转型造就了相对开放的社会环境，这种环境促进了教会的合流，可以说"斋会合流是有其特定的历史条件与地域条件的，在封闭型的社会环境和地理位置，斋教不可能与会党融汇，更不可能向会党演化"②。

三、会教融合与近代秘密社会的形成

近代秘密社会既有转型的传统秘密社会，又有近代新生的秘密社会。传统秘密社会在近代转型中虽然能够延续下来，但是无论是教门还是会党组织，总体上是趋于衰落的；新生的秘密社会大多数是在近代社会转型中会教融合的产物。无论是近代帮会还是会道门组织，都既保留了传统秘密社会的基本特质，同时又具有适应近代社会环境的能力，表现出旺盛的生命力。

如前所述，在传统秘密社会的近代转型中，会教合流是重要的特征。会教合流使得秘密教门与秘密会党两个系统的界限逐渐模糊。"在这种'教会'的结社组织中，有的组织中教门明显占据了主要的位置，而有的组织中会党的因素多一些。究竟这些组织是教门还是会党，历来面目难

---

① 周育民、邵雍：《中国帮会史》，武汉大学出版社，2012，第100页。
② 马西沙、韩秉方：《中国民间宗教史》，社会科学出版社，2017，第284页。

辨，莫衷一是。或二者兼具，或二者皆非。是教还是会都要视具体情况而定。"① 但是，会教融合则完全不同，它是教门与会党两大系统的充分对接与融合生长，新生的秘密社会大多属于会教融合的产物。

近代新生的秘密帮会组织很多，除了人们熟知的青帮、哥老会外，还有其他不同名目的秘密帮派组织。例如，在江苏地区有丐帮，丐帮又分成"红行帮"和"白行帮"；在里下河地区有专事偷盗的水火帮，水火帮又分成"文帮"和"武帮"；在城市中除了传统的兄弟结拜外，还有女子结拜，谓"十姐妹""姐妹会"等不同名目。② 当然会教融合最大的新生帮会组织是青帮和哥老会。

青帮是近代中国最大的秘密帮会组织。青帮的形成与近代漕运制度变革和两淮盐枭势力的膨胀密切相关。青帮的前身是罗教水手行帮。罗教水手行帮，具有浓厚的宗教色彩，素习罗教。但是罗教水手行帮不是青帮，青帮是江浙罗教水手行帮与长江流域盐枭集团相结合的产物。按照《清门考源》所辑录，青帮有罗教、安清、安庆、三番子、清帮、家礼、临济道等不同名目，清代的档案文书中也有安清道友、枭匪、清帮、巢湖帮等不同的名称，但是，这些称谓大多应该是指江浙罗教水手行帮，枭匪、巢湖帮是长江下游的盐枭势力。罗教水手行帮不是严格意义上的秘密会党，行帮不是帮会，之所以称之为"帮"，只不过是沿袭了明清漕运的官方称谓，从浓厚的宗教色彩来看，其可以理解为秘密教门系统的罗教分支。盐枭是武装贩私集团，盐枭的私盐要经常利用漕船挟带，称为漕私，因此盐枭集团与罗教水手行帮之间有着长期的合作。例如，清代两淮行盐区的苏南和浙江大部地区，私盐大多来自江浙水手行帮中的嘉白帮从宁波、舟山群岛偷运而来的廉价盐。③ 道咸以后，漕运改成海运，失去生计的江浙水手行帮中的罗教水手行帮滞留在长江下游地区，他们与原本关系密切的盐枭集团开始结合，大致在咸同年间，形成了近代的青帮。因此，青帮是近代形

① 赵志：《试论清后期金丹道教与帮会组织的融合》，《阴山学刊》2003 年第 3 期。
② 郁有满：《江苏帮会志》，方志出版社，2004，第 27—32 页。
③ 渡边惇、钱保元：《清末时期长江下游的青帮、私盐集团活动——以与私盐流通的关系为中心》，《盐业史研究》1990 年第 2 期。

成的新生的秘密帮会组织。青帮之所以在长江下游形成，因素很多，例如，漕运改革后盐私对失业水手的吸引力，太平天国运动引发的长江下游的社会混乱，等等，但是"从根本上讲，青帮的形成是近代以来会门与教门系统相融合及长江下游盐枭势力发展的必然结果"①。

哥老会形成时间大致与青帮相同，都是在咸同年间。哥老会在四川也叫作袍哥，是"近代中国最有活力、势力最大和最有影响的无业游民结社"，是"以啯噜为胚胎，广泛吸收青莲教、边钱会等教门与会党的组织形态，并不断加以融化、调和而使之趋于一体化"而逐渐形成的新生秘密帮会组织。② 啯噜是清代四川一带专事抢劫偷窃的游民结社。清初笔记中谓啯噜"匪徒也，四川有之，劫人财物，亦犹闽、粤之有洋盗"，其大多"以山为巢穴"，平日多混迹于各场，今东明西，随场期轮流，颇难踪迹；互相纠聚，订期约会，故往往有劫场之事"③。啯噜在发展过程中，既吸收了天地会的特质，又融合了非天地会系统的边钱会的要素。乾隆年间的李调元的《童山诗集》中有描述啯噜者，谓"啯噜本音国鲁，骂人呼赌钱者通曰啯噜"，他们"行常带刀，短曰线鸡尾，长曰黄鳝尾，皆象形而名内分红黑，昼曰红钱，如剪绺割包之类；夜曰黑钱，如穿墙凿壁之类。或三五成群，或百千成党。少则劫夺孤旅，多则抗拒官兵，蜀中为害，莫此为甚"④。啯噜与秘密教门的联系应该是在嘉庆年间的五省教门暴动期间，但是真正促使会教融合，产生新生秘密帮会，应当是道光以后青莲教的影响所致。可见，哥老会当属秘密教门和秘密会党两大系统融合最为成功的案例。正是在啯噜基础上，汲取青莲教等教门和其他会党的组织形态，才形成哥老会这一具有教门色彩的近代秘密帮会。

近代新生的秘密教门组织主要是清末民初的会道门组织，如大刀会、红枪会、一贯道、同善社、九宫道、理门、先天道、道院、孔孟道、天仙

---

① 陆勇：《晚清社会变迁中的长江下游青帮》，《上海师范大学学报》（哲学社会科学版）2006第2期。

② 吴善中：《晚清哥老会研究》，吉林人民出版社，2003，第72页。

③ 青城子：《亦复如是》，重庆出版社，2005，第88页。

④ 邓之诚：《骨董琐记》，中国书店，1991，第541页。

庙道，等等。许多会道门组织看似与传统秘密教门相似，但是从宗教色彩、组织体系以及目标宗旨来看，已经不是传统秘密教门的延续。其中，会教融合产生的秘密教门组织的特殊案例是大刀会和红枪会。

大刀会源于清初金钟罩一教，金钟罩又名铁布衫，俗称"硬肚"，为清初民间的硬气功流派。练习硬气功时所附加的请神、吞符、念咒等仪式使金钟罩带有神秘的教门色彩。大刀会的名称虽然早在雍正时的档案中就曾出现过，但是与清末的大刀会不是同一类型的教门组织。大刀会是新生的会道门组织，其产生又与义和团反洋教斗争密切相关。大刀会组成复杂，既有金钟罩传承者，也有其他教门和会党成员的参与。大刀会是义和团的主要组成部分，甚至可以说大刀会就是义和团。清代的档案文献许多时候都是将大刀会与义和拳、金钟罩（铁布衫）、红灯罩等混同，充分说明大刀会组成的复杂性，也说明了"在义和拳的发展过程中，特别是在1900 年以前一两年的盛大发展时期，许多民间的秘密结社和秘密宗教都曾作为'组织成员'加入到义和拳中去"[1]。由此可见，近代的大刀会是会教融合的产物，是具有会党习性的近代秘密教门组织。

红枪会又名红学会，是民国初年在大刀会基础上发展演变而来的会道门组织。[2] 红枪会最初在北方活动，于20 世纪初在河南快速崛起并迅速蔓延，在军阀混战的环境中"渐次发迹，始由一村传之全县，继由一县，传之全省，更由豫省传之直鲁苏皖陕各交界省份"[3]。在蔓延发展过程中，随着地方各种势力，包括秘密会党组织的纷纷参与，红枪会成为具有控制地方能力的武装会道门系统。红枪会是近代秘密教门的一个系统，其中有若干不同名目的枪会组织，"仅以红学而论，有玄门、坎门，又有东方震、南方利等派别。亦有按'禅道仙妙，旋转乾坤，日月交会，天地光明'十

---

① 李世瑜：《社会历史学文集》，天津古籍出版社，2007，第 413 页。
② 关于红枪会的起源问题，历来就有不同的说法。李大钊认为，红枪会是白莲教的支裔，义和团的流派；戴玄之认为，红枪会溯其源流必自乡团始；王天奖认为，红枪会和其他枪会绝大部分都不师承教门，既类同于乡团，又异于晚清以来的乡团，是教门与民间秘密会社的结合体。目前，学者逐渐趋向一致的看法是，红枪会是由金钟罩、大刀会演变而来的。（参见刘平：《中国民俗通志·江湖志》，山东教育出版社，2005，第 173 页。）
③ 佚名：《洛阳红枪会与张治公军大冲突》，《申报》1927 年 5 月 15 日。

六字为宗派者，习红学入门后，取一字为宗派，同派为师兄弟，上派为老师师伯师叔，下派为徒弟徒侄"①。重要的派别包括黄枪会、绿枪会、白枪会、黑枪会、大刀会、神兵、天门会、无极门、联庄会和黄沙门，等等。红枪会的各会之间，只有横向的相互联合，没有纵向的统属关系，平时各自为阵，较少联络，遇事互相联会，一致对敌。

需要说明的是，近代新生的秘密教门组织大多还是沿着传统的路数来发展演变的。例如，以民国年间影响较大的会道门一贯道组织为例，其前身是青莲教支流末后一著教，末后一著教的支流弥勒教就与大刀会有密切关联。弥勒教即龙华会，会首张妙松以"会元龙华为号"在各地设立分支，"会匪领授飘布辗转纠伙散放多人"，教中不少骨干皆为大刀会成员。②而大刀会是会教融合的教门组织，因此，弥勒教也并非传统意义上的秘密教门。但是，从民初一贯道的教义、组织与活动来看，其会教融合迹象又似乎并不明显。同样，民初其他新生会道门组织，如在理教、道德学社、同善社、万国道德会，等等，其会门的元素相对较少。此外，近代新生秘密教门还存在一些特殊的情形，如周星垣的太谷学派、刘沅的刘门教、廖帝聘的真空教，其中太谷学派和刘门教是由学术团体宗教化而形成的秘密教门，真空教的教义则是在罗教教义的基础上，吸收道教和儒家思想，融会贯通而成的。

---

① 戴玄之：《红枪会（1916—1949 年）》，食货出版社有限公司，1973，第 130 页。
② 中国第一历史档案馆、北京师范大学历史系：《辛亥革命前十年间民变档案史料（上册）》，中华书局，1985，第 223 页。

第二章　近代秘密社会内部组织结构的调适

社会组织结构是指社会组织各个构成部分之间所确定的、相对稳定的关系形式。任何的社会组织都需要搭建一个由各个部分组成的协调统一的组织架构，以整合组织资源、发挥组织功能、实现组织价值。秘密社会不仅仿效主流社会组织，构建适应组织生存与发展的组织结构，以逐级顺利实现组织目标，同时还能不断调整和优化组织内部资源要素及其结构形式，以适应组织外部环境的变化。近代秘密社会通过整合资源、重构角色、理顺层级和规范运行，来实现内部组织结构的调整，以适应近代社会环境的变迁，增强秘密社会组织的生存能力。

第一节　传统秘密社会的组织结构的形成与发展

社会组织功能具体表现为社会组织的结构作用。"社会组织一经建立和运行就势必要以某种结构形式来承载其任务活动，这种任务活动的质量、水平、效率和效果如何都与其结构形式有着直接和密切的关系。"[1] 秘密社会成立伊始，就仿效主流社会的组织结构，建立起相对稳定的层级体系、行之有效的组织仪式以及相应的内部规制。当然，秘密社会组织因其特殊性也呈现出自身独有的特征。

---

[1]　于凤春、刘邦凡：《社会学概论》，中国铁道出版社，2011，第109页。

一、传统秘密社会的价值取向与组织模式

任何社会组织的构建都基于一定的价值取向，符合主流社会要求的价值取向是组织生存的前提，秘密社会也不例外。传统中国的社会组织起源很早，经历了几千年的社会发展过程。从先秦时期的"社邑""朋党"，到明清时期的"善堂""公所"，几乎所有的重要领域都有社会组织的踪影。传统社会组织尽管内容与形式各异，但是大多是基于主流社会价值取向而构建的。秘密社会组织，包括会党与教门，虽然处于隐秘状态且带有反官府性质，但是与其他民间结社相同，也是基于主流社会的价值取向来选择其组织模式，进而形成组织结构。

1. 传统主流社会的价值取向

主流社会的价值取向反映的是社会发展过程中的生存理念和文化特性，是人们在社会生活中共同拥有的价值观念，具有凝聚力和向心力。不同文化背景、不同国家地区、不同时代，主流社会的价值取向不同。传统中国社会从自然与人生、社会与人群、伦理与宗教等不同层面形成三类基本价值观念，而"道德本位、忠君尊上和家族中心，就构成了传统中国的价值取向"[①]。主流社会的价值取向以及由此形成的思维方式，决定了传统社会组织的权利与结构模式、沟通方式，在组织生存发展进程中起着极其重要的主导作用。

道德本位的价值取向强调社会生活要以儒家道德为根本，遵循"仁者爱人"和"重义轻利"等基本准则。传统社会组织将道德准则作为评判组织行为的最高标准，将合乎道德要求视为组织权威产生的合法性依据。例如，传统中国社会的各类商帮虽然属营利性民间组织，但是组织成员都要坚守"仁义为先""重义轻利""义利合一"等传统伦理规范，遵循由此衍生出的克俭修身、诚信敬业、爱国济民等道德标准。传统商帮的商业伦理以及对"儒商""义贾"的道德追求，彰显出"道德本位"观念对商业性民间组织的价值取向的影响。

---

① 陈江风、王仁宇：《中国文化概论》，南京大学出版社，2005，第168页。

忠君尊上的价值取向强调待人接物要以忠诚信义为原则，遵循"上忠乎君""下爱护民""忠诚守信"等基本准则。传统社会组织将"忠君尊上"中的核心观念"忠"引进组织内部，倡导组织成员对组织及其首领的绝对服从和绝对忠诚，要求在组织面临生存危机时，成员能够守节无贰、誓死效忠，以维系组织的存在。传统中国民间结社大多模仿桃园三结义，崇拜关公，将"忠心义气"作为会内最高的道德规范以及实现组织上团结、经济上互助的重要保障。

家族中心的价值取向强调为人做事要以血缘关系为纽带，遵循"百善孝为先""父慈子孝，兄友弟恭""长幼有序"等基本准则。传统社会组织将家族中父子、兄弟的关系伦理推广到组织内部成员的上下、左右关系中，并仿照家族的血缘关系，构建纵向或者横向的虚拟血缘关系，以此维系组织的运行。以明代的会社为例，其内部成员之间的血缘关系极为浓厚，以兄弟、家人、宗族关系为纽带的结社十分风行，不但血缘关系十分密切，"社内成员还互相联姻结亲，使社内成员的联结纽带更趋牢固"，共同志趣与经济上的互助，加之密切的血缘、姻缘关系，增强了会社的凝聚力。①

传统中国社会组织的价值取向，不仅使得组织成员能够围绕共同的价值目标和行动目标形成共识，同时还能用主动沿袭的传统习惯和道德规范来约束自身行为，从而形成组织内部强大的凝聚力和向心力，促进组织的生存与发展。

2. 传统秘密社会的价值取向

在价值取向上，传统秘密社会仿效其他社会组织，崇尚"道德本位、忠君尊上和家族中心"的主流社会价值观。传统秘密社会的价值取向体现在秘密帮会的帮规戒律与秘密教门的教义戒约上。例如，天地会有"洪门三十六誓""二十一则""十禁""十刑""十条""十款"等各色名目的帮规戒律，其中心内容除了宣扬"反清复明"的宗旨外，还倡导关羽式忠

---

① 陈宝良：《明代社会转型与文化变迁》，重庆大学出版社，2014，第77页。

义，规定组织纪律，以及申明成员之间交往和立身处世的基本原则。① 同治时期抄录的"洪门三十六誓"引词概括誓约之要义，蕴含了天地会的基本价值取向。按照誓约，加入天地会要做到："忠孝节义，赤胆忠心"，相互之间要结"兄弟骨肉之亲"，遵行"序强不欺弱，富不欺贫，长不压下，幼不傲上"的礼仪规范；要按照"孝悌"之道的家庭伦理来处理日常生活，"以忠义为本，以孝顺父母为先，和睦乡党以敬长上"②，不得忤逆五伦。天地会的誓约与主流社会倡导的"道德本位、忠君尊上和家族中心"价值取向之间存在共通性。秘密教门主要通过宝卷的形式来传播其教义，尽管秘密教门被视为"邪教"，大多具有反主流社会的属性，但是其基本的宗教伦理并不与主流社会的价值取向相悖。例如，罗教的教义不仅杂糅佛教禅宗和道教中的许多教义和传统，而且将儒家的道德伦理融入其宗教体系。罗教的五部经卷，在宣扬其"无生老母""真空家乡"思想的同时，也倡导传统的"忠孝节义"观念。罗清弟子秦洞山的《无为正宗了义宝卷》更是将传统的忠孝观念作为贯穿整个宝卷的主线，要求信徒将父母、兄长之孝推及君臣之忠，将古代忠孝延及现世忠孝，将忠孝视为人伦"五德"之首，唯有如此，才使得"王无虑""父心宽""能诸佛护，龙天佑，现世成尊"③。明清时期许多其他教门系统都重视以忠孝节义、儒家伦理来引导和吸引教众，如弘阳教的《弘阳悟道明心经》、长生教《众喜宝卷》等，都引入了儒家三纲五常、忠孝节义思想的说教。

但是，秘密社会组织是主流社会之外特殊的亚社会群体组织，与一般的民间会社存在根本区别。仿效主流社会组织的价值取向，并不意味秘密

---

① 天地会创立之初就有帮规戒律，要求组织成员严格遵守。天地会现存诸多名目的誓约规则，包括"洪门三十六誓""二十一则""十禁""十刑""十条""十款"等，大多是咸同以后的抄本。例如，"三十六誓"今存多种抄本，仅萧一山从英国抄录的就有三种，内容均系"晚清粤人手抄"或系"咸丰时人手笔"。（参见秦宝琦：《中国洪门史》，福建人民出版社，2012，第580页。）但是，从清代档案可知，天地会的盟誓规约在乾隆时期就出现，嘉庆时期已经趋于成熟。咸同以后这些盟誓曾被归结为"二十一誓"和"三十六誓"以及"十条十款"等。（参见胡珠生：《清代洪门史》，辽宁人民出版社，1996，第550页。）就帮规戒律的前后继起而言，这并不妨碍对天地会价值取向的基本认知。

② 李子峰：《海底》，河北人民出版社，1990，第194页。

③ 刘雄峰：《明清民间宗教思想研究：以神灵观为中心》，巴蜀书社，2011，第152-153页。

社会将主流社会价值作为组织的价值追求，而是以此作为扩大组织社会基础与维系组织生存发展的工具。从文化学的视角来看，任何社会都存在"主文化"与"亚文化"之别，亚文化社会群体虽然遵行的是不同于其他社会群体的价值观念和行为模式，但是"亚文化与社会的主文化之间的关系可以是一种主从关系，也可能是一种对立关系"①。秘密社会大多属基层社会群体的互助性组织，在大多数情况下，其价值取向与主流社会之间是相通的，从属于主文化。当然，作为亚社会群体，秘密社会组织有其自身特有的不同于主文化的价值观念和行为模式，在面临政府取缔镇压或者社会剧烈动荡等极端的环境时，其与主文化之间会产生偏离与冲突。

3. 传统秘密社会的组织模式

社会组织是相对稳定的群体，社会组织可以划分成不同类型或者形式，但是无论如何划分，都不能脱离组织与个体的内在关系。组织模式反映的是组织与组织成员之间的内在关系，是可以表征组织特征或性状的组合方式。秘密社会组织体系的构成取决于所选择的组织模式，而选择原型来自主流社会其他类型的组织。

传统中国的社会交往主要建立在血缘、地缘、业缘等基本关系上，社会组织依托的是因同宗、同乡、同业、同年等因素而形成的社会关系网络。不同类型的社会组织在遵循社会主流价值取向的前提下，按照自身特点选择适合自己的组织模式。但是，传统中国社会组织的基础是农业文明，民间社会"是以家长制的宗法血缘或地缘关系为基本网络的，个人或团体没有法律意义上的独立身份，只是庞大宗法关系网中的一个从属成分"②，因此基于血缘与地缘关系的宗法模式是传统社会组织的基本模式。例如，传统社会的互助性组织大多面向的是基层一般性社会群体，崇尚互助合作和与人为善的理念。但是，无论是"义庄""会馆"等慈善类组织，还是后来的"打会""请会""做会"等互助类团体，其组织体系的形成大多基于血缘与地缘关系，组织活动的范围也限定在特定的宗族或者地

---

① 吴鹏森：《犯罪社会学》，社会科学文献出版社，2008，第261页。
② 许纪霖：《寻求意义：现代化变迁与文化批判》，上海三联书店，1997，第5页。

区；传统社会的业缘性组织，包括行会、行帮、商帮等，通常属半官方半民间的社会组织，其合法性得到官方认可。但是，其组织体系离不开一定的同宗、同乡关系网络，因此地缘与血缘是传统业缘性组织最常见的组织关系；传统社会的文人结社，包括官僚体系内部的"朋党"，虽然因相同志趣或共同目标组合而来，但是组织的纽带是同乡、同窗、同门关系，其实质仍然是血缘与地缘关系。可见，在传统中国，社会组织主要以血缘、地缘为联结纽带，而"社会组织最主要的是以血缘关系为基础而组合起来的家族、宗族团体"①。由此可见，传统中国的社会组织，大多以宗族模式架构为主，宗族模式成为传统中国的社会组织基本模式。

宗族模式建立在中国传统小农经济和以血缘、地缘为纽带的熟人社会的基础上，与传统社会的主流价值取向一致。在宗族模式下，社会组织基于血缘关系的"塔式结构"而建构，在"家国同构"的传统中国，这种"塔式结构"形成了社会组织内部自上而下的绝对权威，以及各"塔层"及其内部成员之间的相互关系，以契合传统价值观念中的"孝悌"。② 秘密社会组织的社会基础与价值取向与主流社会其他类型的组织是相似的，其组织架构仿效主流社会的宗族模式，所不同的是，其血缘关系并非真实的血亲关系，而是虚拟血缘关系。以宗族模式建立的秘密社会组织，也构建了类似"塔式结构"的组织体系，组织成员之间虽然并不存在真实的血缘关系，但是可以通过虚拟血缘关系确定组织成员的角色地位及相应的利益分配方式。

传统中国的虚拟血缘关系主要包括异姓兄弟和异姓父子两大类，秘密社会通过横向的异姓"兄弟结盟"和纵向的异姓"师徒传承"，来形成组

---

① 程杰昇：《中国历史文化》，中国旅游出版社，2015，第68页。
② 宗族组织按既定世系构建的基于血缘关系的组织系统，是一种多层次的塔式的结构。位于塔颠的宗主拥有绝对的权威，其所在的宗族位于"宝塔"的最高层次，其余家族按照亲疏关系分布于"宝塔"的不同层级，宗族成员之间及宗族与宗族之间基于血缘关系网络建立起了广泛的社会联系。构成宗族的基本单位是家庭，血缘家庭关系在本质上是一种自然关系，在传统中国社会中，"孝悌"是家庭伦理的基础，"孝"基于父子之间的纵向血亲关系，"悌"基于兄弟之间的横向血亲关系，"父慈子孝、兄友弟恭"是"孝悌"的内在要求。在家国同构政治理念下，传统"孝悌"所呈出的血缘或者虚拟血缘关系成为传统社会组织的结构性特征。

织内部的虚拟血缘关系。例如，天地会就是通过歃血盟誓、焚表结拜的形式建立起来的横向异姓兄弟组织。这种"以现存社会的血缘家族关系作为模仿对象构成虚拟的血缘关系"与组织成员原有的自然血缘关系相互交织，使得"封建的宗法制度以及其相应的伦理原则，就自然成了天地会创始人所借用的武器，正统儒家思想就成了建立天地会的思想体系的借鉴对象"①。传统的伦理道德和忠义观念不仅成为维系组织、团结会众的纽带和最高道德准则，也成为组织体系架构的基本原则。传统的秘密教门组织按照宗族模式形成较严密的组织形式：教门传承按照血缘嫡脉，世代传承，世袭教权；组织成员之间按照"师徒传承"建立纵向虚拟血缘关系，成员以字辈排序，辨识组织内部的角色与地位，借鉴家庭伦理中的"忠义节孝"，维持组织内部秩序。

二、传统秘密社会组织的目标及组织构成

任何社会组织为了达到和实现某种理想的目标或者状态而开展组织活动，组织目标是组织的灵魂，也是区别不同类型组织的标准。组织的各个构成部分基于组织目标所确定的、相对稳定的关系形式是组织结构，即"一个社会组织由哪些部分组成、各个部分在组织整体中所处的地位以及它们在组织运行中比较稳定的相互关系"②。探究秘密社会的组织目标与基本构成，可以深层理解秘密社会的组织结构及其特征。

1. 秘密社会的组织目标

秘密社会在一定时期内通过自身活动所要达到或实现的状态，就是秘密社会的组织目标。任何社会组织的目标都不是单一的，如果把社会组织看成是"为了某种利益结合而成的协作共同体，那么，组织目标就是多元的"，组织目标可以按照目标的方向、层次、时序构成复杂的目标结构。③秘密社会组织，无论是秘密教门系统，还是秘密会党系统，都传承两个基

① 赫治清：《天地会起源研究》，社会科学文献出版社，1996，第318页。
② 甘开鹏：《现代社会学教程》，厦门大学出版社，2012，第182页。
③ 梁瑞明：《社会学基础》，中山大学出版社，2019，第126页。

本组织功能：其一是属于基层社会群体的互助性团体；其二是具有反抗官府压迫的传统。教门和会党的传统功能是下层民众的生存环境所造就的，是其与生俱来的特点，"可以说是与这些秘密组织的历史一脉相承的"①。因此，就秘密社会的组织目标总体而言，其主要是实现成员的互助协作与维持组织的生存发展两个方面。在总体目标下，秘密社会组织在不同时期、不同背景下，有其具体组织目标，主要体现在秘密社会组织的日常活动中。

一是对内实现互助协作，扩大组织的社会基础。秘密社会是社会失范的产物，失去生活依靠的部分基层民众，在体制保障缺失的情形下，只有组织或者依靠体制外的力量才能保障其生存。他们加入秘密社会的最初动因只是为了消灾祈福或互济互助。因此，组织的重要目标就是实现成员间的互助共济，以此巩固组织的社会基础。当然，随着秘密社会的发展，组织首脑或者少数个人为实现其个人私欲或者政治目标，也有将组织视为工具或者手段的；但是，成员之间的互助协作仍然是组织的基本目标。明清时期的秘密教门发展繁盛，他们虽然以宗教信仰的形式来维系组织成员的忠诚；但是，互帮互助和同舟共济是底层社会弱势群体加入秘密社会的最初动因，组织目标正是要实现成员间的互助协作。教门组织提出的"从教者，先送供给米若干，入教之后，教中所获货物，悉以均分"，以及"习其教者，有患相救，有难相死，不持一钱，可以周行天下"等主张，都体现了组织的总体目标。② 虽然不排除有些教门组织的教首以敛财或者传教为创教动因，但是就组织的整体目标而言，其仍然是实现成员之间的互助协作，否则秘密教门就失去了存在的社会基础。秘密会党成员的主体是游民、破产劳动者。会党组织按照横向兄弟关系或者纵向师徒关系，建立虚拟血缘关系，更多的是为"创造出一种兼具实际互助和精神归属功能的共

---

①　章开沅、罗福惠：《比较中的审视：中国早期现代化研究》，浙江人民出版社，1993，第458页。

②　蒋维明：《川湖陕白莲教起义资料辑录》，四川人民出版社，1980，第232-233页。

同体"①。例如，天地会最初就是地域性的互助团体，其后虽然它的政治色彩逐渐浓厚，但是实现成员间的互助共济，仍然是组织的重要目标。洪门"三十六誓"中明确规定，帮会成员之间有祸临身时要能寄妻托子，流落遇难时要能谨慎收留，供给宿餐银钱，"兄弟有红白二事，钱银不敷，各兄弟要帮助钱银，以念结义之情"②。秘密会党倡导的"有难同当、有福同享"的"义气千秋"的观念，体现了会众寻求互帮互助以应对巨大的生存压力和各种突发事变的社会心理。

二是对外反抗官府压迫，维系组织的生存发展。秘密社会在价值取向与组织模式上仿效主流社会组织，其宗教信仰或者行为方式却不为主流社会所认同，尤其是秘密社会组织聚众敛钱、奸淫妇女、抢劫勒索、走私贩毒等活动不仅破坏了基层社会秩序，还威胁官府权威，不能为统治者所容忍。在基层社会反抗政府的聚众案件中，有许多来自秘密社会组织。有研究表明，在清代的聚众反抗官府案件中，天地会、白莲教、老官斋会、哥老会、啯噜等秘密社会组织的案件占比达 11.04%，其行为不仅与主流社会相悖，还与下层民众反抗官府活动相配合，"秘密社会的这种性质使得统治者天然地视其为对抗者，并采取严厉的手段加以禁除"③。因此，反抗官府压迫，以维系自身的生存发展，既是秘密社会组织的历史传统，也是组织目标。明清时期是秘密社会的快速成长时期，秘密教门组织以"弥勒救世"思想来组织和动员成员反抗官府，而清代的天地会组织则"反清复明"口号来表明其反抗官府的合法性。秘密社会组织不是政治团体，其反抗官府压迫的目的是维系组织的生存与发展，并没有明确的政治目标。即便是以"反清复明"为宗旨的天地会，初期的政治色彩并不浓，反抗官府斗争主要是为了维持组织的生存。

2. 秘密社会的组织构成

秘密社会的组织结构是基于组织目标的组织各构成要素的组合样式。

---

① 李恭忠、黄云龙：《发现底层：孙中山与清末会党起义》，中国致公出版社，2011，第29页。

② 李子峰：《海底》，河北人民出版社，1990，第197页。

③ 周蓓：《清代基层社会聚众案件研究》，大象出版社，2013，第7-8页。

现代社会学认为，在既定的组织目标下，社会组织的构成要素通常包括规范、地位、角色与权威四个方面，其中，规范是组织社会关系及其功能价值的具体表现，地位是指组织成员在组织关系中所处的位置，角色是基于规范与地位的行为模式，权威是组织内部合法化的权力。① 秘密社会组织的基本构成也包括秘密社会的规范、地位、角色与权威，构成要素之间的相互联系形成了秘密社会的基本组织结构。

规范的呈现形式有教仪、教规、誓约、帮规等，规范是规定或约束秘密社会组织及其成员活动的基本行为准则。秘密社会具有隐秘性特征，为保证组织生存和组织目标的实现，规范不仅规定了组织的行为规则，而且设有严格的奖惩措施，以约束组织成员的行为。天地会在创立之初就制定了规范组织成员行为的誓约与规则，誓约与规则虽然简单，但是在极端环境下维持了组织的生存，进而逐步形成完整的规范体系。例如，广东天地会成立之初规定，成员要"听从指挥"，不得"负盟不义"，否则"死于刀下"，规范简单明了。随着清廷的镇压和组织的扩张，到嘉庆十年（1805 年），组织体系不断完善，规范的内容从组织活动方式到成员日常行为标准，无所不包。这些帮规会律不仅保证了天地会在清廷严厉镇压下得以生存，而且"促使广东天地会在组织建设方面更趋规范、合理，而这恰恰是广东天地会日后获得大发展的一个极其重要的原因"②。罗教、黄天教、八卦教等秘密教门在其长期发展过程中，形成了一套完整的秘不示人的教规、教仪、咒语。徒众按照师徒相承的方式结成隶属关系，存在严格的长幼尊卑秩序和等级制度，教首通过各种方式吸引徒众，"徒众把教义教规信义看得重于生命，这是使得秘密教门长久不衰、不断发展的重要原因之一"③。

地位是秘密社会成员在组织内所处的位置或者等级。现代社会学认为，成员在组织中的社会地位通常先于成员个人的社会地位，成员活动其

① 白以娟、刘嘉瑜：《社会学基础》，中国轻工业出版社，2004，第 138-139 页。
② 雷冬文：《近代广东会党：关于其在近代广东社会变迁中的作用》，暨南大学出版社，2004，第 32 页。
③ 苏全有、陈建国：《中国社会史专题研究》，内蒙古人民出版社，2006，第 561 页。

实就是地位互动。社会组织的地位是既定的，组织成员基于自身的条件获取相应的地位，组织成员的地位包括与生俱来的归属地位和后天获得的成就地位两种。秘密社会的归属地位取决于成员的性别、年龄及亲族等因素。以性别为例，秘密社会组织的女性成员的地位通常低于男性，但是在有些教门组织中女性地位正好相反。[①] 亲族也是决定组织成员归属地位的重要因素，成员血缘或者虚拟血缘关系影响其在组织中的地位。会党的成员来自下层民众，地位相似，但是加入组织后，可能因为与不同层级的大哥结义或者存在亲族关系，从而获得不同的归属地位。秘密教门也重视亲族关系，尤其是在以家族传承为特点的教门组织中，与教首家族的亲族关系直接决定成员的教阶地位。但是，秘密社会组织是利益群体，对于普通的组织成员而言，成就地位要高于归属地位。秘密社会的主体是失业的手工业者、破产的农民及居无定所的游民，其中不乏一些断文识字的成员，如被革的生员、失业的书吏、江湖游医及算命占卜的和尚道士之流，他们因特殊的后天技能在组织中拥有较高的地位。秘密社会组织中的教阶制或者等级制反映的就是组织成员的地位状态及由此决定的利益关系。

角色是秘密社会成员基于组织地位的行为模式。秘密社会成员按照不同的地位充当不同的角色，地位直接决定成员的行为模式。从社会行为学视角来看，社会组织的成员按照所处的地位，充当自我中心角色、维护角色、任务角色等多个角色，"在不同的群体角色中，对某一种角色的期待或个体对这一角色的态度与个体实际扮演这一角色的行为的一致性被称为角色同一性"[②]。秘密社会的角色同一性源自成员的角色认知，秘密社会的组织规范及日常的组织行为是成员获得自身角色认知的重要渠道。例如，为了实现特定组织目标，组织高层可以充当组织者或者策划者角色，决策指挥其他成员的活动，而基层成员主要充当执行者角色，秘密社会从事的

---

① 例如，明清时期的黄天教崇拜"无生老母"，主张夫妻双修，教门的五祖有四位是女性。李宾死后，其妻普光和两个女儿先后掌教，然后"是妻、女、外孙女接续执掌，直到清初才回到李姓男子手中，曾在一段时间内，女性在此教中获得了最高统治权"。（参见赵崔莉：《被遮蔽的现代性：明清女性的社会生活与情感体验》，知识产权出版社，2015，第148页。）

② 陈春花：《组织行为学》，机械工业出版社，2020，第114页。

类似暴力抗官、走私贩毒、打家劫舍等行为，大多数是底层成员即执行者的任务内容。秘密社会的成员对扮演不同角色的认知，可能是源自组织的规制，也可能是长期经历形成的惯例。当然角色认知也会受角色期待的影响，例如，在特定的情景下，成员的行为反应并不是基于组织的内部规制或者长期形成的惯例，而是因为别人的期望而为之。秘密社会内部出现的争权夺利、犯礼违制等现象往往会造成角色错位，引起角色冲突。合理的组织架构有助于规范成员的角色，对秘密社会内部的巩固尤其重要。

权威是秘密社会建立在虚拟血缘关系基础上的使人信服的权力与威望。秘密社会的运行离不开成员的宗法观念及首领的个人魅力，因此，秘密社会的权威既属传统型权威，又具有魅力型权威的特点。[1] "纵向"的师徒关系与"横向"的兄弟关系以及由此形成的组织的宗法权力系统，是产生秘密社会权威的原始起点。"纵向"的师徒关系是秘密教门获得权威的主要途径，师父相对于弟子的权威放大到秘密教门组织中，就是教首与不同辈分教众的权威。尽管许多教门，特别是一些传教世家，往往要借助于神化教首与创教始祖的方式，以获得其对于底层教徒的感召力与威慑力，但是权威的产生依然要基于不同层级的师徒关系。"横向"的兄弟关系是秘密会党获得权威的主要途径，在兄弟盟约中，兄长对于弟弟产生权威，这种权威放大到秘密会党组织中，就是龙头大哥相对于不同层级会众的权威。当然，秘密会党的"大哥"的权威也需要借助能力、声望、功绩等个人魅力，但是兄弟之间"长幼有序"的传统家庭伦理仍然是会党权威产生的依据。可见，秘密社会权威与其组织的宗法模式是密不可分的，"如果说民间教门的教首相当于封建家长制统治中的家长的话，那么秘密会党的会首则相当于封建家长制统治中的长兄，也就是宗法制中的嫡长子"[2]。

---

[1] 社会组织权威是获得认可的权力，是组织成员对权力的一种自愿的服从和支持。韦伯认为，人类社会存在传统型、魅力型和法理型等各类型的权威。但是，韦伯在划分这三种权威类型时也强调，"任何社会的权威类型都不是纯粹和单一的，往往是各种权威类型的混合模式"，（参见刘会柏、谭斌：《政治学原理》，西南交通大学出版社，2012，第192页。）秘密社会也是如此，其权威是传统型与魅力型的综合，是建立在"血脉传承"和"孝悌忠信"合法性与神圣性之上的权威。

[2] 刘延刚、唐兴禄、米运刚：《四川袍哥史稿》，四川教育出版社，2015，第30~31页。

三、传统秘密社会组织的结构的形成与发展

秘密社会是有明确的组织目标及相应的组织要素的社会实体，秘密社会的组织结构就是将组织要素协调统一起来的，使之发挥整体作用的框架体系。秘密社会的组织结构有正式结构和非正式结构之分，两者在秘密社会的组织发展中具有不同功能。通常而言，秘密社会组织结构主要是指其组织的正式结构，它经历了从简单到复杂的逐渐发展过程。

1. 秘密教门的组织结构

秘密教门的组织结构是具有宗法性质的教阶制。教阶制是宗教组织内部成员的等级划分及其相应管理制度，秘密教门的教阶制是基于师徒传承关系而构建的，有别于西方宗教的组织体系，其适应秘密教门分散、流动的活动模式。

清代以前，秘密教门一般仿效正统宗教的组织模式，构建教门组织体系，组织结构较为简单，内部以师徒关系为基础形成基本群体结构，并且没有严格教阶制度。例如，早期的罗教组织之所以流传广、影响深，除了拥有"五部六册"经典教义外，还有其传承关系和组织系统方面的因素。罗教的传承既有罗氏家族的世代传承，也有外姓弟子"模仿佛教禅宗祖师衣钵接续制度"一代代传承。[①] 当然，因为受到正统宗教的攻击压制和朝廷官府的打击取缔，秘密教门的组织也趋于复杂化。例如，嘉靖年间，传入浙江处州的罗教分支江南斋教，在殷继南掌教时，建立"化师"和"引进"两个教职，初步建立起教阶制度；到崇祯初年，姚文宇掌教以后，按照字辈整顿组织，形成"三枝九派"。"三枝"即左、中、右三枝，姚文宇掌中枝，"九派"即礼、义、廉、耻、孝、悌、忠、信、和九个依次传承的辈份，以期"递代相承，枝枝叶叶，连绵不断，永远流传"[②]。即便如此，教门组织结构并不严密，教团组织比较松散。

---

① 马西沙、韩秉方：《中国民间宗教史丛书》，中国社会科学出版社，2017，第164页。

② 秦宝琦：《从无为教到青莲教》，载中国第一历史档案馆，《明清档案与历史研究论文集：庆祝中国第一历史档案馆成立70周年（下）》，中国友谊出版公司，2000，第653页。

清代，秘密教门教阶制度逐步完善，"内安九宫，外立八卦"的组织模式对教门组织结构影响较大。"内安九宫，外立八卦"的设想流传于明末清初的秘密教门组织。该设想最初是由明代闻香教主王森所倡导，并经王氏家族及其异姓弟子大力宣扬，在下层民间社会广泛流传。"内安九宫，外立八卦"即按"九宫八卦"形式，将教派组织分为"三宗五派八杆十八枝"，这个架构对后来的秘密教门组织的体系构建产生了重大影响。① 比较典型的案例就是一炷香教和八卦教的组织结构。

顺治初年的一炷香教按照"九宫八卦"形式，建立起一个由林上总坛、林传八支、九股、山传八支组成的组织体系。其中，"林上总坛"为董氏家族嫡传子孙传承，是九宫中的"中央"宫；"林传八支"是董四海收的八位弟子所传各支，是九宫中的"八宫"，各宫按所授八卦方向到各地传教，八位弟子教内称为"八大圣师"，其信众称为"门里香"；"九股"是教门的如意门分支，由董四海所收到高姓尼姑所创；"山传八支"是董四海在山东传教时所收到的八个弟子所传各支，信众称为"门外香"。在这个组织体系中，"林上总坛"是教门的精神领袖，类似宗族嫡系，"林传八支"是拥有号令信徒的实权组织，类似宗族嫡支；"九股""八支"是外围组织，宗族旁支，每逢董四海忌日，"门外香"的信徒不能进董家林村，只能到董四海坟墓祭拜。②

康熙初年的八卦教是以"九宫八卦"的形式建立的秘密教门组织。刘佐臣按照"内安九宫，外立八卦"的理论，"分八卦，收徒党"，创立教门的组织机构。他将教门分成八卦，八卦即"八宫"，代表不同的传教方向，而教首则为"中央"宫，代表教门的中心。刘姓教首不掌卦而居中央，其他八卦的掌教和徒众则以教首为尊，奉之若君王宗主。到刘省过掌教时，八卦教组织体系进一步完善，形成了一套完整的教阶制度。教内奉刘姓教首为教主，各支设有掌卦的卦长，卦长之下有掌六爻的指路真人，指路真人下又有开路真人、挡来真人、总流水、流水、点火、全仕、传仕、麦

① 张志军等：《河北宗教史图集》，宗教文化出版社，2016，第685页。
② 濮文起、濮蕾：《天津民间宗教史》，山东画报出版社，2018，第43-56页。

仕、秋仕等不同名目的教职。少数世代传教的家族处于教门顶端，其余教众以"功行"大小封赏教职，形成"教内尊卑有秩，教职繁多，责守分明"的组织体系。①

2. 秘密会党的组织结构

秘密会党效仿传统家族制度建立起一套上下有序的组织结构，但是会党的组织结构与教门的不同，会党的组织结构是兄弟之间的横向关系与上下级之间的纵向关系相结合而成的，从而建立起类似准军事化的组织架构。

早期的会党成员皆以兄弟相称，按年龄长幼或入会先后排序，没有师徒辈分，组织结构也不复杂。例如，天地会初期，组织规模很小，少则几个，多则不超过百人，组织名目众多，也不相互统属，首领有"大哥""师傅""大爷""先生"等各色称谓。人数众多的天地会有"总大哥"与"散大哥"之别，每个"散大哥"手下有几个成员，各个散大哥均听"总大哥"的号令。基于兄弟之间的横向关系建立的组织结构具有灵活性、快捷性等特点，但是不适合秘密会党组织的长远发展。随着组织规模的扩大和反抗官府活动的增多，会党的组织结构逐渐发生变化，纵向的上下级关系得到了增强。

横向的兄弟关系是秘密会党组织架构的基础，会党通过加强横向关系来规范组织成员的地位角色。嘉靖年间，天地会按照传统家族制逐渐形成虚拟的"五房制"。五房制就是将天地会组织的兄弟关系，划分为长房、二房、三房、四房、五房，各房首领都被称为大哥，初始传会或最有声望者被推为"总大哥"，但仅据盟主地位，并无统属各房之权。"五房制"实际是"对中国传统家族'析产'制度的模拟，在这种制度下，各房之间是一种平行的分裂形式，而不是上下的传代关系"②。这种制度适应了天地会"秘密拜会"的要求，便于天地会组织规模的迅速扩大。

在规范兄弟之间的横向关系同时，天地会仿效官僚机构理顺组织的纵

---

① 马西沙：《中华文化通志·民间宗教志》，上海人民出版社，1998，第331-335页。

② 梁义群：《太平天国政权建设》，广西人民出版社，1995，第338页。

向关系。早在台湾林爽文起义时期，天地会不仅有了三房的组织架构，而且借鉴元帅、军师、先锋等名目来完善组织的纵向结构，以弥补"忠义党前无大小"引发的内部号令不统一的缺陷。嘉庆年间，天地会内部逐渐形成了按结会仪式和组织分工所确定的各种职衔。例如，嘉庆十七年（1812年），广西桂平人何达桂、尹之屏结拜添弟会，统计有"正名""结万""把风""把剑门""保举""带令""祀神""副香""落厨"九个职名，所编的歌诀还有"香主""铁板""草鞋"等名目，"对天地会组织机构的形成、完善具有极大的影响"①。道光时期，天地会组织结构日趋严密，内部分工更加明确，不同层级的"大哥"与不同级别的"职衔"紧密契合，会首大哥称大总理或者元帅，二哥称香主，三哥称白扇或先生，三哥以下有先锋、红棍等名目，普通会众统称草鞋，具体听从各级头目的指挥调遣。天地会的组织结构提高了组织的活动力与凝聚力，但是也造成天地会山堂林立、互不统属和团体散漫的局面。

四、传统秘密社会组织结构的基本类型

组织行为学认为，组织内部存在适合组织发展的结构模式，这种模式称为结构类型。每一种类型的组织结构都有其优点和缺点，都有一定的适用范围，组织规模的变化以及外部环境的变迁，都会影响组织结构的变化，从而形成新的结构类型。② 秘密社会的组织结构类型描述了组织的框架体系，反映出组织内部成员的从属和并列关系，从而能更清晰地揭示组织结构的基本特征。

秘密社会组织结构的形成与发展过程表明，组织结构经历了由简单到复杂、由散乱到规范的过程，组织结构的集权与分权趋于职能化，结构类型经历了从初期的"直线制"向后来的"直线职能制"的演变。

早期的秘密社会仿效一般社会组织，基于虚拟血缘关系建立起简单的直线型的组织结构。传统中国的社会组织一般来说规模较小，组织成员分

---

① 周育民、邵雍：《中国帮会史》，武汉大学出版社，2012，第70页。
② 袁秋菊、高慧：《组织行为学》，重庆大学出版社，2018，第280页。

工不细，组织结构类型类似现代组织学中的"直线制组织"，组织管理简单并带有家长制的特点。秘密社会的教门教首或者会党首领与传统家族中的族长类似，他们大权独揽，事必躬亲，并且组织结构形式简单，权责明确。尽管有些秘密组织也设立高层、中层、基层等管理层级，但是组织的决策和命令是直线下达的。随着秘密社会组织规模的扩大，尤其是到清代以后，"直线制组织"结构类型难以满足组织内部纵向控制与横向协调的要求，"直线职能制组织"类型逐渐成为主流。例如，教门组织既存在纵向的基于"师徒"虚拟血缘关系的自上而下的组织架构或者传承体系，又存在横向的具有不同功能或者承担特定任务的教职，组织结构呈现纵横关系的"直线职能制"特点。"直线职能制"结构类型尤其适应天地会的发展。天地会具有上通下达、职责分工明确的组织架构，这种组织架构既有虚拟血缘关系，也有上下职能关系，因此有学者用"不合法的，但又是正统的"的观点来确定天地会的性质，他们认为，天地会不但仿效正统的亲属关系，而且也接受君主制的观点，所以"我们在看到他们的军事化形式在某些方面与绅士领导的组织形式相似时就不会惊奇了"①。这种组织结构类型，便于组织规模迅速扩大，内部的设官分职也增强了组织的动员能力。可见，严格的教阶制度及完整的机构设置，加之组织的隐秘性，成为秘密社会区别于一般社会群体的重要特征。

第二节　近代社会转型与秘密社会组织的变化

秘密社会作为一种扎根社会底层的社会组织，它并不是静态的、封闭的，而是与基层社会的其他各种社会群体、组织或者机构不断进行着交互，进而形成稳定的组织结构。这种稳定并不意味着秘密社会的组织结构是静态和固化的，而是各种要素之间处于相对稳定的状态，"任何社会组

---

① 刘平：《被遗忘的战争：咸丰同治年间广东土客大械斗研究 1854—1867》，商务印书馆，2003，第72页。

织的结构形式都不是完美的，都会有这样或那样的不足。因此，任何社会组织都要面对外部环境的变化，不断调整和优化内部资源要素及其结构形式，以适应外部环境的变化要求"①。秘密社会也是如此。近代社会转型所造成的组织外部环境的不确定性，使秘密社会的组织目标、发展模式、组织体系及价值取向都面临着适应性调整，这种调整进而影响其组织结构变化。

一、近代秘密社会组织目标的转变

组织目标是组织的灵魂。如前所述，传统秘密社会的组织目标包括实现成员间的互助协作与维持组织的生存发展两个方面。秘密教门和会党虽然在组织形式上不同，但是都依靠这一特定的目标来维持组织的存在。秘密社会组织内部的一切活动也是围绕组织目标来进行的。换言之，如果没有组织目标，组织活动就失去了其合理性，组织的规范、地位、角色、权威等要素就得不到成员的认同。秘密社会的组织目标不是恒定的，外部环境的不确定性，尤其是社会政治环境的变化，会对其具体组织目标产生影响。

传统中国社会的历朝历代统治者都不会容忍秘密社会的存在与发展。秘密社会并非政治性社会组织，即使主观上并没有反官府的意愿，但是由于其组织活动对现有的社会秩序构成严重威胁，因而通常也会遭到当局统治者的取缔或者镇压。秘密社会要在当局不断的取缔或者镇压中维系生存，就必须将对抗政府作为组织重要的目标，并为之建立严密的组织结构。近代社会政治变迁，虽然没有改变秘密社会的总体目标，但是其具体的目标在发生变化。反抗官府以维系组织存在虽然仍有必要，但已经不是秘密社会的主要组织目标。这与近代中国的社会生态与生存环境嬗变密切相关。

在1840—1937年的近百年间，中国的社会政治生态由传统的"有序

---

① 于凤春、刘邦凡：《社会学概论》，中国铁道出版社，2011，第109页。

无民主"进入"无序无民主"状态，社会组织的外部环境也出现重大的变化。① 文化的多元性、政治的离散性和制度上的过渡性，使得"大一统"的政治理想及其"家国一体"的政治框架逐渐解体，国家政权对民间社会组织的政策态度由"取缔—控制"趋向于"容忍—默许"，而秘密社会也借此获得生存空间。鸦片战争后的中国，内忧外患，国家对民间社会组织的控制力逐步减弱，加之许多民间社会组织，包括秘密社会，在防御盗贼、抵御外侮以及维护社会稳定方面发挥了重要作用，因此政府对民间结社活动的控制有所放松。

伴随西学东渐与政治改良，近代中国新式社会组织开始出现。1896年，清政府取缔改良派团体强学会，但是迎来了近代中国更大规模的结社热潮，"接下的两年迎来了中国现代历史上第一波结社潮，两年间共成了63个类似的团体"②，可见，清政府已经开始逐渐"容忍"政治性社会组织的存在。到清末，民间社会组织特别是秘密社会成为政府动员基层社会力量的工具。太平天国运动期间，各种秘密社会组织纷纷由幕后走到台前，清政府对基层社会的控制系统崩溃，官府已经不再是秘密社会组织生存的最大威胁。1908年，清政府在《钦定宪法大纲》中明确规定臣民于法律范围内拥有集会与结社的自由，"这是中国历史上第一次将结社载入成文法，从此集会结社获得合法的地位"③。随后颁布的《结社集会律》虽然限制政治性结社集会，并明确规定"秘密结社一律禁止"，但是律令以"一定之宗旨合众联结公会，经久存立者"来定位结社。④ 可见，清末，政

———————

① 政治生态是社会成员生存发展的政治环境及其状态，是由政治制度、政治文化及各种政治生活等形成的相对稳定的社会状态，政治变迁的直接结果就是生成一定的政治生态。学者从政治生态主体和政治生态环境两方面，梳理了传统中国政治生态的"无序民主""有序无民主""无序无民主"三种话语体系，其认为，清末至新中国成立之前可视为"无序无民主"政治生态。"无序"是指旧的政治秩序解构而新的政治秩序尚未建构，"无民主"是指封建制度被推翻而专制统治与强权政治仍然存在。近代政治生态的主体是"民—官—军"，政治环境要素主要有"政治文化多元，政权离散以及过渡政体"。（参见李梁、王金伟：《中国道路的时代价值》，上海大学出版社，2019，第42页。）

② 马庆钰：《治理时代的中国社会组织》，国家行政学院出版社，2014，第90页。

③ 中国科协发展研究中心课题组：《近代中国科技社团》，中国科学技术出版社，2014，第51页。

④ 何勤华：《法律文化史研究（4）》，商务印书馆，2009，第421-426页。

府对非政治性结社集会的管理相对较宽松，也并未如以往将各种秘密社团视若"洪水猛兽"。中华民国成立以后，政体变更，民间社会组织迅速发展，各类政治性与商业性社会组织数量激增。以商会为例，"在1912年仅有57家商会，但到1915年增长到1 242家"。[①] 到1919年的五四运动以后，民间社会组织的发展进入新阶段，除了各类政治性、学术性的社会组织外，工会与农会组织在基层社会迅速崛起。总体而言，民国时期，民间结社和互助性组织遍及基层社会，包括以"会馆""行会"等为代表的行业协会，以"互助会""合作社""慈善堂"等名目存在的互助与慈善组织，由"学会""研究会"等构成的学术性团体，还有以工会、农会为主体的群众政治性组织，以及由剧团、剧社等组成的文艺性组织。秘密社会组织，尤其是哥老会、洪帮、青帮等会党组织，在民国属半公开状态。民国时期的政局动荡，社会上各种政治力量相互角逐，影响社会政治生态的不确定性因素较多，包括秘密社会在内的民间社会组织都是各派政治势力争取和拉拢的对象。因此，秘密社会很少将对抗当局作为其组织活动的目标。

值得注意是，在近代中国政治变迁中，秘密社会一直是相当活跃的社会力量，在晚清时期的反清斗争及民国时期的政党政治中，都曾有秘密社会的身影。但是，秘密社会不是政治组织，以天地会为首的会党的"反清复明"运动以及教门组织的各类反叛活动，更多的是形势所迫的不得已之举。例如，天地会虽然声称以"反清复明"为宗旨，事实"反清复明"在更大的意义上应该看作会党组织的工具，近代社会变迁中的"国家""民族""民主"等概念，对于基层普通民众特别是底层社会群体而言，还离得过远。"会党是游民借以相互扶持、彼此周济的帮派性结社，并不是政治性党派：它有时揭竿而起冲击官府或豪强势力，是一种自发性的反抗。"[②] 由此，秘密社会的政治参与更多地可以理解为"投机"行为。

---

① 王绍光：《安邦之道：国家转型的目标与途径》，生活·读书·新知三联书店，2007，第443页。

② 林增平：《资产阶级与辛亥革命》，湖南出版社，1991，第253页。

二、近代秘密社会发展规模的改变

社会组织结构包括纵向层级关系与横向协作关系，组织结构的复杂程度取决于组织的发展规模。"一般来说，组织结构的复杂程度与组织规模的大小成正比。当一个组织的规模较小时，内部分工就很少，往往只有简单的纵向结构的分化，而没有明显的横向结构的分化。"① 如前所述，传统秘密社会的组织结构类型大多是"直线职能制"，这种"直线职能制"是随着组织规模的扩大由"直线制"逐渐演变而来的，它反映出组织规模与结构复杂程度之间的关系。

秘密社会规模的变化与其存在的社会基础密切相关。伴随近代经济转型，近代城市快速兴起，这些新兴的近代城市是"商贾辐辏之区"，便于取食和隐匿，加之存在庞大的社会基础，使之成为秘密社会发展的理想之地。长江的沿江城市因其相对富庶而成为帮会取食与繁衍之地，"从重庆到武汉，从武汉到南京，从南京到上海，每一个沿江城市无不是帮会盘踞和游走的码头"②。秘密教门也在近代城市中找到了更适宜教门生存与发展的空间，他们在各派军阀及官僚政客的支持下，公开立案登记，取得了在城市中合法的社会地位。例如，民国时期的在理教及各种道院，它们以慈善互助相号召，"已变成半秘密形式，他们的宗教成分和慈善成分各得其半，或又因主持者有时是社会上的较高阶级，原始的秘密宗教性质已经失去了"③。秘密社会的组织成分与社会基础的改变使其发展规模出现较大的变化，组织结构亟待调整。秘密社会在近代城市中生存与发展的社会基础主要由以下几个群体构成。

一是近代经济转型形成的城市庞大的基层社会劳工群体。在近代中国，随着传统经济结构的逐步瓦解以及近代工业的快速发展，社会流动群

---

① 胡俊生：《社会学教程新编》，武汉大学出版社，2016，第226—227页。
② 周武：《边缘缔造中心》，上海书店出版社，2019，第136页。
③ 李世瑜：《社会历史学文集》，天津古籍出版社，2007，第116页。

体的规模扩大，传统的城市社会结构发生变化。[1] 城市贫民成为近代城市基层社会群体的主要组成部分，他们处在社会底层，在鱼龙混杂的城市中易受各种势力的欺凌，尤其是大多数来自周边农村的工人，他们缺乏根基，在管理不规范的近代城市中，急切寻求体制外的庇护，以摆脱孤立无援的状态。秘密社会向近代城市的蔓延及在经济领域内的拓展，为城市贫民寻求庇护所提供了选择。例如，以上海为例，帮会是上海最具影响力的基层社会组织，帮会组织的虚拟血缘关系对工人有很大的吸引力，工人或是直接加入帮会，或者通过"拜老头子"投靠帮会势力，"一般估计，上海工人的20%或加入帮会，或与帮会势力有联系"[2]。瞿秋白曾指出，上海社会"凡是'下等社会'，不论何项职业，都应当知道些流氓主义，都应当和流氓组织发生些关系，否则简直过不成日子"，上海的工人"差不多一大半是属于青帮、红帮等类的秘密组织"，他们"不问政治只问饭碗"，流氓组织的人员数量异常之大，"其组织之中并有手工业者、苦力、工人加入，所以差不多等于城市贫民之组织"[3]。可见，帮会组织在近代城市中的社会基础非常广泛。秘密教门在农村以农民为主体，其中以妇女占多数，但在城市中是商人、工人和市民占多数，据后来对天津中华理教的统计，成员中商人、工人和小贩占比达63.3%，另有教师、医生、官吏、家庭妇女等不同群体成员。[4]

二是因近代农村经济凋敝萧索而形成的城市大批流民或游民群体。近代中国城市是在"条约"体系下以中外贸易为基础发展起来的，近代产业结构中的商业资本远远高于产业资本，进入城市的农村人口除了少数成为

---

① 社会流动指一个人或一群人的社会阶层或社会群体归属的变化，包括社会成员上下层之间的垂直流动和同一社会职业阶层或社会群体内的横向流动。近代城市贫民主要来自职业阶层的流动，近代城市的发展为农村剩余劳动力提供了职业选择的机会，城市中的雇佣工人、苦力或者小商贩主要来自因农村经济衰败而无法生存下去的农民，他们逃离农村涌入城市；近代经济转型使得传统的手工业者面临激烈的竞争，许多人或被淘汰，或者转行，进入城市寻找新的职业。（参见姚妧：《从实证主义到实用主义的社会分析》，中国经济出版社，2019，第148页。）

② 宋钻友、张秀莉、张生：《上海工人生活研究1843—1949》，上海辞书出版社，2011，第246页。

③ 瞿秋白：《瞿秋白文集·政治理论篇（4）》，人民出版社，1993，第470、461页。

④ 陆仲伟：《中国秘密社会第五卷·民国会道门》，福建人民出版社，2002，第15页。

产业工人，大多数进入商业或者服务业领域，从事苦力、仆人等社会底层工作。缺乏产业资本支撑的近代城市劳动力始终处于供大于求的状态，而与此同时，经济转型带来农村的持续衰退加上各种天灾人祸，又不断驱使农民涌入城市。以长江中下游为例，18世纪中叶到20世纪初期，江北农村众人口大量进入沿江城市。道咸年间，"黄河决口，江苏北境竟成泽国，人民失业，无家可归者，无虑千万，咸来上海就食"①。光绪年间，"江北一带村农，每至荒年，辄扶老携幼，谋糊口于苏城，相沿成例"。到了清末，各省灾荒连年，米价腾涨，"淮安、扬州、江宁、平湖、海州等处，老弱流亡，络绎道路，或数百人为一起，或数千人至万人为一起，汉口乃聚至二十余万人"如潮水般向城市涌入。② 许多涌入城市的人居无定所，失业或者无业问题成为城市普遍现象，城市也因此成为流民或游民的聚居所。庞大的失业游民队伍找不到正常的谋生之路，多投奔秘密社会，这也是近代秘密社会膨胀的重要原因。近代城市中从事盗窃、诈骗、窝赃、制贩运毒等非法行当的帮会成员大多都是无业的游民。

此外，新型的中产阶层同样也是构成秘密社会的重要来源。近代中国城市的社会分层与社会流动在城市化过程中不断加快，"清末民初的城市社会里出现了中产阶层、产业工人、城市贫民三大社会阶层，而各个阶层内部也由于社会分工劳动细化，不断改变着原有的分层与结构"③。产业工人、城市贫民阶层是秘密社会主要的社会基础，中产阶层也是秘密社会组织运动的对象。中产阶层主要来自商界、文艺界，以及买办、记者、律师、教师、医生等各种不同的职业群体，其中不乏一些商人、富户。他们是近代城市的中坚力量。但是，近代城市是畸形的，烟馆、赌场和妓院遍布大街小巷，城市治安混乱。例如，上海就"因名副其实地被当作世界上最邪恶的城市之一而闻名"④。许多中产阶层被迫加入或者依附秘密社会组

① 容闳：《容闳回忆录：我在中国和美国的生活》，恽铁樵、徐凤石等译，东方出版社，2006，第50页。

② 杨子慧：《中国历代人口统计资料研究》，改革出版社，1996，第1182页。

③ 李明伟：《清末民初城市社会阶层嬗变研究》，《社会科学辑刊》2002年第1期。

④ 周武、吴桂龙：《上海通史（第5卷）晚清社会》，上海人民出版社，1999，第572页。

织以求自保。近代的沿江、沿海城市，如上海、南京、芜湖、镇江等地的工商金融巨子大多都加入本地的帮会组织，他们"干脆以毒攻毒，加入会党买一个辈分，明明白白纳些'孝敬'，避祸于街头流氓，这就是'保护费'的雏形"[①]。

需要说明的是，秘密社会两大系统在发展模式上有很大的不同，它们虽然都面向基层社会发展组织，但是，在近代经济转型中呈现出不同的发展模式。在近代经济社会变迁中，秘密会党或进入近代城市成为城市型帮会，或留在乡村发展成为盗匪武装组织，组织成分与发展规模都随之出现较大的变化。秘密教门主要还是面向乡村社会，主要以富贵憧憬、入教避劫、共担患难等口号来吸引基层民众；进入城市的教门一方面通过倡导"慈善公益"，教人"消灾祈福""祛病健体"，以发展中上层的社会成员，另一方面以城市为依托，向四周拓展组织。例如，民初的在理教在获得北京政府备案后，组织规模发展迅猛，据调查，到1918年"北京有31个在理教组织，教徒多为下层社会成员。据报告，东北、直隶、山东、山西、河南、江苏诸省都有在理教组织，并向其他省份发展"[②]。可见，无论会党还是教门，组织成员的多元化以及组织规模的扩大化是其共性，由此也决定了其组织结构的调适。

三、近代秘密社会组织形式的嬗变

秘密社会的组织形式是指秘密社会存在的具体形态和类型。社会组织形式可以从不同的角度进行分类。德国社会学家滕尼斯认为，社会组织形式可以按照社会系统分成"礼俗社会""法理社会"两种：前者以亲缘关系为基础，组织规模小，分工少，组织行为受到习俗与传统的约束与控制，组织同质性较强；后者以业缘关系为主线，组织规模大，分工细，组织行为受到章程与法律的约束与控制，组织成员"大多数人都是陌生人"，

---

① 余耀东：《江湖习俗》，黄山书社，2012，第28页。
② 邵雍：《中国会道门》，上海人民出版社，1997，第165页。

异质性强。① 滕尼斯的划分虽然着眼于宏观社会变迁，但对于具体的社会组织形式同样适用。传统中国的社会组织形式可以视为"礼俗社会"，秘密社会仿效主流社会组织形式，其组织形式也是如此。近代以来，传统的社会组织形式已经不能适应近代经济、政治、文化、社会变革的需要，新式的社团、政党、公司、工会等"法理社会"组织形式逐渐成为主流，秘密社会组织形式随之嬗变。

近代社会组织形式的变迁与近代西学东渐及近代群学理论的形成有着直接关系。19 世纪 80 年代前后，西方进化论及社团学说逐渐传入中国，维新派接受并进一步发展西方社团思想，形成了具有近代中国特色的社会学理论"群学"。群学理论包含比较完整的近代社团理论，据此理论所创建的学会也呈现出现代社团特征。例如，以章程为核心的"较为健全的组织体系"、以"选举""公决"为原则的民主制度、入会自愿与出会自由的组织原则，等等，这些都为后来各类社团组织提供了借鉴。② 随着清政府社会控制能力的削弱以及各种社会思潮的推动，以社团为主体的社会组织快速发展，并在近代城市产生较大的影响力。

例如，在清末民初的上海，各种各样的新式的或者改良的社会组织不仅数量多，活动范围广泛，而且出现许多跨多个社团的组织成员。到民国初年，社团组织进一步发展，并对在特殊时期，譬如在军阀混战引起的城市权力空白期，承担起城市相当部分的公共职能。民国初期的上海社团组织可以分成两类：一类是同业会、同乡会、商会、学生会、工会等按照阶层与职业来组织的社团；另一类是包括政治团体、文化团体、慈善团体在内的基于特定目的而组织社团。社团组织深入城市生活的各个层面。秘密社会已经不是传统意义上的"秘密"组织，而属于"半公开"的带有结社性质的组织，因而也有学者将青帮视为属于上述第一类的"下层居民组织"，是下层居民"唯一可以加入的相互扶助组织"。"青帮的成员原本并

---

① 谢弗：《社会学与生活》，世界图书北京出版公司，2014，第 158 页。
② 虞和平：《西学东渐与中国现代社团的兴起——以戊戌学会为中心》，《社会学研究》1997 年第 3 期。

不局限于社会下层，不少地方的精英也加入其中，上海的'名士'们可以通过青帮支配下层百姓。"① 可见，在属于"法理社会"形式的各类社会组织迅速发展的背景下，借鉴社团组织形式以重塑秘密社会的公众形象，这对于一直试图依附或者融入主流社会的秘密社会而言，显得尤其重要。由此，组织形式的嬗变就成为一种必然。

秘密社会都在通过借鉴近代社团的组织形式来"改头换面"，以争取得到主流社会的认同，但在借鉴的具体组织形式上，秘密会党与教门组织存在较大的差异。

1. 社团形式的帮会团体

近代会党组织特别是进入城市的帮会组织，其成员成分复杂，数量众多，因此，组织边界相对"模糊"，某些不属于帮会"成员"的行动者总是有可能与组织构建一些关系。帮会组织既要利用这种不可或缺的社会资源，又要做到"内外有别"，以维持组织的边界，因此只能选择具有广泛包容性的民众社团组织形式。以青帮为例，从社会底层的贩夫走卒到社会上层的金融巨头、政治要员，无所不包，有直接入帮的，有投门帖的，有跨帮的，还有许多挂名的"空子"，民众性社团组织形式可以有效容纳或者组织这些不同身份的社会成员，以争取或维护共同利益或目标。

帮会以社团形式融入主流社会始于清末。革命党人对旧式帮会的改造与利用使得帮会首领看到了获得政治合法性的希望。但是，民国建立以后，帮会的社团化改组并不顺利。民初的美洲洪门致公堂因为孙中山的特殊关系欲在国内立案组党。据黄三德回忆，当时"洪门人士之有识者，亦知在民国时代，政治公开，洪门宜将秘密会社之行动，光正磊落组织为政党"，向曾担任过致公堂"洪棍"的孙中山求助在国内立案组党，但是洪门的要求遭到了孙中山的婉拒。② 民初的革命党人继续试图改造帮会，谭人凤、陈犹龙、徐宝山组织成立了社团改进会，试图改良会党"务使流品

① 小浜正子：《近代上海的公共性与国家》，葛涛译，上海古籍出版社，2003，第36页。
② 黄三德：《洪门革命史》，转引自李吉奎：《孙中山研究丛录》，中山大学出版社，2014，第188页。

淆杂之社团，一变为完美稳固之民党"。但是，帮会改组只是革命党人的一厢情愿，而且混编式的改组对帮会而言是被动的，因此虽然徐宝山是青帮"大"字辈，但是这个社团改进会还是免不了只是一块牌子。其实在此之前，青帮、洪帮和哥老会已经在筹划成立自己的社团组织。1912 年 7 月，中华国民共进会成立，青帮"大"字辈应桂馨任会长。中华国民共进会在各省设立支部，对外声称该会是"南北各社会纯粹民党，实行取缔会员，各处支部成立后，不准在外私开香堂，另立码头，剪除其旧染之习惯，免致与民国法律相抵触"①。但是，这条以社团形式寻求合法化性存在的路径，并没有得到北京政府的认同。袁世凯命令"各该地方如有秘密组织，意图聚众骚乱者，不问是何名称，均即按照刑律命令解散"②，中华国民共进会也随即解散。

1927 年后，南京国民政府规定，帮会组织可在机关立案后，取得合法地位并能进行公开活动。帮会申请登记社团的活动热情高涨。青帮的社团形式的组织名目有恒社、仁社、忠信社、毅社、兴中学会、文社等，尤其以杜月笙的恒社影响最大。恒社成立于 1932 年，是青帮内部的中上层社会成员组成的帮会团体。恒社虽然宣称要"进德修业，崇道尚义，互信互助，服务社会，效忠国家"③，但是其存在的主要目的是获取政治参与的合法性以及对社会中上层的威慑力。洪帮、袍哥等帮会组织也纷纷将原来的山堂改组或者包装成为社团，成立侠谊社、正谊社、信谊社、安信怀公社、洪兴协会等众多的帮会团体。从名称来看，帮会团体名义上是新式社团，其实并不类似真正的社团，它们没有明确的政治见解、社会宗旨和组织章程，"所起作用只是打破原先帮会封闭组织和秘密活动的惯例，争取与其他阶层新起的新式团体平起平坐的地位，以适应当时的政党政治"④。

---

① 佚名:《发起国民共进会之宗旨》,《申报》1912 年 7 月 21 日。
② 中国史学会、中国社会科学院近代史所:《北洋军阀（1912—1928）（1）》,武汉出版社, 1990,第 1360 页。
③ 陆其国:《民国上海帮会》,文汇出版社, 2009,第 158 页。
④ 张仲礼:《近代上海城市研究》,上海人民出版社, 1990,第 866 页。

2. 社团形式的教门组织

秘密教门是以宗教信仰面目示人的秘密组织，因此，其无论是出于经济或者政治目的，迷信与恫吓都是吸纳组织成员的重要纽带和手段。但是，步入近代社会以后，在城乡社会尤其是近代城市，传统封建迷信的社会基础被逐渐削弱，加之以文明开化为标签的民国政府对封建迷信的取缔，使得秘密教门只得选择新式的组织形式，以改善教门的传统形象。因此，近代以来，特别是民国以后，除了少数企图称王作乱的教门外，大多数教门以宗教团体或者慈善与公益性的组织形式开展组织活动。

民国初期，社会动荡，宗教社团大量涌现，许多秘密教门也以宗教社团的名目向政府备案以获取合法的传教资格。例如，同治年间形成的九宫道就是以佛教团体的形式获得了传教的合法性。九宫道传自八卦教的支派明天教，同治年间，教首李向善占据五台山，以正统佛教面目暗传九宫道，他的许多出家弟子纷纷仿效，在各地占据佛寺，借以传道。九宫道由此得到了快速的发展，据说连慈禧也非常关注该教，给予"封赐"。民国以后，九宫道产生裂变，其内部的"五大会十大天"纷纷自立门户，打着佛教会的旗号，向民国政府备案成立佛教社团，公开向华北、东北等地扩展势力。[①]

但是，在政府管控日益严厉的背景下，秘密教门以宗教社团的形式谋取合法性的方式变得很难实现，尤其南京国民政府成立以后，原先在北京政府备案的教门如同善社，就遭到取缔。于是，建立慈善与公益性社团机构，成为秘密社会谋求合法性存在的重要路径。

一个典型案例就是在理教的备案过程。在理教创立于康熙年间，以劝人戒烟戒酒为名传教授徒。民国初年，在京各理门组织成立总部，并以"全国理善劝戒烟酒总会"为名在北京政府内务部立案，获得合法身份。南京国民政府成立以后，上海理教联合会在上海特别市社会局先获准备案，后又被取消。上海理教联合会以其为慈善组织进行申辩，旋又得到政府首肯。内政部专门发布公告，认为理教不属宗教团体，而应当承认其是

---

① 邵雍：《中国近代会道门史》，合肥工业大学出版社，2010，第68页。

"公益性会社"，也就是"实际上承认了理教作为公益性会社的合法性"①。此举促成了以后"中华全国理教总会"的成立以及向全国各地的快速发展。

另一个典型案例是道院及其红卍字会组织。成立于1921年的道院是民国时期最具影响力的秘密教门之一。1922年，道院及其红卍字会组织在北洋军阀势力的护佑下被批准为合法宗教团体，并由山东开始向全国各地发展。到南京国民政府时期，政府并没有认可道院的宗教团体身份，而是将其与同善社、悟善院等秘密教门一起归为非法的邪教组织。②但是，道院的红卍字会组织因其慈善社团形式以及较大的社会影响力，得到了南京政府的承认，除了北平总道院在1936年年初被政府同意立案外，其余各地的分院大多被取缔，可见，在民国的制度环境下，慈善社团形式更适合道院之类的组织生存。"如果说起初红卍字会只是道院的行慈机构，那么受时局所迫，道院只能遁形于红卍字会。两者实现了合二为一的转变。"③民国时期的许多教门组织，如万国道德会、道德学社等，都曾以慈善或者公益性的社团自诩。

秘密社会具体组织形式的嬗变，并没有改变秘密社会本身的组织体系，其具体的组织形式只表现在秘密社会外在的或者附属组织机构中，其本体仍然按照原有的体系和内在的逻辑运行。但是，具体组织形式的嬗变必然会影响到组织的运行方式，进而对组织结构产生深刻影响。

---

① 邵雍：《中国近代会道门史》，合肥工业大学出版社，2010，第299页。

② 国民政府1929年发布的《关于禁止邪教》明确指出，"上海同善社、济南道院及北平悟善院等，借慈善团体名义，提倡迷信，设立祭坛，蛊惑群众，毒害社会，欺骗民众"，"本政府对此种荒谬团体，以妨碍文化进步，予以一律禁止，并没收其财产，充当赈灾教育之费用"。（参见濮文起：《新编中国民间宗教辞典》，福建人民出版社，2015，第156页。）

③ 高鹏程：《近代红十字会与红卍字会比较研究》，合肥工业大学出版社，2015，第232页。

第三节　近代秘密社会组织结构的适应性调整

组织结构是涉及组织的宗旨目标、领袖集团、内部体系、沟通渠道及组织成员等各要素的复杂系统。步入近代社会，秘密社会的组织结构要素的变化引起了组织的基本形态、活动样式及内部结构关系的适应性调整。这种调整主要体现在机构设置、组织规制等的变化上。社会组织结构的调适与其生存模式有着密切的关系。近代社会变迁以及由此引起的生存模式变化，要求秘密社会的组织结构做出相应调整；但是，一旦组织结构确定并稳定下来，生存模式对组织结构与功能的作用就会减弱，并最终受制于组织结构。

一、近代秘密社会组织机构的设置

传统的秘密社会组织结构经历了由简单到复杂、由散乱到规范的过程，结构类型以"直线制"和"直线职能制"为主。按照组织结构类型，会党与教门构建起与组织规模相适应的组织结构。如前所述，秘密教门基于师徒传承关系形成具有宗法性质的教阶制，以适应分散、流动的组织活动模式；秘密会党将兄弟之间的横向关系与上下级之间的纵向关系相结合，建立起类似准军事化的组织架构。近代社会的政治经济变迁及西学东渐，使得秘密社会的组织目标、发展规模和组织形式发生了嬗变，组织结构出现相应的调整，其中最明显的表征就是机构设置的变化。

1. 近代会党组织机构设置

近代的秘密会党组织山堂林立，名目繁多，其中天地会、哥老会和青帮组织是近代中国社会影响最大的帮会组织。

天地会与哥老会的组织体系是基于横向的兄弟关系而构建的，由于它们的组织活动更具有"反叛性"，因此，组织结构相对秘密教门而言要更加严密，机构设置要体现"兄弟"之间的职能分工。天地会的组织结构相对于哥老会而言更简单，如前所述，天地会按照"直线职能制"结构类型建立起类似准军事化的组织架构。因此，天地会的机构设置基于的是职能需求。早期的天地会设有五个分支机构，称为"后五房"，最初的后五房的首领，就是五祖。五祖时期的天地会建有山堂组织机构，"五堂分别称为青莲堂、洪顺堂、家后堂、参天堂、宏化堂。其中，以二房广东的洪顺堂力量最强，它的势力在清代后期分布于广西和南洋群岛一带"。① 但各堂之间互不统属，并且长期受清廷追杀清剿，因而各堂具体的机构设置不为外人所知。晚清时期的天地会有小刀会、双刀会、三合会、三点会等十多种名目的组织，其组织机构仅能从职衔大致判断出其机构设置，例如，"洪棍""白扇""草鞋"等首领职衔，也当有其相应的总理会务、执掌刑罚、传递情报、理财机构等不同机构。

哥老会的组织结构相对严密，其机构设置与天地会之间存在密切的关联。晚清时期的哥老会与天地会在组织结构的设置上相互借鉴，在组织体系上相互融合，两者在普通人的眼中已经很难截然区分开来。② 民国以后的洪门实际上包括了原天地会和原哥老会两大系统。哥老会在形成过程中吸收了天地会的许多内容，天地会也同样借鉴哥老会"山堂香水"的组织形式，二者相互融合，皆以"洪门"为名号。只不过其活动区域略有不同，"天地会系统的洪门主要在两广和海外华侨、华人中活动，而哥老会系统的洪门则除东北地区外，几乎遍于全国各地"③。从这个意义而言，哥老会与洪门的组织机构其实是"形异神同"。

哥老会的机构设置，各地有所不同。哥老会的山堂是仿梁山忠义堂而

---

① 冯国超：《清史通鉴（2）》，光明日报出版社，2002，第81页。
② 哥老会有"袍哥""汉留""汉流"等不同称谓，其起源问题，学界有"康熙说""乾隆说""啯噜说""会教融合说"等多种不同观点，论说莫衷一是。但是，可以肯定的是，哥老会称谓的出现并引起清政府的注意，应该是在太平天国运动前后。从这个角度而言，哥老会完全可以理解为有别于传统天地会的近代帮会组织。但是，清末的哥老会在长江中下游又叫"红帮"，与"三合会"一样都普遍称为"洪帮""洪门"，到民国以后，已经很难区分两者的差异。"关于天地会与哥老会的关系，系一物而二名，还是两种不同的组织，目前尚无统一看法"。（参见刘平：《中国民俗通志·江湖志》，山东教育出版社，2005，第154页。）因此，两者的组织结构也存在必然的关联，很难将其截然分开。
③ 秦宝琦：《中国洪门史》，福建人民出版社，2012，第653页。

建，组织名称最初有"公""堂"等不同称谓，民国以后仿现代社团组织而改称"社""公社""分社"等不同名目，其办事场所通称"公口""堂口""码头"等。哥老会的堂口互不统属，为示区别，皆设有所谓"山堂香水"和内外口号。"哥老会每团必设一某某山名，犹寺院之某某山也，又有堂名犹水浒传梁山上之有忠义堂，又有水名，又有香名"，"山堂水香"的秘密名称也称哥老会组织的四柱，此外，"复有诗一首则略与宋公明之题壁相似，有内口号，外口号，有成语"①。帮会成员都有自己的证章，称为布票或者金不换，这些名称或者口号都书写在这些证章上。例如，民国时期贵州的扶风山，其山堂香水分别是"扶风山""甲秀堂""浮玉香""南明水"，附诗"扶风变气如龙，南明一泻贯长虹，浮玉胜迹垂千古，甲秀光辉百世雄"以表达山堂水香的内涵。② 刘传福的锦华山，其山堂香水分别为"锦花山""仁义堂""方福香""四海水"，内口号是"义重桃园"，外口号是"英雄克立"。③

哥老会各个堂口的组织机构，称"十排""内八堂""外八堂"。"十排"又称"十步""十牌"，其中一排从正印到刑堂的八位"大爷"，有职有位，类似明朝廷的八部，称"内八堂"；一排的"新一"以及二、三、五、六、八、九、十排的首脑，组成"外入堂"。④ 哥老会正规大山堂的组织结构中大多设有"十排""内八堂""外八堂"等机构，尽管各地名目

① 徐珂：《清稗类钞第27册》，商务印书馆，1917，第56页。
② 蓝克安：《哥老会的组织及帮规》，载《贵阳文史资料选辑（7）》，中国人民政治协商会议贵州省贵阳市委员会文史资料研究委员会，1983，第160页。
③ 张宪臣：《吴桥民俗志》，西苑出版社，2005，第60页。
④ "十排"内设的具体机构如下：一排领导决策，统称"大哥"或"大爷"，设香长、盟证、总座、正印、座堂、陪堂、元堂、执堂、礼堂、副堂、刑堂、新一12位"大爷"；二排负责谋略，称"圣贤二爷"或"京外军师"，由品德端庄与谨言慎行者担任，负责开会时敬神；三排负责管理财物，称"当家三爷"或称"京外粮饷总管"，有的哥老会组织中"当家三爷"的人数可以是2~6人；五排负责管理事务，称"管事五爷"或称"管事"，掌管会规和对外交际，人数按类分设，内有承行、执行、红旗、黑旗、迎宾等各类管事，其中，红旗管公开事务，称为"管清水"，黑旗管江湖事务，称为"管浑水"；六排负责巡查放哨，称"花冠六爷"或称"巡风""巡哨"；四、七两排只收女子，不收男子；八排负责功过登记，称"贤牌八爷"或称"纲纪"，负责纪律检查，对会中有触犯帮规的兄弟执行刑罚；九排负责挂牌排名，称"江口九爷"或称"挂牌"，负责登记会内兄弟排名，上四牌挂金牌，下四牌挂银牌，受处分的挂黑牌；十排负责都内杂务，称"辕门"或"大老幺""大满"，其余都称小满，就是小喽啰。

略有差异，但是基本架构当是如此。当然，规模小的哥老会组织通常其架构没有那么完整。"民国年间，袍哥开设的小山堂，许多都没有这样的结构，而是将香长、总座、行一集中为一人，俗称'龙头大爷'或'龙头舵爷'，将盟证、礼堂、行二集中为一人，陪堂、行三集中为一人。其余内堂的人员几乎不设。"①

青帮的机构设置并不复杂，这与青帮基于师徒关系的组织构成密切相关。师徒关系的局限性在于收徒范围的有限性，由此也限制了组织的发展规模。因此，虽然青帮有统一的名号以及清晰的辈份关系，但是每个师傅名下有互不统属的不同群体以及互不干扰的活动区域。青帮的组织体系有类似秘密教门的"大分散、小集中"的特点，而这种特点与青帮的罗教传承习俗相契合。② 此外，青帮是在罗教水手的行帮基础上形成的，与官府没有直接的利益冲突，因此不需要设立类似天地会、哥老会那样严密的组织体系，机构设置虽然可以体现成员间的职能分工，但主要作用还是明晰组织内部的等级关系。

青帮脱胎于罗教水手行帮，因此其组织机构设置与船帮的构成密切相关。明清时期的漕运水手依托于漕船结成行帮，通常一帮由若干漕船组成，一省由若干船帮组成。罗教与漕运水手行帮相融合，形成了罗教水手行帮。罗教水手行帮是青帮的前身，近代青帮的礼、大、通三辈头面人物大多是船帮的遗老遗少。但是，"并不是所有的漕运船帮都转化为青帮，只有一部分与罗教发生密切联系并混合生长的、主要是汀浙地区的船帮演变成了青帮"③。罗教水手行帮按照传承关系分成翁、钱、潘三大分支，各帮以香火船为权力中心，并以此管理船帮内部事务，形成了青帮早期的组

---

① 刘延刚、唐兴禄、米运刚：《四川袍哥史稿》，四川教育出版社，2015，第47页。

② 秘密教门虽然拥有统一的教名，但是，教门是由各教派或者分支组成，都有各自类似教主的师傅或者前人，信徒的组成与分布基本上是以小区域为范围，其空间扩展与地理分布的特点可以概括成"大分散、小集中"，即"从整体上看，其传播、扩散的范围非常广泛，但构成各个群体的范围其实很小，即使是在同一区域内，各支群体之间也较少往来，彼此互不统属，独立活动，平行发展"。(参见鲁西奇、江田祥《传统中国"边缘区域"中"边缘群体"的"核心集团"与"核心区"——以白莲教"襄阳教团"的形成与扩散为中心》，载陈支平、李玉柱：《闽台文化的多元诠释（2）》，厦门大学出版社，2013，第577页。)

③ 周育民：《史海试勺：晚清史管窥》，上海人民出版社，2011，第8页。

织结构。① 因此，早期的青帮中，掌握香火船的首领被称为当家，即帮首。不是每个船帮都有香火船，也不是同一船帮只有一个香火船，香火船的分布体现了青帮对漕运水手的控制状况。

青帮的组织结构还与盐枭组织之间存在某种关联。青帮是由江浙罗教水手行帮与盐枭相互融合而来。道咸年间，清政府改革漕运制度即改东南河运为海运，早期青帮由原先兼营"漕私"变为开始直接参加盐枭专职的"贩私"，早期青帮与盐枭深度融合，产生了近代青帮。近代青帮借鉴旱地帮会的"散放飘布，派费入伙"形式设置相应的组织机构，维系组织生存。例如，大字辈徐宝山就开立"春宝堂"，进山堂的人每人持有票布，上有"山堂香水"的名称，以资联络。因此，在组织体系上，近代青帮"适应了近代社会变迁，在原来罗教水手行帮组织体系的基础上吸收盐枭及其他帮会的组织形式而形成具有开放性的组织体系"，机构设置与盐枭和洪门的相仿。② 当然，近代青帮的机构设置虽然依照洪门，但是这只是在特定环境下的权宜之计，事实上进入沿江城市的青帮，其组织发展仍然沿袭师徒形式的"大分散、小集中"模式，以适应近代生存环境的变迁。

近代青帮组织系统有"三堂六部"之说。何谓"三堂六部"，说法不一。坊间传闻或者演义小说大多认为，"三堂"即早期青帮的翁、钱、潘三大分支，称翁佑堂、钱保堂、潘安堂；"六部"是仿照朝廷机构设置建立的职能部门，称引见部、传道部、掌印部、用印部、司礼部、监察部。③ 其实，这些机构称谓应该是从早年罗教水手行帮中衍生出来的。按照陈国屏的《清门考源》所载，"三堂六部"源自"粮船制度"，其中"三堂"是沿袭早期庵堂和香火船的模式而设置的机构，可分为"大三堂""中三堂""下三堂"："大三堂"为经堂、香堂、祠堂；"中三堂"为副执堂、

---

① 罗教水手行帮的香火船又名"老堂船""太平船"，是罗教庵堂转化而来。庵堂是罗教传入漕运水手行帮以后，在陆地上修建的佛堂。早期的庵堂只是传授教义，收取香火钱。雍正以后，罗教庵堂的宗教职能淡化，逐渐变成水手的回空居所和互助场所，具备了组织管理漕运水手职能，归属翁、钱、潘三个不同的派系。乾隆年间，官府取缔庵堂，庵堂转到漕船，就是后来的香火船。（参见周育民、邵雍《中国帮会史》，武汉大学出版社，2012，第30-31页。）

② 陆勇：《近代长江下游青帮研究》，硕士学位论文，扬州大学，2004。

③ 赵宏：《民国三大帮会之青帮（上）》，民主与建设出版社，2012，第13页。

家堂、正杆堂，分别由执堂师、护法师、巡堂师执掌；"下三堂"为烧灶堂、进香堂、走杆堂，也称前、中、后三堂，"前堂烧香堂、中堂罗汉堂、后堂拜师堂"。"六部"分成大六部、小六部、正六部、副六部，其中大六部为吏利部、户护部、理礼部、滨兵部、行刑部、弓工部，是按照成员在行船过程中的不同职能而划分的组织单元，"铁锚及舵因其锋利故曰吏利部，靠把因能护船身故曰户护部，船篷用端把纤绳因先理而后用故曰理礼部，锣与喽啰兵之啰同音故曰滨兵部，跳板专为人来往行走故曰行刑部，牵板及篙子因拉牵及撑篙形似湾弓故曰弓工部，又称引见部、传道部、掌簿部、用印部、司礼部、监察部，谓之六部"；小六部、正六部、副六部等称谓是属大六部的下设具体分工机构。① "三堂六部"在青帮的切口中时常用到，作为组织机构，其在早期青帮对船帮的控制中也可能设置过，但是近代青帮是否有类似机构，尚无真实的案例可以佐证。

2. 近代秘密教门组织机构设置

近代秘密教门组织繁杂，有历代延续的传统教门，也有适时衍生的新生教门。但是，无论是传统教门还是新生教门，其组织体系都离不开明清以来秘密教门的基本框架。近代秘密教门组织机构可以分成先天道系统、八卦教系统、枪会系统等，其组织机构也都随着近代社会变迁出现了相应的调整。

先天道系统源自于青莲教。清中叶的青莲教，"它极富能量地大规模勾连撺掇和分化演衍，使其能经历数次灭亡与复兴，派生出一批新的教门组织"，清末民初的许多秘密教门都能从中找到源头。② 青莲教完备的教阶制度以及"五行十地"的机构设置，对近代秘密教门的组织架构产生了深刻影响。③ 如前所述，青莲教源自于罗教系统，道光七年（1827 年）被清

_____

① 陈国屏：《清门考源》，文海出版社，1975，第 76 页。
② 郑永年、赵志：《近代以来的会道门》，社会科学文献出版社，2012，第 63 页。
③ "五行十地"是青莲教内部的组织架构。"五行"分成先天五行和后天五行，其中，先天五行又称内五行，以水、火、木、金、土为序，分设法、精、成、秘、道五个教职，总管教内事宜；后天五行又称外五行，分设元、微、专、果、真五个教职，分管各地教务。在"五行"另有"五德"，分设温、良、恭、俭、让五个教职，分管各地教务。后五行与"五德"都是负责各地分支机构的教务管理，各自独当一面，统称为"十地"。

廷查明的教内骨干被捕杀殆尽，道光二十三年（1843 年），逃逸的青莲教教众复兴教门，后又建立"五行十地"的组织机构，以汉阳为"云城"向各地发展。"五行十地"以下建立基层组织机构，设有顶航、引恩、保恩、证恩、添恩等教职，负责具体教务。① 由青莲教分裂后衍生的许多秘密教门，如先天道、金丹道、灯花教、东震堂、西乾堂、三华堂、末后一着、一贯道、同善社、孔孟道等，通常被归为先天道系统，其组织体系大多由青莲教发展而来，其中，最为典型的是同善社的组织机构设置。

同善社源自青莲教，创始人彭泰荣在教内称"道统师尊""回龙师尊"，早年拜青莲教支派先天道的袁天河为师，宣统元年（1909 年）创立同善社，自称青莲教的"十六代祖师"。同善社的组织机构与青莲教颇有渊源。同善社成立以后，利用民初政局动荡、军阀混战的环境，吸纳许多官僚军阀与政客名流充任骨干，组织规模迅速扩张，同善社的组织机构遍及全国各地。对此，彭泰荣自己也沾沾自喜，"吾受命以来，虑九二原人无由上岸，始挂出同善社招牌，不数年，遍及二十二行省及特别区域，均已次第成立。现在方方有人，可谓极一时之盛"②。同善社的组织机构对于组织规模扩张具有重要的意义。

同善社的组织机构有内外两套。同善社的外部组织机构是以近代社团的形式架构的。同善社在北京的"总社"又称"总号"，领导全国各地的道务，总社下设事务所；在各省设立的"省社"又称"省号"，负责相应省份的道务；省社以下依次设立统领县道务的县社以及县内各乡镇的事务所，作为基层组织机构。同善社内部组织机构为善堂。按照同善社的组织规章，同善社由善长主持会社事务，副善长辅佐善长筹划社务，另设总理，主要秉承善长、副善长之指示，将任务分配给文牍、收支、稽察、教

---

① 濮文起：《新编中国民间宗教辞典》，福建人民出版社，2015，第 395 页。
② 回龙述古老人：《回龙师尊普度语录（下）》，上海宣化书局，1935，第 15 页。

授、庶务、交际各科，并监督其实行，各科执事由善长于社员中选择。①
1925年，同善社成立汉口总社，内称"合一会"，组织发展进入极盛时期。
北京总社的姚济苍另辟北方各省和东三省，脱离了汉口总社。南北各方虽
然各成体系，但组织架构基本相似。可见，同善社发展了原有的青莲教组
织机构，使之完善以适应民初社会生存环境，同时又能满足组织的政治
野心。

近代八卦教系统的秘密教门组织包括八卦教传承的各支派教门以及由
八卦教衍生的新式教门，如九宫道、圣贤道等。咸丰与同治年间八卦教的
支派的反清活动频繁，1861年为策应捻军，八卦教在河南商丘、鲁西北相
继起事。为适应起事需求，八卦教的组织机构出现变化。例如，山东八卦
教起事期间，为统筹指挥不同教派以及其他归属武装，在原来"八卦"的
基础上，设立"五色旗"。② 但是，这种临时的组织机构只是特定环境下进
行调整的产物，一般时期八卦教仍然是按照"内安九宫，外立八卦"原则
架构组织体系的，衍生的新式教门组织在此基础进行发展，以适应近代社
会变迁，典型代表就是九宫道。

九宫道源自八卦教，又称"后天九宫道"。初创者为乾卦分支"明天
教"的教主魏王氏。1867年魏王氏去世后，其徒弟李向善继任教主。李向
善任教主以后，占据寺庙，并不断完善其组织机构。1871年，李向善立
"后天盘"，重新派立八卦九宫，这是九宫道组织的初创时期。新的八卦九

---

① 同善社各机构的负责人的选择有社员层级的限定。同善社成员分成十六层，其中一、二、
三层都是众生，四层以上是道首。四至八层分别为天恩、证恩、引恩、保恩、顶航，为普通道首，
负责在所在省内传道以及执掌省内各级基层组织。九层以上为高级道首，其中九层为十地，职别
与青莲教的十地类似，是负责一省道务，即省号的负责人。十层到十六层依次为五行、四象、三
才、两仪、太极、皇极、无极，其中无级为最高。（参见邵雍：《中国会道门》，上海人民出版社，
1997，第173页。）

② 同治年间的《山东军兴纪略》谓："匪首习天龙八卦教：习乾兑者，从世钦、程顺书、安
兴儿、安喜儿、石天雨等，张白旗；习坤艮者，张善继、张玉怀、张殿甲、孙全仁等，张黄旗；
习震巽者，杨太、杨福龄等张大绿旗，雷凤鸣、王振南等张小绿旗；习离卦者，郜老文、苏洛坤、
穆显荣、显贵、张桐、张宗孔等，张红旗；习坎卦者，先张蓝旗之左临明，后与姚泰来、宋景诗、
朱登峰、杜慎修等，张黑旗；花旗杨明岭、杨朋山、杨朋海，不知习何卦。"（参见邵雍：《中国
会道门》，上海人民出版社，1997，第142页。）

宫机构中出现了"九宫道与佛教僧侣、居士混合的情况"①，这显然与九宫道以佛教名义"奉旨传道"密切相关。1884年，九宫道组织正式确立，其标志就是"九宫八卦十二都盘"的建立；1885年，九宫道在"十二都盘"之外新增"续五天"，形成了"十八天"。1903年，为扩展东北道务，九宫道又建立东北"五会"组织机构。至此，"十八天""五大会"成为九宫道的组织机构。"十八天"的活动区域主要是华北，"五大会"活动区域主要在东北。② 九宫道一支重要的支派"宗门正教黄山派"，是李向善依照"宫卦合一"设想指使浙江天目山的"妙顶和尚"所创。该教门组织活动不受九宫道"十八天""五大会"的制约，组织机构也略异于九宫道。教主又称"卦主"，下设十八个"都察"分赴各地传教。③

二、近代秘密社会组织规制的调整

如前所述，秘密社会的组织结构有正式结构和非正式结构之分。秘密社会的组织结构主要是指组织的正式结构，而组织规制是组织结构的重要组成部分。近代秘密社会组织结构的适应性调整，不仅包括组织机构设置的变化，同样也包含了组织规制的调整以及引起的成员角色地位的变化。

---

① 周育民：《九宫道若干历史问题辨析》，载中国义和团研究会：《义和团运动110周年国际学术讨论会论文集》，山东大学出版社，2012，第470页。

② "十八天"即"十八都"，包括中皇天、内九天、外九天、东九天、西九天、南九天、北九天、上九天、地九天、余九天、保中天、护中天、左中天、右中天、东南天、西南天、东北天、西北天。"十八天"中，中皇天是核心，设在五台山，各"天"都设有"天督"执掌道务，"天"之下依次设立总盘、分盘、小盘等分支机构。"五大会"由外九天衍生出来，包括东会、西会、南会、北会、中会，各"会"均设"总领"执掌道务，"会"之下依次设立支会、盘。"十八天"又有"五盘、四贵、三宗、五派"之说。中皇天为核心领导机构，"天督"为教首李向善，其余各"天"的"天督"、正副盘主、传道士、分盘主等分别由老头绪、大头绪、二头绪、小头绪等充任。头绪是组织内部成员的等级划分。九宫道按照成员加入组织的年限，将教徒分为老头绪、大头绪、小头绪及散众四个等级。天督由老头绪担任，总盘主、传道师由大头绪担任，分盘主由二头绪担任，小盘主由小头绪担任。每小盘管辖24名道徒，为散众，其中男称"大众"，女称"二众"。(参见天津市档案馆：《旧天津的新生》，天津人民出版社，2009，第106页。)

③ "宗门正教黄山派"将全国划分成华北、华中、华南三个区，每区下设三个分区，每次分区自上而下依次分设九路、九特、二十大政、二十中政、二十手政，"每手政下管六名教徒。自路至手，均设有军、政、财三长，负责本管区内道务"。《参见濮文起：《河北民间宗教史》，宗教文化出版社，2016，第202-203页。》

秘密社会组织规制包括帮规戒律、等级座次以及隐秘仪式等。近代社会变迁使得组织规制出现了相应的调整，帮会的组织规制的变化最为明显。

1. 近代秘密帮会的组织规制

帮会有包括帮规、家法、仪式等在内的严格的组织规制，以维护组织权威，规范成员行为，维系组织生存与发展。在传统社会中，帮会随时面临官府的追捕剿杀，因此需要严格的制度体系来保证活动的安全性。在近代社会变迁中，帮会的生存环境与社会基础发生嬗变，组织逐渐由隐秘状态向半公开状态转变，以往严格的组织规制也出现相应的变化，尤其是在执行层面出现"貌合神离"的现象。

近代秘密帮会组织规制的变化首先表现为传统帮规禁约的调整。帮规禁约在近代社会尤其是民国以后，无论是表达方式还是执行过程都趋向于"平和"，帮会中的违规行为也得到容忍。

洪门有"洪门三十六誓""二十一则""十禁""十刑""十条""十款"等不同名目的规制，这些规制为帮会在极端环境下的生存与发展提供了保障。民初的洪门仍然沿袭的是清末天地会、袍哥的组织规制，但在内容上进行了调整，以适应近代社会环境。例如，以往的洪门宣扬的传统纲常伦理，到清末民初以后出现新的"话语"，"五阴六阳"中所宣扬有"君为臣纲、父为子纲、夫为妻纲"三纲，到民国后改为以岳武穆、文天祥、孙文为楷模，崇尚精忠报国、舍身取义和赤心救民的精神；民国时期的"五伦八德"中大量运用了"人民""博爱平等""权利""义务"等新式字眼，反映出传统规约在近代社会的变迁。[①] 同时，规制的执行层面也

---

① 洪门的《五阴六阳》诗歌宣扬，"君臣义道为三纲，仁义礼智信为五常"，这其中的"三纲"遵循的是封建帝制和君臣关系。民国以后的"三纲"是"岳武穆——遵循慈母训，精忠报国仇，杀身成仁义，忠孝传千秋；文天祥——奉诏勤王事，矢志不瓦全，舍身而取义，丹青照万年；孙文——赤心救人类，主义曰三民，民国赖以立"，显然已经发生了明显的变化，五常虽然没有改，但是也是选取了典型人物作为楷模。"五伦八德"中的"五伦"是"一、执政者待人民博爱平等，享权利，尽义务，责任分明。二、为父母对子孙，堂前教训，为子者敬父母，如爱己身。三、为夫者对妻孥时常理论，夫雄飞，妻内助，振启家声。四、为兄弟必须要兄友弟恭，弟兄和，家道成，百事亨通。五、为朋友必须要言而有信，患难倚，祸福共，相爱相亲"内容有迎合制度变迁的成分。（参见秦宝琦：《洪门》，中国社会出版社，2010，第43-44页。）

在发生变化。① 执行严格的帮规既是为了维护组织的权威，同时也为了防止可能出现的变节。但是，民国以后，洪门对组织规制不如以往那样严格遵守了。四川、贵州一带的哥老会组织已经完全违背组织"隐秘"的规制，逐渐趋于"公开"，全城大街小巷，公口林立。许多袍哥违背了帮会规制，不仅抢劫勒索百姓，而且违背当初"反清"誓约，公开声称要恢复清朝。例如，四川大足县袍哥首领余栋臣在民初提出了"扫除新政、灭洋复清"的口号、罗江袍哥首领谢厚鉴假立前清旗号，图谋复辟；湖南的洪江会在常德聚众开堂，宣称"民国定难长久，必须仍归清廷"。② 民初西南袍哥还有一个最大的特点，就是依附于军阀势力，与地方驻军、恶势力沆瀣一气、官匪不分，这显然与袍哥声称的帮规誓约完全背离。

青帮的组织规制有"十大帮规""十禁""家法十条""十戒""九不得十不可"等多种名目，但是内容大都重复。青帮的组织规制相对比较宽松，这显然与青帮的形成渊源相关。例如，青帮对帮外人"空子"冒充帮内人员比较宽容，通常是不准其"混充好汉"或者逼其"另开码头"，但是不会像洪门那样要"三刀六个眼"，因此有所谓红帮"准赖不准充"，青帮"准充不准赖"的说法。③ 但是，青帮讲究辈分以及由此形成的伦理关系，帮规禁约对此都有明确规定。④ 但是，青帮的组织规制到民国以后已经很难得到贯彻，违反帮规的事情司空见惯。民国三大亨之一的黄金荣号称青帮"天"字辈，以"空子"收徒，不为青帮所禁。在拜"大"字辈

---

① 以往的洪门以严格的帮规著称，会众违规会受到严厉惩罚。例如，清末洪江会首领马福益的堂义堂以帮规严明、不徇私情而为革命党人所敬重。传闻其帮内有戴姓会员违犯会规，马福益当夜开堂，处以死罪，戴死而无怨；马福益族亲马龙彪为帮会坐堂，办事干练，有"玉面猴子"之称，但是与会中兄弟郭某之妻私通，被逼令投水自尽；成员刘力士茶楼酒馆夸耀自己，泄露身份，且在商店强买不给钱，受"三刀七孔"之刑。（参见冉济民：《马福益烈士传略》，载株洲市政协文史资料研究委员会：《株洲文史资料（1）》，株洲市政协文史资料研究委员会，1982，第156-157页。）

② 周育民、邵雍：《中国帮会史》，武汉大学出版社，2012，第382页。

③ 刘平：《中国民俗通志·江湖志》，山东教育出版社，2005，第371页。

④ 青帮内部的二十四字的辈分，即"清静道德、文成佛法、能仁智慧、本来自信、元明光礼、大通悟觉"，清末民初最高辈分是"大"字辈。按照青帮规制，帮内按字排辈，长幼尊卑的排序十分严格，帮内会众初次会面都要"参教"，说出"三帮九代"，并按"家规"行礼；帮内对收徒有严格的规定，比如，不准"爬香头"，不准"爬楼子"，等等。

张镜湖为师并成为"通"字辈以后，黄金荣继续公然违背帮规，见钱眼开，滥收门徒，以致帮内"爬香头"丑闻频出。[1] 杜月笙是"通"字辈陈世昌的弟子，为"悟"字辈，但是他交好张镜湖，"通过'爬楼子'爬成了'通'字辈"[2]。张啸林是经由黄金荣的徒弟唐某介绍，拜"大"字辈樊瑾成为师，成为青帮弟子，但对外声称是"大"字辈。黄金荣、杜月笙和张啸林的辈分不同，却能结拜为把兄弟，这在以往青帮的帮规中是严禁的。民初的青帮还有许多"大"字辈的前人违背帮规的案例。例如，青帮称收徒为"开山门"，不收徒为"关山门"，十禁中有"禁止关山门再收弟子"的帮规，但是违背这一规矩的"大"字辈前人不在少数。[3]

近代秘密帮会组织规制的另一个重要的变化就是香堂仪式的简化。以往的帮会，包括天地会以及后来的青帮、哥老会，都重视香堂仪式。但是，步入近代社会尤其是民国以后，繁琐的香堂仪式被简化。

天地会的香堂仪式源自早期的拜盟仪式。清中叶的各地天地会的拜盟仪式各异，隆重的拜盟仪式可以让新进会众产生对组织的认同感，同时了解组织的帮规禁约。天地会拜盟仪式包括钻剑门、进香、上祭品、拜木斗、饮血酒等诸多繁琐的程序。拜盟仪式其实可以理解为"通过模式"，即新入会成员通过具有象征性的脱离仪式、转化仪式和合并仪式，完成入

---

[1] 黄门子弟中有黄振世、何国梁等三十人都是"大"字辈曹幼珊的弟子或者门生，而且也拥有许多徒子徒孙，但是这些人连同自己的徒子徒孙一起又拜黄金荣门下，这样不仅原本与黄金荣同属"通"字辈的三十人都变成了黄的门生弟子，连自己的徒子徒孙也成了同门兄弟，这种"爬香头"在青帮是最犯忌的事，在民国却很平常。

[2] 赵宏：《民国三大帮会之青帮（上）》，民主与建设出版社，2012，第26页。

[3] 例如，"大"字辈的曹幼珊、李琴堂在上海广收"通"字辈门生，这些"通"字辈门生的辈分较高，都是黄金荣、杜月笙门生弟子的"前人"。为避免产生矛盾，曹幼珊、李琴堂宣布"关山门"，不再收徒。但是，曹幼珊、李琴堂等路过镇江，又招收"通"字辈弟子，这显然违背"禁止关山门再收弟子"的规矩。（参见杨方益：《镇江帮会见闻》，载《镇江文史资料（8）》，政协江苏省镇江市委员会文史资料研究委员会，1984，第49页。）

会的过程，其中暗含了"穿越冥界""获得再生"意义。① 哥老会汲取了天地会、青莲教的组织规制，形成了更加繁琐的香堂仪式。香堂一般设在郊外偏僻之处，分大香堂和小香堂，香堂内陈设繁琐、程序复杂，民间俗语有"矮子心多，哥老会的礼节多"之说。② 民初的洪门沿袭以往天地会的香堂仪式，虽然程序仍然很复杂，但是规模远不如从前。香堂主要也是以小香堂为主，地点通常不再是"哑叭窑子"的荒庙古寺，而是较为隐秘的私人住所。香堂摆设虽然仍然保留忠义堂、孝义堂和红花亭三层以及相应的牌位、座次，但是程序上已经大为简化。入会者不需要回答繁琐的问题，只要依次完成过程，最后缴纳香费即可。

青帮的香堂与天地会类似，也有大小香堂之分，大香堂供奉僧、道、俗混杂的所谓"十三祖"，小香堂只供翁、钱、潘三人。正式收徒要开大香堂，称为上大香，香堂布置庄严，参与人员众多，礼节隆重。上大香的门徒要交纳拜师金、开堂费，即所谓"上大钱粮"。"至香者"和"孝祖弟子"在众执事的安排下，完成一系列繁琐的程序才能成为正式弟子，具有"开法领众"的资格。民国以后的帮会组织对香堂仪式不再如以往那么"坚守"，通常招收普通会众，很少再开大香堂。许多帮会首领为了扩大组织规模，甚至都直接不开香堂就收徒。例如，民初的青帮招收门徒就很少开大香堂，而是仅开小香堂，称"上小钱粮"，而且仪式也相当简单，但是即便如此，如非遇到集体入会，小香堂也不轻易开启。更多的时候，"空子"只要向师傅投上名帖，附上押帖费，再摆两桌酒席邀请师傅以及同门兄弟即可，不需要繁琐的程序，也不需要另请其他两帮师傅凑成"三

---

① 天地会的拜盟仪式其实象征的是一条从死亡到再生的大致轨迹。荷兰学者田海在细致解读关于三合会入会仪程的现有资料基础上，借鉴人类学家阿诺德·冯·吉纳普的"通过仪式"概念，分析了天地会仪式问题。他认为，整个漫长的仪式分成三个部分，一是脱离仪式，使人们脱离初始状态，新入会者的穿丧服草鞋、解发辫和洗浴等预备性的仪式行为，都属于脱离仪式；二是转化仪式，使人们通过随后的边缘状态，新入会者在引导下必须通过几道障碍，然后才能从桥下走过，过三道关门，以演示其再生过程，最后还须通过木杨城、跳过火山；三是合并仪式，即血盟和宴会，完成全部流程。（参见田海：《天地会的仪式与神话：创造认同》，商务印书馆，2018，第123-124页。）

② 刘平：《中国民俗通志·江湖志》，山东教育出版社，2005，第315页。

帮九代"。当然所收的徒弟只能作为帮会的外围人员，称为"一脚门里，一脚门外"。徒弟要成为正式弟子还是要经过三年以上时间的考察，通过之后才正式开大香堂。事实上，民国以后的青帮很少再开大香堂。香堂仪式的简化为青帮组织带来了数量庞大的外围弟子，这也是青帮能够发展成为民国最大的帮会组织的重要原因之一。

近代帮会组织规制的变化，是帮会为适应近代社会的变迁进行的适应性调整。需要注意的是，这种调整是局部的，帮会组织规制在本质上没有变化，帮规禁约中所宣扬的封建伦理以及江湖文化并没有改变。例如，就帮会成员与组织的关系而言，无论以纵向关系为代表的青帮还是以横向关系为代表的洪门，帮会的组织规制必然要维护虚拟血缘关系。因此，成员要想随意从帮会家庭中脱离出来，是为帮规所不允许的。帮会规定成员"拜把之后，不许擅散""进帮不准出帮""患难相共，与帮同休"，等等,[1] 其实就是为了维持帮会组织的存在，因此组织结构的嬗变不会涉及帮会的根本。

2. 近代秘密教门的组织规制

秘密教门是信奉神灵、传承信仰、带有浓厚封建迷信色彩的组织。教门的组织规制，包括教义、教规、教仪等，是教门的组织方式和维持教门的纽带。秘密教门内部有严格的长幼尊卑秩序和等级制度，徒弟须听命于师傅，师傅服从于传头，传头听命于教首。秘密教门以家庭式"温情"吸引教徒，"有患相救，有难相死"，同时又以严格的组织规制，告诫徒众要视教义教规高于生命，维护组织秩序。

近代以来尤其是民初，军阀混战，政局动荡，"这个时期的会道门，几乎无一例外勾结当时的军阀封建势力，获得了公开传道的特权，从秘密走向公开，大力发展自己的组织"[2]，组织规制也出现相应的调整，以适应组织发展的需要。

一是简化入教手续，降低收徒门槛。例如，九宫道仪规对教徒入门要

---

[1] 苏全有、陈建国：《中国社会史专题研究》，内蒙古人民出版社，2006，第535-537页。

[2] 陆仲伟：《中国秘密社会（5）：民国会道门》，福建人民出版社，2002，第35页。

求不高，任何愿意入道者，只要交纳入道的"挂号费"，再由两个老道徒充当引保师介绍，在基层的佛堂焚表立愿即可。组织规制对成员的控制比较宽松，只要"严守三皈五戒，敬天敬地敬父母"即可。

二是增设紧跟社会时尚的内容。许多教门把多做善事，多做公益作为对会众的基本要求，严格禁绝各种不良嗜好。例如，圣贤道对于"挂号"或"进门"的信徒要求严格，须戒烟酒、茹素食斋，教内日常活动对外保密，称"暗钓贤良"。秘密教门的组织规制主要用于适应隐秘环境下的组织生存，避免秘密教门被政府取缔或者消灭，但是民国以后，秘密教门的组织体系逐渐公开，组织规制除了维护其教义以及教阶外，需要围绕扩大组织规模以及社会影响力进行调整。

三、近代秘密社会组织结构的特点

我们从组织机构设置与组织规制的变化可以发现，近代社会变迁使得秘密社会的组织结构出现了适应性的调整，尽管这些调整可能是局部的或者仅仅是执行层面上的，但是也使得秘密社会更加适应近代社会环境。开放性、层级化和功利化是近代秘密社会组织结构的主要特点。

1. 组织体系的开放性

近代社会变迁使得秘密社会由隐秘性的结社逐渐向半公开化的社会组织转型，完全封闭性组织体系开始出现调整。许多秘密社会组织，包括帮会和教门，都在选择一种更适宜扩大组织规模或者提升社会影响力的组织体系，以拓展组织的生存与发展空间。近代秘密社会在组织体系上相互渗透、相互借鉴、相互融通，成为组织提升包容性与增强开放性的主要途径。具体而言表现在三个方面。

一是帮会组织之间的相互渗透。其中最典型的当属近代青洪帮之间的合流。清末，青帮的兴武泗帮的"礼"字辈徐宝山加入洪门，与洪门首领任春山共为山主开"春宝山"。民国以后，青帮与洪门更是相互渗透，跨青洪两帮的帮会成员很多，以往的"由青转洪，披红挂彩；由洪转青，抽筋剥皮"的规矩已经不复遵守，头面人物相互结拜的现象比较普遍。例如，青帮"大"字辈的阮慕白与洪门向海潜、杨庆山、李炳青的结拜。

二是帮会与教门组织之间的相互借鉴。在组织体系上，青帮基于的是纵向的虚拟血缘关系，与洪门完全不同。这种组织体系其实与青帮源自罗教水手行帮密不可分，也就是说，青帮的组织体系与罗教之间存在传承关系。哥老会的组织体系既有纵向又有横向的特征，横向的组织体系特征主要是借鉴了天地会的系统，而纵向的组织体系特征又与其传承了青莲教的元素密切相关。

三是教门之间的相互融通。近代秘密教门组织尽管可以分成先天道、八卦教、罗教等不同流派，但是内部组织体系大多相似。不同教派对教阶的表述可能不同，但是机构设置以及体系架构基本类似，组织体系之间的相互融通是民初以后教门组织发展的重要趋势。

2. 组织架构的层级化

近代社会变迁使得秘密社会的生存环境日益复杂，组织内部的分工日趋细化。许多秘密社会既要面临和处理诸多繁琐的日常事务，还要想方设法拓展生存空间，还有一些秘密社会组织由于过度参与政治，这些都亟待管理层进行相应调整。近代秘密社会在组织架构上呈现纵向层级化的特征。例如，袍哥组织的"十排""内八堂""外八堂"就是典型的层级化架构。组织的各排及其内设机构都有严密的分工和明确的职责，山堂自上而下，纵向架构，号令统一。西南地方的袍哥甚至按照军事系统架构组织体系，成为准军事组织。青帮组织只有传统的"三堂六部"，在具体组织层面没有设置统一的纵向结构，但是，近代青帮借鉴了社团的模式，构建了类似企业的纵向层级结构，以控制数量日益庞大的会众。秘密教门的组织以师徒虚拟血缘关系为架构，这本身就是纵向层级架构。步入近代社会以后，为了构建更大的传教网络以及控制更多的徒子徒孙，教门组织注重完善这种层级的组织架构，最为典型的案例是九宫道的"十八天""五大会"的机构设置，其不同层级的机构按照活动区域和主要功能来开展活动。整个教门自上而下都在教首以及各级头目的严密控制之下。

3. 组织运行的功利化

秘密社会作为正式的社会组织，也有其权力中心。社会组织的权力中心"根据各种需要把权力划分成若干部分和层次，分配给所属的各职能部门，从而形成一个有机的权威体系"①。传统秘密社会的权力中心通常基于的是首领的权威，权威的合法性来自组织传承、成员辈份、个人魅力。但是，步入近代社会以后，组织运行虽然还依托权威体系，但是权威更多的是依托"实力"，组织运行存在功利化倾向，这在近代上海青帮中表现得非常明显。民初进入上海的青帮大佬高士奎、汪禹丞、袁克文、张仁奎等都是"大"字辈，资格老、威望高、徒孙多，但是统领上海青帮的却是"通"字辈、"悟"字辈的"三大亨"。"三大亨"不仅不受"大"字辈前人的约束，甚至可以将"大"字辈的徒子徒孙重新再收入门下，即所谓"爬香头"。这种现象出现的根本原因还是在于"实力"。在近代的上海，简单地收徒获取香火钱，已经难以维系组织以及首领的生存，组织需要产生新的权威，权力中心的形成基于"实力"，而非"辈分"。因此"帮会分子们趋炎附势不再顾及辈分的大小，上海青帮组织内部经过重新组合协调，按照各帮首的实力地位形成了新格局"②。秘密教门也同样如此。近代以来尤其是民国以后，教门组织的裂变与兴衰往往都是从权力中心开始的，拥有广大人脉和经济实力的教首，往往能成为新的权力中心。组织运行的功利化成为近代教门组织架构的重要特点。

---

① 徐祥运、刘杰：《社会学概论》，东北财经大学出版社，2018，第171页。
② 周育民、邵雍：《中国帮会史》，武汉大学出版社，2012，第512页。

第三章　近代秘密社会资源获取方式的转换

任何社会组织运作都需要资源来提供动能，否则，不仅组织目标或者宗旨无法实现，而且组织自身的存在也很难维系。因此，获取组织资源是社会组织生存与发展中必须解决的首要问题。近代社会的变迁使秘密社会的生存环境发生了变化，其组织资源种类也发生了相应的变化，在以传统方式维持组织生存的同时，近代秘密社会也在适时调整其资源获取方式。在近代城市化过程中，城市型秘密社会的生存与发展，在很大程度上取决于资源获取方式的调整。立足社会下层、拓展社会中层以及跻身社会上层，是近代秘密帮会和教门组织规模膨胀的重要原因。

第一节　秘密社会的组织资源及获取方式

秘密社会的组织资源包括组织本身拥有的以及为维系组织生存而从外部获取的各项资源。在传统社会中，秘密社会皆属于隐秘的、被禁止或者铲除的对象，因此组织资源的获取主要是通过非正式的渠道，但也不排除特定条件下从正式渠道获取组织资源的可能性。

一、传统秘密社会组织资源的分类与构成

组织资源是组织拥有的，或者可以直接控制和运用的各种要素，包含

保障组织生存与发展的各种资源。[①] 广义的组织资源，就其表现形态而言，包括有形资源和无形资源。有形资源主要指组织所拥有的人、财、物等具体的显性资源；无形资源是组织以形象、人脉、权力等形式存在的隐形资源。秘密社会组织资源的状况既决定了组织的规模和实力，又决定了组织内部的权力关系。按照交换理论，"权力关系产生于相互依赖，它改变资源的占有关系。自我为实现自己的目标必须要有这种资源，而自我只有靠非利己活动才能获得这种资源"[②]。在秘密社会组织体系中，权力源于对所需资源的依赖，也就是说当组织或者首领拥有一般成员所需要的某种资源时，一般成员就会对组织或者首领产生依赖，并由此形成权力关系。

通过与社会的交换，获得组织资源，并以此维持最基本的生存空间，是社会组织存在的第一要务。传统秘密社会大多处于"隐秘"状态，面临被"取缔"的危险，需要从主流社会获取社会资源才能维系组织生存。秘密社会的人、财、物等有形资源是最重要的组织资源，组织在基层社会中的形象、权威以及影响力等无形资源，也是其生存发展不可或缺的资源。当然，从组织动员能力以及内部权利关系的视角而言，并非所有的资源都是秘密社会必须获取的不可或缺的组织资源，只有具有重要性、稀缺性和不可替代性的资源才是组织"追逐"的对象。

第一，钱财是传统秘密社会赖以生存的主要资源。传统中国的社会组织，无论是慈善、互助性组织，还是行业性的结社或者文化类社团，大多崇尚"重义轻利"的价值观，具有很强的伦理道德色彩。但是，它们也都需要获取财物来维系组织的生存。例如，以善会、善堂为代表的慈善性组织，无论是从事施药济贫、赈米救灾，还是开设族田义庄、同乡会馆，都需要具备相应的物质条件；以"合会"为典型形态的民间互助组织，具有劳作互助、金融互助和扶危济贫的功能，但其功能实现的前提就是拥有相

---

① 李立新：《管理学》，北京理工大学出版社，2011，第78页。

② 罗德里克·马丁：《权力社会学》，丰子义、张宁译，生活·读书·新知三联书店，1992，第111页。

当的财力、物力作为组织资源。① 因此，筹募钱财是传统社会组织生存的基本前提。传统秘密社会更是如此，帮会和教门或以"义气千秋""重义轻利"相动员，或以"无生信仰""应劫救世"相标榜，但是组织活动同样需要财物作为支撑。也正因如此，秘密社会组织给人留下的是"聚敛钱财""传播迷信"的直观印象。

秘密社会筹募的钱财大多是来自组织成员的捐赠或者供奉，所获钱财虽然也用于会首或者教首的个人消费，但是大部分还是用于维持组织生存，必要的时候还会给成员回报。例如，秘密教门的教主可以通过占为己有、贿赂官府、资助传教头目和流放者等方式来使用组织的财物；然而，他们有时候也会回报教众，以获取他们对组织的忠心。研究表明，秘密教门"聚敛来的钱通常的用途也是使全部的教众获益，如果没有其他原因，参加这些教派也能获得精神上的支柱和集体感"，从教派信徒的角度来考虑，"大多数信徒好像已经认为向教派捐献钱财来交换宣扬教义的人的服务是合理的。这也是信徒们向教派表明他们的义务的一种方式"②。

当然，秘密社会的生存同样离不开人力资源，但是人力资源对组织而言并非稀缺。传统秘密社会产生的基础是大量过剩人口以及基层社会失范，因此组织成员文化层次不高。秘密社会的人力资源主要是着眼于成员的"量"而非"质"，获取人力资源的方式其实就是招揽成员，组织的人数越多，其动能就越强。可见，在大量过剩人口背景下，有形资源中的人力资源并非是秘密社会的核心资源。在物资相对匮乏的传统社会，财物是秘密社会最短缺的组织资源，从社会获取财物成为秘密社会最为重要的组织活动。

---

① 中国的"合会"组织的起源非常早，适合在农耕为主的传统社会生存，是具有合作、互助性质的古老民间金融组织。"合会"的基本模式就是，由一位需要金融或财物支持的人或者会首邀请若干人作为会员加入，约定每期应给付之金钱或财物，包括稻谷、白米之类，集成一笔会金。这笔会金首先给付于会首，嗣后即以预定、抽签、投标等约定之方法，先后给付于各会员，直到全部会员均得到给付后才结束。

② 高士达：《为财神，还是为弥勒——关于中国清朝中期民间宗教各派中的钱财及其使用》，载社会问题研究丛书编辑委员会：《宗教、教派与邪教：国际研讨会论文集》，广西人民出版社，2004，第453-481页。

第二，组织形象是传统秘密社会拓展生存空间的重要资源。传统中国的民间组织，大多注重自身的形象，以此来获取社会认同，从而拓展自身的生存空间。组织形象是指社会组织在社会公众心目中的特征印象和主观评价，是"社会公众对组织进行综合评价后所形成的整体印象"①。例如，明代的会馆原本是"寓居异乡城市中同一乡贯的官绅商民为联络乡谊、互助所建的馆舍"②，后来逐渐发展成为各大城市的工商业者地域性组织。会馆能得到生存与发展，与其社会声誉相关。明代的会馆在联络乡谊、组织乡绅、周济乡党等方面具有良好的声誉，其供奉的神祇、崇尚的习俗也得到同乡的认同。因此，会馆良好的组织形象，对身处城市异乡的官僚或者商贾产生了吸引力，从而促进组织生存与发展。秘密社会同样也需要通过社会活动，塑造自身的组织形象，提高组织声誉，赢得基层社会的支持。秘密社会的组织形象是组织的价值观念、行为规范、道德准则、社会声誉等要素的综合反映，其重要性不亚于有形资源。例如，秘密教门以传教授徒方式发展组织，教门组织所构筑的彼岸世界理想、遵行的社会道德规范以及运用的传教行为方式，需要被基层社会所熟知和认同，才能吸引教众和发展组织；秘密帮会以兄弟结盟方式发展组织，帮会需要以"替天行道""行侠仗义""互助互济"相号召，才能拥有社会声誉，才能扩大组织规模。在传统社会中，坚守传统的道德准则以及由此产生的社会认同，才能维持组织形象，这是秘密教门和会党组织发展的重要前提。

但是，需要注意的是，从认识主体的角度来看，组织形象是人们对组织的综合认识和评价，具有主观性。传统秘密社会的社会基础是底层民众，他们对民间结社的组织形象的理解完全不同于其他社会阶层。如何面向不同社会阶层来塑造组织形象，以拓展生存空间，也是秘密社会重要的组织活动内容。

---

① 李朝霞、李占文等：《公共关系实务》，中国医药科技出版社，2017，第 94 页。
② 毛佩琦：《中国社会通史·明代卷》，山西教育出版社，1996，第 235-236 页。

二、传统秘密社会获取资源的非正式途径

按照组织理论，组织资源的获取途径通常包括正式途径和非正式途径两大类。[①] 传统秘密社会既不是常规型社会组织，也不是任务型自社会组织，而是被官府限制和打击的非法性组织，其资源获取主要是通过非正式途径，在特定情形下，也有正式途径。非正式途径并非都是非法途径，通过习俗、约定或者自愿方式获取的资源，也属非正式途径，这虽然不一定合乎当下的政府法律，但也是合情合理的。如前所述，秘密社会在政治上的反叛性以及对现有社会秩序的破坏性，使得其难以通过法律、规章和制度等方式合法获取组织资源。非正式途径是秘密社会主要的资源获取方式，获取的组织资源类型主要是财物。

1. 秘密教门的资源获取方式

秘密教门的财物资源主要通过收取香火钱、出售宝卷经籍、从事斋会法事等方式获取；在特定环境下，也会采用打家劫舍的极端方式来聚敛财富。

一是收取香火钱。香火钱是秘密教门的教徒向教首和传师供奉的"规费"，有"根基钱""种福钱""护道钱""买道钱""线路钱""跟账钱""四季钱""礼钱""水钱"等各种名目。传教收钱是许多秘密教门组织发展的原始动力。不同职级的教首或者传师，按照其在教门组织内部地位的高低以及所传门徒的多寡，获得相应的财物供奉。一般的教徒在供献财物成为教徒的同时，也可获得传教收钱的资格，他们可以赴各地另立炉灶，传教收徒，向新入门的教徒收取香火钱，从而以"接龙"的方式推动组织规模的扩大。

香火钱是传统秘密教门主要的收入来源。教徒供奉的香火钱除了教首

---

① 一般性社会组织可以分成常规型社会组织和任务型自社会组织。常规型社会组织在组织资源获取上，一般通过正式途径；而任务型自社会组织则可以更多地通过非正式途径。"正式途径与非正式途径的区别在于是否根据法律、规章和制度以及所规定的程序来获取资源"，当然即便是常规组织，也存在非正式的资源获取途径和行为。（参见聂磊：《危机管理中的社会组织研究》，知识产权出版社，2010，第143页。）

或者传师受用外，还要分级向上汇交，以维持教门组织的生存与发展。教徒不仅在入教时要交纳"根基钱"，而且在教主生日、信徒聚会、过年过节等特定日子，还要向教首和各级会头、传头等交纳各种名目的例钱。许多教首家族往往因此发家，成为富甲一方的财主。例如，明末的闻香教，教徒在拜见教首王森时，通常要交纳一定数量的金钱，"少者一二钱或五六钱，多者六七两或十数两"，各地的会头、传头等也要"每月各相群聚，风传响应，敛积香钱，或络绎贡送森家，口称朝贡，或盛贮别所，以待森支用"①。王森也因此由贫苦皮匠成为一方巨富。入清以后，闻香教变名大成教、清茶门教，王姓世家执掌教门，累世享用各地供奉，教徒们"每月朔望，各在本家献茶上供，出钱十文或数百文，积至六月初六日俱至次教首家念佛设供，名为晾经。将所积之钱交割，谓之上钱粮；次教首转送老教首处，谓之解钱粮。或一、二年一次，各有数百金不等"②。

许多教门组织的传世家族，通过累世收取教徒的供献，成为地方财主，并维持教派的不断延续。例如，清代的八卦教，除了教首刘家，另有郜家、张家、王家、孔家、布家等其他各卦的掌教世家。各级教首、传师以"根基钱""种福钱""进身孝敬钱"等各种名目，向教徒按名索费，以获取巨额财富。这些财富除了自己支用外，一般还要折成银两向上汇送，最后由各卦的掌教家族，定期交到教首刘家。教首刘家拥有几代累积供奉的巨额财富。乾隆三十七年（1772年），清政府查抄单县刘家，发现到教首刘省过一代，刘家积银万余两，"田庄数处，地数十顷"，且累积三世，捐纳为官。刘家能够"家道殷实"显然是"内中多有党徒资助，逐年积累所致"③，积聚的财物都是来自各卦长的长期供奉。嘉庆年间领导天理教起义的林清、李文成俱为八卦教的卦长。林清为"坎卦之主"，以"真空家乡，无生父母"为八字真诀传教，"命其徒日夕拜诵。自言预知未来

① 岳和声：《餐微子集》，国家图书馆馆藏善本（CBM0351）."擒妖始末"卷下."妖首王好贤父王森旧招节略"。
② 湖湘文库编辑出版委员会：《中国社会史料丛钞（甲编）》，湖南教育出版社，2009，第384页。
③ 马西沙：《中国民间宗教简史》，上海人民出版社，2005，第300页。

事，审祸福，明吉凶。入教者俱输以钱，曰种福钱，又曰根基钱。事成，偿得十倍，凡输百钱者，得地一顷。愚民惑之，远近踵至"①，教门组织由此获得了大量的财富。

二是出售宝卷经籍。宝卷是宣传秘密教门教义的载体，它随着教派的传教活动被大量刊刻传播，流传于底层社会。由于秘密教门被主流社会以及历代统治者视为"邪教"，所以其宝卷被称为"邪说""妖书"而严禁传播。但是，在底层社会，拥有宝卷或者经籍，意味着拥有了对教派教义的话语权，甚至可以创立新的教派，因此刻印出售秘密教门的宝卷或者经籍屡禁不止。秘密教门的宝卷或者经籍既是重要的组织资源，也是重要的财富来源。例如，罗教的"五部六册"是明清时期流传最广的秘密教门宝卷。② 明代罗教各教派林立，"五部六册"被大量刊印，成为刻印经坊业主与教派组织的赢利工具。正德年间"五部六册"出现"护道榜文"刊本，到万历年间进入刊印高潮。入清以后，尽管清政府严厉查禁，仍未能阻止"五部六册"的大量刊印与流传。康熙年间，苏州刻经铺竟然将明代的"护道榜文"改成康熙圣旨，刻印于宝卷之上，以赚钱赢利，最终在乾隆三十九年（1774 年）被发现而酿成一起大案。秘密教门的宝卷或者经籍是教徒传教的信物与工具，查获的秘密教门案件中，宝卷或者经籍是最为常见的东西。例如，嘉庆十九年（1814 年）查获的张起坤大乘教案，除了起获传授的《心经》《观音经》《天缘经》《十报经》等经籍外，另有《龙牌宝卷》《天缘结经录》以及"五部六册"的经卷印版。张起坤被绞决后，其门徒依然在各省传教，嘉庆二十年（1815 年）查获的桂自榜大乘教案，其中就有大量经卷，并且牵扯出张起坤的弟子卢晋士。卢晋士藏有大量的

① 郑天挺：《明清史资料（下）》，天津人民出版社，1981，第 302-303 页。
② 中国明清时期秘密教门的"五卷六册"有两个：一是罗清著的《罗祖五部经》，共分成五部六册，即《苦功悟道卷》《叹世无为卷》《正言除疑无修证自在宝卷》《巍巍不动泰山深根结果宝卷》《破邪显正钥匙卷》（分两册）；二是大乘教归圆著的五部六册，即《销释大乘宝卷》《销释圆通宝卷》《销释显性宝卷》《销释圆觉宝卷》《销释收圆行觉宝卷》（分两册）。后者是在领悟《罗祖五部经》的基础上创造出来的。就流传时间以及社会影响而言，《罗祖五部经》是其他教门的宝卷或者经籍无法比拟的。本书所述的五部六册是指的是《罗祖五部经》。（参见中国宗教协会：《中国宗教百科大辞典》，民族音像出版社，2007，第 465 页。）

经板，他曾在江苏仪征用经板印制《天缘》《十报》《护道榜文》等经卷九十本，将六十本散给各徒。嘉庆二十一年（1816年），清政府再次查获大乘教案，又发现"五部六册"以及《护道榜文》的经卷和经板。由此可见，"江西大乘教徒刊刻罗教经典也非个别所为"[①]，而是该教门组织的普遍现象。除了出售宝卷或者经籍外，许多秘密教门还出售"合同"或"灵文"以获取财物。"合同"是信徒身份的证明以及进入彼岸世界的"凭证"，"灵文"虽然不同于宝卷或者经籍，但是属教派秘传之物，为教首或者一定地位的传师拥有。[②] 在许多教派中，这些都属可换取钱财的资源。

三是从事斋会法事。例如，做道场法会，即以道场法事、诵经作会来获取信徒布施，是许多教派重要的敛钱手段。秘密教门的许多教派通常以纪念教主生辰、为人丧葬作会等为名目，焚香祭拜，念经作会，这些道场法会都是要收取一定财物的，即便名义上不收钱，也会以买香烛果品、供献功德的形式收取相应的费用。教徒也大多熟知坛场仪式，会使各种法器，具备念经作法技能，他们以此作为获取钱财的手段。例如，八卦教在刘省过掌教时，奉刘佐臣为弥勒佛转世，将其比作普照生灵的太阳，教内将每年的二月初一作为"太阳生日"，信徒集体作会，焚香膜拜，造册收钱。嘉庆年间的收圆教，仿照佛教的"浴佛会"，作会敛钱，作龙华三会，并将"迎圣送圣""走阴祷圣"等巫术搬进教门，假借神佛附体，能查人

---

① 马西沙、韩秉方：《中国民间宗教史（上）》，社会科学出版社，2017，第276页。

② "合同"是秘密教门让教徒进入末世或者彼岸世界的书面承诺。明清时期的秘密教门一般都宣扬末世论，即人类即将面临空前灾难，无人能幸免，只有加入教派，到时有"无生老母"接引同归"真空家乡"，才能化难避劫。"合同"是进入"真空家乡"极乐世界的门票或者凭证，成为信徒可以获得"合同"，当然也要付出数量不等的"种福钱"。信徒要"挂号对合同，将姓名和籍贯等书写在黄纸上，当空焚化，意谓向"无生老母"挂号报到，并作为未来返归"真空家乡"的凭证"。（参见雷家宏：《中国古代的乡里生活》，商务印书馆，2017，第48页。）例如，清茶门教的"合同"上写"源远流长"四字，宣称：合同在天宫挂了号，是入门券，"有号的，才得出世；无号的，赶出云城"。（参见濮文起：《新编中国民间宗教辞典》，福建人民出版社，2015，第397页。）"灵文"是由秘密教门传师的默念"真言"或者"咒语"印制而成的，"灵文"不同于"经文"，通常由教首或者具有威望的传头、会头创制。各教派的"灵文"通常秘不示人，拥有"灵文"表明在教门组织中拥有一定地位，出售"灵文"也是获取财物的重要途径。例如，乾隆二十一年（1756年）查获的直隶收元教案中，身陷牢狱的教徒张仁为了自救，在狱中创造了许多"预言"或"歌词"以换取金钱，这些"预言"或"歌词"其实就是"灵文"。

前世根基，使人信服，以便"敛钱用度"。① 许多教首通过做道场法会发家。例如，明末清初，姚文宇执掌江南斋教，十多年间，他行龙华会、做千佛会，以及讲经说法，积累大量财富，以至于引起族内纷争和豪强觊觎，最终因不从地方军阀的"再三令人认饷"而被杀。②

在明清的秘密教门中，弘阳教最重道场仪式。综观清代的弘阳教教案，我们可以发现，该教各支派的行为模式基本相似，即定期的诵经做会、祈福消灾和不定期的治病疗疾、丧葬发送。尤其是其诵经做会活动，结合本地风俗，每年有"开元会""蟠桃会""释迦牟尼诞辰""韩太湖诞辰""盂兰会""下元节""收元会""韩太湖忌辰""太平会"等活动，也有每月朔望的"月会"……名目繁多，活动较为公开，参加的除了信徒外，另有许多普通民众，他们或为求福，或为治病，到会者都会交纳数量不等的烧香钱。弘阳教的行为模式"与作为其基础的乡土社会发生着密切的联系，其中治病疗疾、丧葬发送在某种程度上缓解了下层民众实际生活中的困难，而建醮做会则满足了他们趋利避害、消灾获福的精神需求"，这也成为教门屡遭查禁而始终不绝的经济原因。③

2. 秘密帮会的资源获取方式

秘密帮会的财物资源主要通过"纠人敛钱"（包括"纠人拜会""纠人入会"两种方式）以及从事非法营生等途径获取；在特定环境下，秘密帮会也有通过类似占山为王、打家劫舍的方式来聚财。

一是"纠人敛钱"。秘密会党的"纠人拜会"和"纠人入会"都是其发展组织以及获取会费的方式。

纠人拜会一般常见于帮会初创或者成立新会时，会首可以直接获取会费。纠人拜会是秘密帮会发展的主要模式，拜会敛财也是帮会首领建立组织的经济动因。天地会组织存在兄弟和师徒两种关系，师父传徒弟谓之

---

① 马西沙、韩秉方：《中国民间宗教史（上）》，社会科学出版社，2017，第475页。
② 马西沙：《中华文化通志·民间宗教志》，上海人民出版社，1998，第190页。
③ 宋军：《清代弘阳教研究》，社会科学文献出版社，2002，第158页。

"传会敛钱"，但是，这种模式不是组织资源的主要获取方式。① 会首纠集多数人一起拜会，通过赌咒发誓，形成一起起事或者抢劫的共同体，收取拜会人员的会费，参与人数越多，收取的会费就越多。为获取会费，不断纠人拜会，形成各式不同的帮派，这也是天地会组织派系林立、互不统属的重要经济原因。

纠人入会一般常见于组织相对成熟、稳定的帮会，会首间接获取会费。纠人入会是相对成熟的天地会组织的敛钱方式。各级首领或者骨干通过纠人入会获取会费，然后以"捐纳"或者"摊派"等形式缴纳部分会费。帮首按照"纠人"多少或者"纳钱"多寡，给予其不同"官职"或者发放"花帖"作为回报。"花帖"又称"红布"，是天地会支派首领或者骨干用以证明其身份的文书。按照天地会的传帖制度，"花帖""红布"上要有传帖人、受帖人、见证人等人的签名，"并有在场、保结、代笔等人画押作证，俨如民间的契约文书格式，故亦有'合同'之称，取得传帖一般要缴纳更多的会费"②。会内骨干获得"花帖"不仅可以提高其在帮内的地位，而且可以传徒敛钱，所获钱财能超过用于"花帖"的成本。③ 例如，嘉庆年间，广东佛山镇人梁老三创立忠义会，"入会之人量力出钱，如出钱较多派为大哥，给与红布一块，推其自行邀会敛钱。入会后再能多出钱文，加为总大哥，同会兄弟受其约束"，湖南人李泳怀出钱三千文，

① 传会敛钱或者传徒敛钱是秘密组织成员发展会员的经济动因。天地会的组织成员间既有通过"纠人拜会"形成的横向兄弟关系，也有"收徒传会"形成的纵向师徒关系，其中的"收徒传会"是帮会首领或者骨干获取钱财的重要途径。首领或者骨干在传授徒弟时，作为师父，他们通常可以收取一定数量的会费，谓之"传会敛钱"，同样，其徒弟也可以再收徒弟，获取会费。这种敛钱的形式类似于教门的"香火钱"，所不同的是，教门的"香火钱"通常要交给教主或者掌教管理，而天地会的会费则是收徒者个人收入，即便是师父也不能染指。

② 周育民、邵雍：《中国帮会史》，武汉大学出版社，2012，第69页。

③ 传帖的格式有普通集合用的传帖和特定事件的通知两种：前者可为一竹签，正面书聚集的时间、地点以及要求，背面以红纸贴满；后者分繁简两种，繁者印五房名讳，简者仅有特制之字句于白纸上而已。传帖是为了简便传会手续而形成发展起来的，具有发展会员或者另创新会之权限，因此需要缴纳足够的钱财才能获得。例如，嘉庆年间的三点会创始人周达滨，他收徒时，有朱矮伯、刘梅占等人入会，各交洋钱二元至五元，即得到"请神红布"及"传会花帖"，而其他人仅送铜钱四五百文不等，周达滨对其仅传授口诀，并未杀鸡饮血，也未传予红布花帖。显然红布花帖不仅是记载了会党的传承关系，而且也反映了内部的利益关系。

成为大哥；梁老三侄子梁老九多次"纠人入会"，不序年齿，出钱多者，派为大哥或者总大哥。① 获得大哥或者总大哥的名分，意味着有传令派款的权限，可以纠集更多人从而获取更多会费。

二是非法营生。传统秘密帮会大多是带有互助性质的下层社会组织，经济互助对穷苦的社会群体尤其具有吸引力。但是，相对于帮会以外的群众而言，帮会成员之间的"互助"却往往是非法营生。帮会成员入会寻求的"互助"并不是传统意义上的"互助"，很多时候就是互相帮助，抢劫敛钱的意思。所以"会党分子在吸收群众时，讲到入会的好处，常说可以互相帮助，乘机抢劫村庄，又常说可以敛钱。从这些说法，可以推想为什么许多人在贫苦无以度日时，便起意要结会，他们内部互助的资源，是来自于对外界的劫掠"②。因此，从事各种非法营生是秘密帮会获取资源不可或缺的手段。秘密会党的非法营生包括杀人越货、打单勒索、抢劫偷盗等多种形式。

打着"替天行道""劫富济贫"的旗号，勒索富户的财物，掠取囤积的谷米，是秘密会党获取财物的主要方式，尤其是在秘密会党起事过程中，杀人越货之事司空见惯。例如，嘉道年间，广东天地会就是以抢劫、恐吓等暴力手段来满足成员的经济要求，士绅家庭往往成为抢劫对象。例如，嘉庆五年（1800年），阳江县仇大钦天地会抢劫士绅蔡耀芳家；嘉庆八年（1803年），增城县关念棕天地会抢劫了贡生骆天骥家、监生谭澜清家；嘉庆二十一年（1816年），乐昌县何满昌天地会抢劫了贡生邓钟珍家。③ 有的天地会组织还勾结海盗从事走私、抢劫等非法勾当。例如，嘉庆年间广东的天地会支派就与华南海盗相互勾结，他们"与海盗在澳门和广州进行的活动相互呼应、为海盗采办物资、处理赃物。两者的联系环节之一便是海盗在自己的组织中也采用了会党的等级名号"④。

---

① 秦宝琦：《中国洪门史》，福建人民出版社，2012，第546-547页。
② 梁庚尧：《中国社会史》，东方出版中心有限公司，2016，第391页。
③ 雷冬文：《近代广东会党：关于其在近代广东社会变迁中的作用》，暨南大学出版社，2004，第116页。
④ 穆黛安：《华南海盗1790—1810》，商务印书馆，2019，第119页。

当然，杀人越货毕竟风险很大，所以正常情况下，天地会组织主要是依附主流社会，通过打单勒索、抢劫偷盗来获取财物。嘉庆十二年（1807年），清廷查获南海县三合会。该会在谭四、叶高杰、李乃文等组织下，分东、西、中三路在新安县、番禺县、顺德县、南海县、香山县等地"令其党勒各鸭埠、基围挂号银，视所出货为等，差纸票、盖图章，俨若符信"①。秘密会党非法营生除了针对行商富户，也包括平常百姓。例如，乾隆五十九年（1794年）凤山郑光彩结拜天地会，"因天地会名目易于招摇，必须改换会名，大家商量改了小刀会"，成员大多"向无恒业，要附近各庄每年给钱，替他保守田园，如果不肯，即行强割偷窃"②。广东的三点会，有所谓"开口不离本，举手不离三"等号，"即如广州府属香山等处，每逢稻谷将熟之时，该会匪辄预料某某种稻若干，应收租若干，勒令给伊钱文，较租金十分之一二，名曰'打单'，不遂所欲，即约会无数匪徒，将所种田禾，尽行芟刈，以泄其忿"③。广东许多天地会组织，最初起意就是"贪图可以抢劫"，如代表客籍利益的天地会经常偷盗土著耕牛，由此与当地的土著"牛头会"之间引发冲突不断。④

三、传统秘密社会获取资源的正式途径

由于受到各级官府的打压和主流社会的排斥，秘密社会获取组织资源的正式途径缺失，非正式途径成为维持组织生存的重要资源获取方式。但是，秘密社会毕竟与传统社会中的土匪或者盗贼不同，它们是下层民众的

---

① 戴肇辰：《广州府志（卷81）》，粤秀书院，1879，第14页。

② 《福建水师提督兼管台湾总兵事务哈当阿等奏拿获并审办凤山郑光彩等结立小刀会折（附供单）》，载上海师范大学历史系中国近代史研究室、中国第一历史档案馆编辑部：《福建·上海小刀会档案史料汇编》，福建人民出版社，1993，第23页。

③ 中国人民大学清史研究所、中国第一历史档案馆：《天地会（6）》，中国人民大学出版社，1988，第518页。

④ 例如，与归善天地会进行仇杀的"牛头会"，是当地土著农民保护耕牛的武装组织。据两广总督那彦成奏称："其土著民人因客籍结会，恐被扰害，又因深山耕牛难得，牛只往往被添弟会偷窃，亦各于乡内纠众立会，每户按牛派钱，存为公项使用，名之曰'牛头会'"。（参见中国人民大学清史研究所、中国第一历史档案馆：《天地会（7）》，中国人民大学出版社，1988，第97页。）

互助性社会组织，这种"互助"可能是钱财互助，也可能是精神寄托，其成员都是来自底层的各行各业。"秘密社会生存在政府管辖的大系统中，不是在其之外，而是在其内建立自己的与主流价值观对立的小系统，在对立的同时谋求尊严并努力披上合法的外衣。秘密社会不是职业，其成员渗透到社会上各行各业中。"① 因而，秘密社会虽然具有反叛性和破坏性，但其本质并不具有反政府性，只要条件许可也会以政府允许的或者主流社会认同的方式来获取组织资源。

综观明清时期的秘密社会发展历程，其通过正式途径获取资源的情形并不少见，如合法营生、结交权贵或者投靠官府，都是传统秘密社会通过正式途径获取资源的方式。

一是合法营生。秘密社会的合法营生虽然很难，但其成员来自社会下层，除了少数职业传教者或者会党头目外，大多并非专职人员，组织的日常钱财开支离不开普通成员的合法营生。例如，秘密教门成员通常在进行行医算命、日杂贩卖的同时，兼顾传教敛钱。嘉庆十九年（1814 年）两江总督百龄查获王景益的清茶门教案时奏称，王景益习大乘教，后改教名清茶门，乾隆五十九年（1794 年），来江南行医，顺带贩卖茧绸，寄寓山阳县民徐乔家内，随即将所传习之教传授给徐家乡附近，以及如皋、兴化等地县民。② 秘密会党虽然具有很强的暴力性，但是其主要的收入也离不开正常营生。清代天地会组织虽然遍及穷乡僻壤，但其组织枢纽和最活跃的部分，大多处在经济比较繁荣的水陆码头。"游牧时代人们逐水草而居，会党势力向商品和交通发达的地域伸展，它的背后正深藏着这种经济原因。可是会党不是养护和繁荣'水草'，而是借'水草'的余润进行活动，寄生于'水草'"，③ 依附主流社会获取资源，是天地会组织生存的基础。嘉庆、道光时期的天地会，虽然以"反清复明"相号召，但是主要是"互相帮助""图免欺凌""敛钱分用"相标榜，通过许多合法生意，积累资

---

① 苏全有、陈建国：《中国社会史专题研究》，内蒙古人民出版社，2006，第 563 页。
② 雷家宏：《中国古代的乡里生活》，商务印书馆，2017，第 70 页。
③ 陈旭麓：《陈旭麓学术文集》，上海人民出版社，2011，第 74 页。

金。例如，天地会早就在沿海开展海外贸易，天地会的"义兴公司"最迟在 1824 年已存在于新加坡。

二是结交权贵。秘密教门结交权贵，获取经济利益的现象比较普遍。明中叶的罗教诞生后，出现了弘阳教、西大乘教、东大乘教等许多新教派，他们力图通过攀附上层社会，以正式途径获取组织资源。例如，弘阳教的《混元弘阳中华宝经》中的"凡圣交参中华序"篇，详尽介绍了飘高老祖结交权贵，印造经卷之事。[①] 万历二十三年（1595 年），韩太湖来到京城，结交权贵，拉拢太监，并在他们的庇护下，利用皇家内经厂印刷宝卷。教门的宝卷种类多、数量大、流传广，装潢精美，成为"御印经典"流通天下，这显然是韩太湖结交上层人物的结果。因而，弘阳教虽然没有获得政府的正式承认，但组织合法获得了巨额财富。西大乘教是传承罗教的秘密教门。教主吕菩萨从成立之初就开始结交权贵，得到李太后等宫中权贵的庇护，西大乘教所据皇姑寺被称"太后娘娘的香火院"。西大乘教以寺院为活动基地，不仅从寺产田地中获得固定合法收入，而且还刊印了大量宝卷，在各种佛、道节日和吕祖生辰忌日以及四时八节，接受各种捐资布施。入清以后，清政府严厉查禁秘密教门，但是西大乘教不仅得以生存，而且在康熙年间重修寺庙。[②]

三是投靠官府。秘密社会投靠官府的例子也并不鲜见，但是，囿于各种原因，在官方文书中通常不会体现。明末清初，闻香教（东大乘教）与清政府的关系可见一斑。明万历年间，王森、王好贤父子在被政府查禁后，交好端皇后之父永年伯王伟，并以皇亲自居，希冀闻香教能获得合法性存在。不仅如此，王好贤还直接投靠官府，充任遵化王抚院下的"鼓旗官"，为政府招募兵勇。王森死于狱中后，王氏家族依附明政府的愿望破灭，转而投靠关外的满族政权。徐鸿儒起事失败以后，王好贤被当局处死，滦州石佛口的执掌为王好贤之兄王好礼。王好礼之子王可就在掌教

---

① 郑永华：《教祖神话与明清北京秘密教门问题探析》，载朱明德：《北京古都风貌与时代气息研讨会论文集》，北京燕山出版社，2003，第 330-351 页。

② 张志军：《河北宗教简史》，宗教文化出版社，2016，第 245 页。

时，闻香教投靠后金政权。崇祯九年（1636年），教徒崔应时、胡有升等在王可就的指使下，联络多铎、豪格，图谋献锦州给后金，事情败露，崔应时被明廷处决。胡有升等归顺后金，王可就后来也降清，康熙初年被封游击、参将、副将等职，受康熙皇帝接见。当然，闻香教与清政府的关系比较特殊，王可就、胡有升等闻香教的教首、信徒能获此高官者"是明、清鼎革之际，给他们带来的机遇"①。清军入关以后对闻香教底层的政策是打击取缔，一如前朝。王可就的行迹在官方文书中都为隐讳，但是，这也从侧面反映出秘密教门做出了试图投靠官府从而获取资源的努力。秘密帮会投靠官府的例子不见于正史，但是不排除存在这种情形的可能性。天地会崇尚"忠义""侠义"，显然受到《三国演义》《水浒传》《说唐》等小说的影响，"洪门借刘、关、张以结义，故曰桃园义气；欲借山寨以聚义众，故又曰梁山巢穴；故预期圣天子之出世而辅之，以奏扩清之功，故又曰瓦岗寨威风"，尤其是《水浒传》的社会理想对帮会产生了很大的影响。天地会"异姓一家"的社会思想和"四海之内，皆兄弟也"组织形式，就取自《水浒传》第七十一回②。但是，《水浒传》中的游民英雄最后的归宿就是"招安"，天地会不可能不受到这种思想的影响。嘉庆十年（1805年），天地会的首领李崇玉帮助那彦成平息粤东海面的郑一、张保等海盗战乱，就是其中一例。

此外，秘密社会还与地方士绅之间在特定的环境下达成共识。例如，清初，地方豪强势力瓦解，"会党组织、宗教团体，以及遍布中国内地各处的、势力庞大的盐帮、丐帮、漕帮、马帮，等等，他们都属于地方豪族势力瓦解之后的新兴地方势力，也基本上都是游离于政府权限之外的地方反叛势力"，③ 地方士绅出于自我保护或者维护地方秩序的目的，通常与秘密社会保持默契。清中叶以后，天地会与士绅之间的对立成为常态，但也不排除特定情形下合作的可能。近代广西一带的"米饭主"组织，就是士

---

① 马西沙：《中国民间宗教简史》，上海人民出版社，2005，第135-137页。
② 万晴川：《古代小说文化学》，吉林文史出版社，2018，第340页。
③ 邹牧仑：《长河落日：中国近代的政治演变》，中国社会出版社，2006，第113页。

绅与天地会的结合体。① 尽管"米饭主"组织产生于道光、咸丰年间，但是"这绝不是偶发的现象，而是会党长期活动和发展的重要保证，如果没有这种经济上的广泛联系，单凭政治上的'反清复明'愿望，天地会就很难持续达两百年且又有如此广阔的天地"②。

第二节　近代秘密社会资源获取方式的转型

社会转型期的近代中国，一方面处于变幻莫测的政治局势以及延绵不断的军阀战争中，另一方面面临民族工业的迅速发展和近代城市的日趋繁荣。近代社会变迁给秘密社会发展提供了各类各色的社会资源，按照资源禀赋适时调整资源获取方式，成为近代秘密社会拓展生存空间的重要途径。在适应性调整过程中，正式途径逐渐成为秘密社会不可或缺的资源获取方式。

一、近代社会秘密社会的生存资源

在传统中国社会，秘密社会处于隐秘状态，非正式途径获取的资源主要是组织生存所必需的钱财。步入近代社会以后，无论是秘密帮会还是秘密教门，大多处于半公开、公开状态，拥有了相对安全的生存空间。尽管，民初历届政府对秘密社会采取了限制、禁止甚至取缔的政策，但是远非前清时期采取的严厉镇压政策可比，许多帮会与教门组织通过政治参与或者改头换面，得以生存与发展。近代经济社会的畸形发展为秘密社会提供了其组织赖以生存的各色各类资源。

---

① "米饭主"是广西一带与天地会有密切关系的武装集团，大多由当地士绅建立，最初多属于团练，因天地会势力强大而归附天地会。他们表面上仍保持团练的名号，可以得到清朝当局的认可，却又在暗中资助天地会，或者充当天地会抢劫财物的窝主。充当"米饭主"者，一般都是当地有钱有势的世家大族，而且需要具有联络各方面的能力。"米饭主"为来投奔的穷人提供衣食和其他需要，而各人打劫强豪所得，则归堂主支配，更典型地反映了经济上的互助要求。

② 陈旭麓：《陈旭麓学术文集》，上海人民出版社，2011，第76页。

1. 近代的"灰色"行当

近代中国社会有许多挂着合法招牌，兼营非法行当的行业，称之为"灰色"行当。这些行当，有的是从传统商业中分离出来的服务业，也有的是在近代城市畸形发展中崛起的娱乐业。例如，以酒楼、浴池、旅店、戏院、舞厅等为主业，兼营黄赌毒等非法勾当的行当，特别是高档次娱乐业场所，"公开从事合法的经营活动，也上演戏剧，接待顾客，但同时又在暗地里兼做非法的勾当，是流氓啸聚的场所，贩卖、吸食鸦片毒品，豪赌狂饮的天下，嫖客和娼妓的淫媒。是典型的亦白亦黑、亦洁亦污的行当，故可称之为'灰色行业'"①。近代城市中，服务业、娱乐业是从业门槛低、赚钱快的行业，控制这些行业能够快速获取财富，这也是秘密社会，尤其是近代帮会垄断这些行业的重要原因。民国时期，嫖赌两业兴旺。妓院也是基层社会重要的"灰色"行当，在近代中国一些城市，开设妓院并不完全违法，但是妓院是藏污纳垢之地，是各种非法活动集聚之处。民初的中国社会，传统的农村经济遭受重创，大量农民涌进城市谋求生路，许多农村女性迫于生计游荡在城市街角，寻求生存机会，许多难以获得正当行业的女性只好被逼为娼妓，同时妇女由于地位低下，被贩卖、典押而成为娼妓也很平常。民初的社会转型带来的畸形需求又为娼妓业提供了广泛的市场，由此，娼妓业在民国年间走向鼎盛。以1920年前后的上海为例，"上海每个月的性交易营业额可能已超过400万元，它为许多人和众多的行业提供了生计。同时，它也为作为这项活动'保护人'的黑社会的活动提供了财政上的支持"②。民国时期的娼妓分成公娼和私娼，北洋政府时期，公娼在公开挂牌的妓院接客，政府向妓女征收妓捐，向妓院经营者征收乐户捐，这些泛称为"花捐"，因而公娼在民初是合法的。南京国民政府时期，政府实行禁娼，开设妓院一度在许多城市属违法，但是许多地方阳奉阴违，仍然将"花捐"作为地方财政的重要来源。到1933年

---

① 胡训珉、贺建：《上海帮会简史》，上海人民出版社，1991，第161页。
② 安克强：《上海妓女——19—20世纪中国的卖淫与性》，袁燮铭译，上海古籍出版社，2003，第283页。

以后，民国政府宣布开放娼妓业，试图用"公娼取缔私娼"，允许在城市特定区域开设妓院，依规注册、照章纳税，禁娼运动自此终结。[1] 娼妓成为民国严重的社会问题，也是秘密社会最大的"灰色"收入来源。

2. 近代的"黑色"产业

近代中国社会存在许多属违法犯罪性质的"黑色"行当，例如，贩卖人口、走私毒品、开设赌局等。从事这些行当形成的"黑色"产业链，能获得巨大的经济利益，因而这是秘密社会，尤其是帮会重要的财富来源。

一是民国初年，在"黑色"产业中，毒品与赌博的规模发展壮大，社会影响面广，积聚了近代各种社会丑恶现象。近代中国的毒品贸易最初主要是从海外进口鸦片，鸦片战争以后的半个世纪，鸦片的暴利使得毒品贸易进入狂潮，各种"合法贸易"受到冲击，大量资金被毒品贸易"抽空"。据统计，贩卖鸦片的东印度公司从 1800 年到 1917 年，向中国走私和倾销的，包括鸦片、吗啡和海洛因在内的各类毒品折合 66.1 亿银圆，这相当于"清政府 60 多年的全部国库收入"[2]。近代中国毒品贸易还有许多源自本土的鸦片种植。近代中国的农村，经济作物的种植面积逐年扩大，鸦片种植与棉花、大豆、烟草一样是农民重要的收入来源。清末民初，社会动荡，鸦片的种植和贩卖成为一种公开的行为，军阀的诱导或者强迫，加之相对较高的收益回报，使鸦片种植与毒品贸易占商品经济相当大的比重。从清末到民国，政府曾严厉禁止种植贩卖鸦片，但是始终无法杜绝毒品走私。据统计，到 1925 年"全国罂粟种植面积已达 1 800 万亩"[3]，形成从种植鸦片、制作贩卖毒品到开设烟馆、生产烟具的完整的"黑色"产业链。南京国民政府曾颁布法令，并成立禁烟委员会，试图禁绝烟毒，但是各地阳奉阴违，仍视毒品贸易为地方财政的重要支柱。到了 20 世纪 30 年代以后，国民政府恢复"寓禁于征"，毒品贸易又处于半公开状态，上海、武汉等大城市成为毒品的贸易集散地。

---

① 赵英兰：《民国生活掠影》，沈阳出版社，2001，第 183 页。
② 李延明、吴敏、王宜秋：《近代中国社会形态的演变》，安徽大学出版社，2010，第 65 页。
③ 张洪成：《毒品犯罪刑事政策之反思与修正》，中国政法大学出版社，2017，第 58 页。

二是近代中国社会赌业兴盛。与传统的赌业不同的是，各种西式赌博工具或者方式，如赛马赌、扑克赌、彩票赌、轮盘赌等，成为赌场新宠。开设赌场在近代中国社会虽然没有合法地位，但是这似乎并不影响各地赌业的发展，基层社会，无论是都市城镇，还是乡村小镇，到处都有以赌为生的赌客和以"抽头"获利的赌场。尤其是在商业繁盛、交通便捷的大城市，百业汇聚，五方杂处，三教九流毕聚于此，给赌业的发展提供了"沃壤"，设赌敛钱成为不亚于走私贩毒的"黑色"产业。

3. 近代的"白色"生意

经营合法正规的工商业，获取相应的投资收益，都属"白色"正经生意，之所以称之为"白色"，主要着眼于其在普通社会公众的视野下属"清白"合法营生，以区别于前述的"灰色"与"黑色"行当。近代中国经济处于传统向近代的转型期，传统经济与现代经济并存，在包括上海、北京、广州等大城市中，既有发达的新式商业，也有经营米、茶、豆、丝的传统商行；既有用新式的机器进行生产的工厂，也有传统的手工作坊；既有新式的近代银行，也有传统钱庄；既有现代铁路、轮船运输，也有传统的沙船河运、海运。秘密社会属基层社会组织，既可以通过从事或者控制基层服务业，如开设车行脚行和管理码头，获取收益，也可以通过开办工厂、开设商行以及经营码头堆栈，以获取更高的经济利益。这些行当在门面上至少都是正规合法生意。此外，保险、银行、地产、交通运输等行业，虽然入行门槛较高，但是投资收益好，从业地位高，颇受投资者青睐，也是秘密社会想尽办法染指的行业。值得提出的是，宗教组织或者团体从事的开坛扶乩和经忏佛事等的社会活动，也能带来巨大的经济收益，在当时也属合法的正当营生。

二、近代秘密社会的资源获取方式

秘密社会属"亚社会"群体，吸附主流社会是秘密社会的生存模式。近代社会转型期，秘密社会所处的社会环境复杂多变，但同时，社会大环境也形成了足够支撑其生存发展的各色各类资源。获取社会资源，拓展生存空间，需要适时调整相应的资源获取方式。从组织资源获取视角而言，无论"黑色"产业，"灰色"行当，还是"白色"正经生意，秘密社会的资源获取都不能简单沿用传统获取方式。

如前所述，传统秘密社会的资源获取主要是通过非正式途径，获取的主要资源是钱财，这方面近代秘密社会并无不同。近代社会的转型，并没有改变秘密社会的性质，尽管秘密社会趋于"公开"或者"半公开"状态，但是，在官方或者公众的视野中，秘密社会仍然属"非法"或者需要"控制""取缔"的社会组织，因而其资源获取方式还是离不开非正式途径。但是，在非正式途径中，具体的获取方式发生了变化，这种变化又与近代社会变迁密切相关。

1. 秘密教门资源获取方式的变化

一是传徒敛钱虽然还是近代秘密教门最重要的生财之路，但是收取"香火钱"已非仅仅在传徒的时候一次性收取那么简单。近代秘密教门出现了类似会员制的"月费""年费"收取方式，此外，为确保长期的稳定的收入来源，许多教门还设置各种特别的"捐献"。同善社在收取信徒的"入道费""护道费""谢恩费""功德费"等香火钱后，另有定期的"月助费""年助费"和"特捐"等捐助费，而且要求交纳银元。例如，吴福永创立道院及其红卍字会，个人入会的会员分为特别会员、名誉会员、普通会员、终身会员、学生会员五大类，按照不同分类交纳不同的年费。[①]"一心堂"由原圣贤教的道徒马士维创立于1913年，1932年与日本特务勾结，改名为"一心天道龙华圣教会"。"一心天道龙华圣教会"道徒入门要交纳不少于1银元的标名费，谓之"天府标名，地府抽丁"，道徒以后还

---

① 按照道院及其红卍字会的规定，特别会员又分为一般和终身两种，凡年费500银元以上者，或年募会费2 000银元以上者为一般特别会员；一般特别会员一次性交会费3 600银元以上者，或一般特别会员年满10年以上者为终身特别会员。名誉会员也分为一般和终身两种，凡年费100银元以上者，或年募会费500银元以上者为一般名誉会员；一般名誉会员一次性交会费1 800银元以上者为终身名誉会员。普通会员年费5银元，学生会员年费2银元，终身会员一次性交纳36银元。当然红卍字会有点类似近代社团，但是其母体道院是秘密教组织，上述会费收入仍可视道院的组织资源。（参见周秋光、曾桂林、向常水：《中国近代慈善事业研究（中）》，天津古籍出版社，2013，第684页。）

要参加一年两次的所谓"赴考"，每次考三场，每次赴考都要交纳不少20银元的"圣名费"，不仅如此，道徒还要交纳月费，称"财水费"。①

二是出售各类"法宝""符录"或者虚无缥缈的各式"承诺"，替代以往的印发"宝卷""经籍"，这成为近代秘密教门又一重要收入。尤其是"法宝""符录"的出售，利用了近代社会转型期，基层社会普遍面临的心理困惑，大获其利。② 例如，九宫道的李向善设立"十八天""五会"后，为筹款修建五台山极乐寺，首创"三乘挂号"说，以彼岸世界的"承诺"来诱惑徒众募捐。他宣称"将按道徒生前出钱的多少，死后在阴间给予上、中、下三种乘号中的一种，享受各种不同的待遇"。九宫道还编造所谓三十六样"法宝"，将盖有"佛传贤印同登极乐"印记的各种白纸条，出售给道徒，获取巨额财富。③ 同善社向信徒摊派"龙票"，"龙票"其实就是用黄裱纸印刷的一种冥币，民间又称"冥镪"，同善社向信徒索要的价格是大致相当于现在的人民币200元，而且是100张起售，每年三次的龙华会大典以及七月中旬都要求信徒购买。出售"龙票"的收入成为同善社一大笔可观收入。④ 秘密教门也有印制宝卷与经籍，但是以此谋利者不多。这是因为，近代秘密教门的许多教派创教者"宗教"积淀不够，很难编造出新的教义，而传统的宝卷或者经籍比较容易获取，已非秘密教门的稀有之物。民国初年，以往刊印教派宝卷的北方书局，大多印刷通俗的可赢利的鼓词，以满足市民阶层的阅读需求，而南方上海、江浙一带书局林立，大量售卖石印宝卷，宝卷与鼓词类似，"已经成为市民的案头阅读物了"⑤，宝卷与经籍在寻常百姓家并不稀奇，而且也不是教门传教或者另立

---

① 陆仲伟：《中国秘密社会（5）·民国会道》，福建人民出版社，2002，第206页。

② 在民间社会中，法宝通常是能"克敌制胜"或"祛鬼避邪"的宝物。民间法宝名目种类繁杂：有免瘟疫、避刀枪的"灵符"，避妖魔、保平安的"镇宅符"，百邪不侵、随身携带的"护身符"，等等。各类宗教团体都将经籍法器、谶纬箴言视为法宝，并出售给信徒以换取钱物。秘密教门在编制民间熟知的"宝物"基础上，还发展出其他类型的法宝，以骗取财物。例如，九宫道有以黄豆、红枣、芝麻磨粉加香灰，制成的所谓"密食宝"，有长方形木板，上封写有符咒红纸，谓之"门牌号"，等等，劝言信徒购买。

③ 邵雍：《中国近代会道门史》，合肥工业大学出版社，2010，第65页。

④ 陆仲伟：《中国秘密社会（5）·民国会道门》，福建人民出版社，2002，第88页。

⑤ 尚丽新、车锡伦：《北方民间宝卷研究》，商务印书馆，2015，第36页。

教派的必要之物。

三是做道场法会骗取信徒或者寻常百姓钱财，仍然是近代秘密教门重要的收入来源。但是，与传统社会相比，教门活动呈现出形式多、规模大的特点，所获收益在教门收入中的占比大。而且，道场法会往往与慈善公益活动相结合，具有很大的欺骗性。近代秘密教门的道场法会主要包括做龙华会、道场、醮会、扶乩等。近代的道场法会大多属传统形式的翻版，办会的模式趋于日常化，比如，做龙华会就成为许多教派日常的固定活动形式。① 有的道场在内容上进行了调整，以适合近代教门成员组成的变化，如同善社的"定做"道场，就是要求信徒出钱办所谓的"金银场""宝贵场""财宝场""粮食场"等不同名目道场，以适应经济上相对富庶的信徒；还有的教门将传统的民间迷信进行改造，比如，同善社、道德会社以及后来的一贯道等秘密教门的开坛扶乩。② 此外，许多教门还在道场法会中增加些"慈善""义举"的内容，以吸引更多的信徒，进而获得更多供奉的钱财。

2. 秘密帮会资源获取方式的变化

一是"纠人"敛钱以及从事各种非法营生。这些仍然是秘密帮会不可或缺的生存方式，但是与传统会党相比，其具体的形式和内容也有了较大

---

① 龙华会原为佛教法会。佛教传说，弥勒佛于龙华树下得道后，又曾在龙华树下召开三次法会，普度众生。许多寺院于四月初八设斋，以香汤浴佛，庆祝弥陀降生，形成盛会。龙华会通常由寺庙主持，以加强寺院与民众的互动，吸引更多的人信仰佛教。秘密宗教汲取这一形式，以吸引信徒，聚敛钱财。例如，道光年间的青莲教传授信徒以龙华经及忏悔经文，信徒家内设立"无生老母"牌位，早晚焚香念经，每逢佛诞日，做龙华会供佛。民初的秘密教门经常通过做龙华会，以发展信徒，获取供奉。例如，同善社每年农历三、五、九月的十五日，做三次龙华会。龙华会由"号首"主持，"道众一宿两餐，自带食物，剩余的米油和供品"都归主办者所有，"每举行一次龙华会，他们就发一次财"。（参见刘四其：《同善社与神兵》，载中国人民政治协商会议湘西土家族苗族自治州委员会文史资料研究委员会：《湘西文史资料》（第5辑），1985，第43页。）

② 扶乩又称"扶箕""扶鸾"，其源自古代的祭祀占卜，民间又称迎接紫姑神。扶乩的方法是借用带有细沙的木盘，以及缚在架子上用于沙盘写字锥形"乩笔"，两人合作，将"乩笔"插在细沙之上，在奠设酒果、上香顿首、请神叩念等仪式以后，扶乩之人开始进入所谓的"通神"状态，使"乩笔"随意描画，沙上便显出了文字或者图案。主持者再对此进行解读，传达某种启示，扶乩过程完成。扶乩活动在道教系统中比较常见，但是扶乩配合要求高，需要具有一定的文化层次，因此传统秘密教门很少以此编造经文或者吸引信徒。近代以后，一些教门组织，如同善社、道德学社以及后来一贯道等，都注重开坛扶乩，骗取信徒或者普通民众信任，并为此专门编造扶乩文稿、培训扶乩人员，开坛扶乩成为近代许多教派的重要活动内容。

的变化。青帮的前身是罗教水手行帮，行帮成员之间的互助需求能否满足，以是否纳钱作为前提。加入行帮的水手"所得雇值，按名提出若干，收存生息，遇水手患病医药，或身故买棺，则老管即于此项内酌量资助。其平时未经出钱者，即无人为之照管。是以，顽蠢之辈，利其缓急有恃，乐于从事。当角力斗狠时，执篙传呼，挺身相助"①。到了青帮形成以后，门生一般都得孝敬师父一笔拜师费，少则几百，多则几千。不过由于青帮是松散性的帮会，缺乏统一的组织，除了"开香堂"外，一般性组织日常活动不需要专门筹集活动经费。因而青帮的入门费、"孝敬钱"等通常是归"老头子"自己所有。但是，哥老会的情形不同，每个哥老会的山头都有稳定机构和日常开销，开香堂收徒敛钱的收入是哥老会组织不可缺少的资金来源。加入哥老会，会获得会员证件，其称为证章。证章有"公卷""布票""花花""金不换"等不同称谓，上书成员的姓名牌把、山水香堂、恩承保引、诗句对联等。新入流的哥老会成员都要缴纳证章费作为入会费。入会费又称"底金"，数额不定，通常按照"一〇八"数字，以取梁山一百单八将之意，如一元零八角、一百零八元，等等。此外，哥老会的公口中派人给新入会者送证章并说一番的恭维话，称为给新贵人"送宝""阐条子"，新贵人还要给予赏钱，称之为"送鞋钱"或者"道喜钱"。天地会组织"各新会员咸纳入会费一元，会中即于是夜以红布票印或秘密符号及公所名与之"②，发给的证章谓之"飘布"，也有谓之为"富有票""贵有票""回天票"等。清末民初，哥老会与天地会都以"洪门"自居，故此，在收取会费方面并无多大区别。

二是走私贩私是近代秘密帮会的常规性收入。早期的青帮就是以走私贩盐起家的。明清时期，利用漕船回空南下之时夹带、兴贩，称为"漕私"。清代的"漕私"主要是贩卖私盐，以"芦私"和"淮私"为主。江浙一带的罗教水手行帮与盐枭集团勾结，贩私牟利，两淮盐场"风客随帮

① 陶澍：《陶澍全集（1）》，岳麓书社，2010，第 255 页。
② 平山周：《中国秘密社会史》，商务印书馆，1927，第 46 页。

而行""勾引枭匪，纷纷聚集贩运上船，明目张胆，肆行无忌，亦有碍于地方"。① 漕运变革以后，失业的行帮水手专事贩卖私盐，并与盐枭集团融合生长，形成青帮。近代的哥老会组织也以贩卖私盐起家，尤其是太平天国运动以后，湘军裁撤，许多滞留在长江流域及沿运河一带的兵勇加入哥老会，主要靠抢劫贩私生存。除了贩卖私盐外，近代秘密帮会还从事毒品贩卖。近代中国鸦片泛滥，巨额的利润对秘密社会具有强大的吸引力，天地会、青帮和哥老会无不染指这一行当，尤其是哥老会长期控制鸦片贩运通道，牟取暴利。例如，四川的泸州乃是滇黔鸦片走私的孔道，外地烟贩通常是委托当地的袍哥采购鸦片，然后在舵把子招呼下，由袍哥弟兄武力护送出境。不通过当地袍哥组织，外地人无法走通这条贩毒通道。②

此外，拐骗讹诈、偷盗抢劫、聚赌抽头、掳人勒赎等，近代帮会无所不为，由此聚敛巨额钱财。近代帮会从事许多不法活动甚至与洋人相勾结，社会危害大。例如，近代的"猪仔"贸易就有会党的影子。"猪仔"是近代中国被掳掠贩卖出国的劳工的通称，除了"猪仔"外，另有"猪花"，特指被掳掠贩卖出国的妇女。"猪仔"贸易是野蛮的罪恶贸易，罪魁祸首固然是西方殖民商人，但是秘密帮会是帮凶。会党分子充当"猪仔贩"或"客头"，他们在"招工"的幌子下，使尽一切伎俩，诱骗和掳掠广东、福建等地劳动力出洋为劳工，诈骗欺哄、迷药绑架、道路劫掠等各种手段无所不用其极。拐骗、掳掠来的猪仔经由各口岸的"猪仔馆"装运出洋。在新加坡或槟榔屿，有许多海外天地会控制的"猪仔馆"，门禁森严，刑具皆备，"猪仔"待遇与囚犯无异。新加坡有名的19家"猪仔馆"都为会党把持，他们负责"箝束防范猪仔逃逸"之任，从而收取"每猪仔一名由二元至四元之中人保护费"。当然也有直接进行"猪仔"贸易的，如天地会"槟榔屿大伯公会之首领陈德，新加坡大伯公会之首领梁亚保，

---

① 陶澍：《陶澍全集（3）》，岳麓书社，2010，第279页。

② 中国人民政治协商会议四川省泸州市委员会文史资料工作委员会：《泸州文史资料选辑（8）》，1986，第11页。

及义兴公司之首领麦钧，均其卓卓者"①。

综上所述，无论是秘密教门还是秘密会党，传统的非正式资源获取仍然是组织资源的主要获取路径，但其具体的形式按照近代经济社会的变化进行了适应性调整，以获取更多的生存资源。

三、秘密社会资源获取的正式途径

近代社会转型所形成的政局动荡、军阀割据以及基层社会的失范，使得秘密社会更加容易通过正式途径获取资源。拥有大量的，相对可靠稳定的、合规合法的收入，是近代秘密社会迅速发展的重要基础。资源的获取大致可以概括为四个正式途径。

1. 投机近代政治，跻身社会上层

近代中国政治处于新旧交替时期，从政者动机不一，各派势力争权夺利，鱼龙混杂。尤其是受到民初的"政党政治"观影响，近代中国党派林立，政局混乱，300多个政党在"言论自由""咸与共和"的旗号下结党营私，拉帮结派，秘密社会势力也成为各派政治势力利用的工具。时人评论说："当政党之结合，初不以政见也，或臭味相投，或意气相孚，质言之，感情的结合而已。然此尤其上焉者也，其下焉者，权势的结合而已，金钱的结合而已。"② 由此，这也为秘密社会投机近代政治，跻身社会上层，进而获得社会资源创造了条件。例如，民初的道德学社创办人段正元在王士珍、孙洪伊、江朝宗、吴炳湘等人的支持下发展道务。道德学社奉王士珍为道德学社的社长，跻身社会上层，并在全国各大城市建立分社，获取巨额的捐助。段正元到处宣扬他的"以德治天下"主张，投机近代政治。他"曾先后与萧耀南、卢永祥、吴佩孚、何键、何应钦、蒋介石等多次会晤，推行自己的政治主张"，南京国民政府成立后，又攀附国民党高

---

① 温雄飞：《猪仔之残酷经过》，载陈翰笙：《华工出国史料汇编（5）》，中华书局，1985，第30页。

② 荣孟源、章伯锋：《近代稗海（6）》，四川人民出版社，1987，第10页。

层，以图进一步扩大道德学社会的影响力。①

2. 投靠军阀势力，获取地方资源

近代中国，以军事武装为特征的地方势力崛起。民初，在经历了"洪宪帝制"以后，近代中国真正意义上的"统一"局面已经被破坏，"在旧的统一已被推倒和新的统一尚未来到之间，出现了一个军阀割据的时期"，无论是北洋军阀还是西南军阀，都是阻碍近代中国统一的地方割据势力，本质上并没有什么两样。② 民初的中央政府，政令不出都门，各省大多擅自截留田赋、厘金、税款等收入，各地军阀势力通过各种方式筹措军饷，扩充实力，政府文官体系失灵，整个中国社会处于地方各自为政、军阀割据的混乱状态。地方割据需要各方的支持，秘密社会通过投靠这些军阀，合法地换取组织所需的资源。从民初四川袍哥与军阀关系可见一斑。四川袍哥与军阀勾结始于清末成都保路运动，时保路同志会以袍哥为支柱建立军政府，自此袍哥大量渗入川军。民初四川的军界风云人物，如熊克武、石青阳、颜德基、卢师谛、黄复生等都由袍哥起家，"军阀借助袍哥关系招募游民解决兵源问题，而落草抢劫的袍哥，也往往按其势力大小分别于招安后，委任其为司令、队长等"，③ 获得了官方的正式身份。投靠军阀势力的袍哥，利用合法身份，进行鸦片、吗啡和军火走私，在助力地方军阀势力的发展中，获取高额回报。

3. 塑造公益形象，扩大社会基础

清末民初，各地水灾、旱灾、蝗害频发，加之连年军阀战乱，政府往往难以顾及，许多处在社会底层的民众仰赖社会各界救济才能勉强维持生计。许多实业家在践行"实业救国"理想的同时，也倡导"公益济世"理念，以公益活动来服务社会，改善民生。民初，以慈善、教育、防疫为代表的社会公益事业兴起。社会组织从事公益事业，会得到社会的广泛赞誉，同时也会扩大社会基础。尤其是在广大乡村，"乡村的领袖往往是地

---

① 任宝菊：《段正元与道德学社》，载韩星：《段正元与道德学社》，知识产权出版社，2015年，第7-18页。

② 陈旭麓：《近代中国社会的新陈代谢》，生活·读书·新知三联书店，2018，第334页。

③ 李山：《三教九流大观》，青海人民出版社，1998，第1227页。

方公益活动的带头人和组织者，虽然不是行政系统的一部分，但是他们在热心参与的公益活动中得到了在一方乡村的影响力"①。秘密社会组织自然不会放过这个能够扩大影响力以及获取合法性的机遇。例如，帮会的头目以个人的名义参加一些慈善事业，主持各类施米、施药、捐款、赈济等活动，典型代表就是杜月笙。1927—1936年，杜月笙参与的多次重大自然灾害的赈济，为赈济机构募得的巨额款项。他还创办了一些公益慈善机构，将国民政府要员以及虞洽卿、王晓籁等著名绅商网罗其中，其"地位和形象与10年前相比已判若两人，成为时人公认的慈善家"②。显然，上海青帮的快速发展与杜月笙的个人声望密切相关。通过慈善活动，塑造公益形象，也是近代秘密教门扩大社会影响力的法门。许多秘密教门声称是自己是劝善团体或者慈善组织，以期获得社会认同，以吸引更多的社会资源，例如，在理教、道德学社、道院、万国道德会，等等。其中，最为成功的当属道院及红卍字会，"宗教结社是具有宗教与社会两面的文化复合体。道院是其宗教面，红卍字会则是其社会面（慈善事业）"，③正是通过其社会面，道院获得了巨额的捐赠，促进了组织的发展。

4. 经营近代产业，培育稳定财源

如前所述，近代中国，传统经济与现代经济并存，在城乡各地既有传统的商行，也有近代商业，既有传统手工业，也有近代工厂。传统社会的近代转型孕育了许多商机，秘密社会必然会染指或者依附近代企业，获取稳定的收入。例如，民初的袍哥由职业袍哥向半职业、普通袍哥发展。职业袍哥以经营非法行当为生，通过非正式途径获取资源；而半职业袍哥则同时经营近代产业，主要是与人合伙经营戏院、餐厅，充任经理进行交际，利用袍哥的威慑力防止散兵游勇和地痞无赖的敲诈滋事。例如，民初还有喜欢唱、打川戏"玩友"袍哥，称"双料"袍哥。他们将公口改成俱乐部，以获取收益。比较典型的袍哥组织有成都的竟成俱乐部、虎嵎俱乐

---

① 范丽珠、欧大年：《中国北方农村社会的民间信仰》，上海人民出版社，2013，第217页。
② 刘峰、吴金良：《中华慈善大典》，浙江工商大学出版社，2017，第225页。
③ 酒井忠夫：《道家·道教史的研究》，曾金兰译，齐鲁书社，2017，第299页。

部，自贡的黄氏兄弟俱乐部，重庆国安俱乐部、三民俱乐部、正风俱乐部、定远俱乐部、二二俱乐部、大同俱乐部，等等。①

近代社会转型背景下，秘密社会获取资源的非正式与正式途径，相互掺杂，互为支撑。非法行当可以经由合法渠道经营，合法营生可以凭借非法途径扩张，资源获取途径取决于资源的种类和形式。但是，依附主流社会生存，通过资源获取的正式途径谋求自身的合法性存在，是秘密社会的重要组织目标。城市型秘密社会的资源获取方式的调适，从中微观的视角显现出正式途径对秘密社会由"黑"漂"白"的意义。

第三节　城市型秘密社会的资源获取方式

近代中国的沿海沿江城市陆续开埠后，大量人口从贫瘠的乡村向富庶的城市流动，以寻求更多的机会。秘密社会也随着流动人潮进入近代城市，在城市环境中拓展生存空间。在城市的近代变迁中，秘密社会的社会基础也发生了变化，其资源获取方式根据城市生活特点进行了适时调整。在不断的调适过程，秘密社会得到快速发展，形成了对近代中国社会具有影响力的城市型秘密社会。

一、近代中国城市发展与基层社会变迁

近代中国城市的崛起是与列强在华经济活动联系在一起的，城市的主体经济从通商贸易开始，逐渐发展到近代工业、交通运输、银行金融等其他各业，城市近代化由沿海沿江开始逐层扩散到内陆城市。开埠以后，上海由名不见经传的县城发展成为国际性近代城市，天津由基于盐业和漕运的旧式城市发展成为华北地区最大的外贸口岸和工业中心，汉口由货物转运的传统城市成为仅次于上海的内地最大近代城市，其他如南京、青岛等

---

① 王大煜：《四川袍哥》，载中国人民政治协商会议四川省委员会文史资料研究委员会：《四川文史资料选（41）》，四川人民出版社，1993，第139-163页。

城市都加入了近代化的行列。"从总体上考察，截至 1911 年年底，中国近代城市的出现尚处于初期阶段，它们的较多涌现，是在民国初年各主要铁路干线辟通和投入运营以后"，① 民国以后，近代城市尤其是沿海沿江城市，产业发展迅速，人口增长加快，城市规模也不断扩大，秘密社会组织大多在民国以后随着大批移民涌进城市。

近代城市的发展必然会引起传统社会结构的变化，传统的"四民"次序逐渐被新的社会分层取代。但是，近代中国城市发展结构不尽合理，多数城市的近代工业起步晚、发展慢，而商业与服务业畸形繁荣，尤其是近代沿海沿江城市，租界分割，布局混乱，畸形发展。城市近代化以及由此产生的基层社会变迁，为秘密社会拓展生存空间创造了条件。近代上海发展中的社会阶层的变化最具典型意义。

上海开埠后，江浙以及广东、福建等人口大量流入城市。最初流入上海的人口地域观念强，他们"往往依地域及行业而结成一定的联盟关系，这种联盟关系的典型形态，就是人们往往以有势力的绅商为中心，组成以地域性为主，或与行业性相结合的会馆、公所等地域性社会组织"②，城市社会结构也在逐渐发生变化。到清末民初，随着人口进一步流入，城市移民变成了新的市民，社会分层明晰。时人谓，"近顷以来，久于沪者，乃有焉能郁郁居此之叹，则盗贼横行，物价腾涌故也。日在危疑震撼中者，上等社会也；日在支持竭蹶中者，中等社会也；日在饥寒交迫中者，下等社会也"③。三个等级其实就是社会阶层的上、中、下三个层次：一是经营产业、拥有资财的社会上层，主要包括避乱上海的江浙一带世宦富商和在上海经商致富的闽广人，他们主导地域及行业组织，拥有较高的社会地位，与租界当局和中国官府关系密切；二是职业稳定、生活安逸的社会中层，主要包括中小企业主、洋行或商行的店伙、以教书写作为生的文人和政府机关基层公职人员等，他们代表近代城市生活的主流，虽然地位声望

① 戴鞍钢：《晚清史》，复旦大学出版社，2019，第 368 页。

② 李长莉：《晚清上海社会的变迁 生活与伦理的近代化》，天津人民出版社，2002，第 27 页。

③ 胡祥翰：《上海小志》，上海古籍出版社，1989，第 27 页。

不高，但是群体合力对城市影响力超过社会上层；三是整日辛劳、勉强温饱的社会下层，主要由依靠辛苦劳动换取衣食的贫民以及居无定所的乞丐、流浪者组成，他们主要来自农村，人数最多，但是大多缺少文化，在近代城市社会中没有地位。近代城市的基层社会是指社会中下层，但是从秘密社会研究视角而言，主要是指社会下层，这是城市型秘密社会形成与发展的社会基础。

上海的社会下层是指"在社会结构中无论在占有社会财富、拥有社会权力、享受教育程度方面，相对社会上层、社会中层都处于下等地位的人们"，他们大多是属外来迁移人口。① 据统计，上海开埠前的人口有 20 多万，1900 年超过 100 万，1915 年超过 200 万，1930 年超过 300 万，这其中大多数属社会下层的穷人，"无论华界还是公共租界，穷人的比例都超过总人口的 80%"②。从职业上而言，男的多为产业工人、店员学徒、车夫仆从和搬运苦力，女的多为仆妇佣女和娼妓艺人，其中产业工人和苦力人数居多。按照 1936 年的统计数据，上海有各业工人 110 万人，其中产业工人达到 46.4 万，占比 42.2%，苦力达到 14 万，占比 12.7%，其余为手工业者、科教文卫、商业金融从事人员。③ 社会下层是秘密社会存在的社会基础，"上海的工人之中，差不多一大半是属于青帮红帮等类的秘密组织的，工厂工人尚且如此，苦力更不必说了，这种现象尤其以长江一带为甚"，凡是"下等社会"不论何项职业，都与帮会之类的"流氓组织"存在关系。④

近代产业工人来自各地农村，他们虽然从事的是近代产业，但是在身份上仍处于由传统农民向近代工人的过渡期，地缘性聚集是近代产业工人的重要特点。据 20 世纪 30 年代末出版的《上海产业与上海职工》所述，近代上海的产业工人主要来自江、浙、皖、鲁、鄂等省的农村，烟草业以

---

① 忻平：《从上海发现历史：现代化进程中的上海人及其社会生活（1927—1937）》，上海人民出版社，1996，第 149 页。

② 熊月之：《上海人解析》，上海教育出版社，2019，第 144 页。

③ 宋钻友、张秀莉、张生：《上海工人生活研究 1843—1949》，上海辞书出版社，2011，第 34 页。

④ 瞿秋白：《瞿秋白文集：政治理论篇（4）》，人民出版社，1993，第 470 页。

浙江和上海本地人为主，纺织业以江浙人为主，丝织业以浙东为主，缫丝业则以苏北人为主，电力业以宁波人为主。可见"在其行业的公布上带有比较明显的地域色彩，形成同乡帮口的地域组合"①，这类组合为秘密社会的存在提供了契机。

上海产业工人虽然在不同的企业工作，但是大多工作条件差、工作强度大，而且工资待遇以及社会地位普遍较低。产业工人的工作时间大多超过 10 个小时，有的达到 16 小时，而所得的收入不够全家生活，许多工人衣着破旧，住房简陋，生活极为艰辛。② 更为糟糕的是，近代许多工厂还有超经济强制与先进工厂管理制度并存的现象。封建性的包身工、养成工、学徒制、童工制，使近代产业工人处境悲惨。近代上海，产业工人要求提高工资和反对盘剥的劳资纠纷不断，但是囿于文化水平、传统习俗以及对被解雇失业的担忧，他们要求最低的获得生存权利的目标都很难如愿，因此产业工人被迫寻求体制外的力量，以获取基本生存权。而秘密社会尤其是帮会组织，以"义气"相标榜，对于孤独无助的工人而言具有某种天然的"亲近感"，从而产生较强的吸引力。20 世纪 20—30 年代，上海工人中的帮派有行业、地域、传统帮会三大类，"举目无亲的外来客与其贫困低下的社会地位与文化程度，是帮会势力在工人中滋生与膨胀的重要社会前提"③。

在近代城市中，苦力是仅靠出卖体力维持生计的社会群体，包括码头工人、人力车夫、脚行苦力、船工轿夫和粪夫杂役等，他们分散自由，流

① 马陵合：《近代人力车夫与城市化症结——以 20 世纪 30 年代上海人力车夫的救济为中心》，载张国刚：《中国社会历史评论（4）》，商务印书馆，2002，第 289 页。

② 据 1929 年上海市社会局的调查，上海大部分行业工作时间为 10~12 小时，甚至多达 16 小时。1939 出版的《上海产业与上海职工》记录了 1929 年上海市社会局工人收入调查情况，发现男工月均工资为 52 元，女工工资只有男工的 60%，童工只有 41%。而当时上海普通家庭满足最低生活水平需要 250 元左右，一个工人的工资才足以供全家生活。在居住方面，由于产业工人大多来自农村，在城市没有住所，他们通常在就业区附近的荒地废墟或者垃圾场搭建简易住所。苏州河两岸和其他河沟旁的棚户区、租界边缘及老城墙根下的"滚地龙"以及杨树浦和浦东泥草屋，都是产业工人的栖身之所。

③ 忻平：《从上海发现历史：现代化进程中的上海人及其社会生活（1927—1937）》，上海人民出版社，1996，第 626 页。

动性大，大多无固定的职业与收入，但是劳动强度大和劳动时间长。例如，上海的码头工人一般一口气要做 24~48 小时，中间每隔 5.5 小时有半小时休息吃饭外，其余时间不准休息，即便如此，生活还是没有保障，因为贫穷，"码头工人起码一半以上是没有老婆的"[①]。码头工人不仅苦累脏，社会地位低下，而且竞争激烈。码头上僧多粥少、地缘冲突引发的劳资纠纷或者相互械斗不断，初来码头的苦力必须找到类似"同乡会"的地域帮派或者帮会势力才能吃到"码头饭"。近代上海码头帮会主要有镇江帮、扬州帮、安徽帮。据统计，码头工人加入帮会比例高达 70%~80%。[②] 繁重的体力劳动，加之群体分散和缺乏文化，苦力如产业工人一样，很难形成维护自身利益的组织，只有依靠帮会势力。例如，上海的人力车行业由盐城、东台、阜宁等地的苏北人"垄断"，因为这一强度高、收入低的行业，更容易接受能吃苦耐劳的苏北人，苏南人不愿意加入。[③] 人力车夫与"苏北人""乡下人""江北猪猡"等带有歧视性的称谓联结一起，使得人力车夫饱受社会其他行业欺凌。20 世纪 20 年代，人力车夫们曾成立过自己的工会组织，但仅存半年不到就被解散，30 年代他们虽然成立"救济会""互助会""协会"等各色名目的组织，但是这些组织不能促进业内的团结互助，还引发帮派纷争。恶劣的生存环境、其他行业的欺凌以及车夫间的竞争，使得车夫纷纷加入或者组织秘密社会，以求互助自保。拉人力车出身的江北大亨顾竹轩号称"黄包车大王"，他控制着门徒近万人的青帮组织，其主要成员就是人力车夫。据估计，上海人力车夫有 90% 以上是青帮成员。[④]

近代城市发展以及由此产生的基层社会变迁，为秘密社会在近代城市的存在与发展提供了社会基础。通过控制或者利用城市社会下层群体，获取城市环境中各类组织资源，进而促进组织的转型发展，成为近代秘密社

---

① 朱邦兴、胡林阁、徐声：《上海产业与上海职工》，上海人民出版社，1984，第 648-676 页。

② 王卫国、王玺昌、吴德强：《上海港码头号子》，上海文化出版社，2014，第 48 页。

③ 黄仁伟：《江南与上海：区域中国的现代转型》，上海社会科学院出版社，2016，第 444 页。

④ 裴宜理：《上海罢工：中国工人政治研究》，商务印书馆，2018，第 272 页。

会的重要生存模式。不仅在上海，在沿江沿海以及部分内陆城市，都是如此，城市型秘密社会从立足下层开始，夯实基础，逐渐形成与发展起来。

二、近代城市型秘密社会的形成与发展

城市型秘密社会是指依附城市环境而生存和发展的秘密帮会或教门组织。[①] 传统中国的秘密社会可以分成依托乡土社会的"乡村型"和依托江湖社会的"江湖型"两大类。在传统城市生活中，虽然也存在迷信活动或流氓混混的组织，但是从组织特征而言，还不能算作秘密社会。城市型秘密社会是伴随近代城市发展而出现的新类型秘密社会。

传统中国社会的城市不是工商城市，而是消费型城市。城市虽然存在商业贸易，但是从功能而言是"政治城市"。大城市往往就是国家与地方的政治中心或者军事重镇，官府机构众多，社会控制严密，不是秘密社会的理想栖息地，因此，传统秘密社会的生存空间通常是在偏僻的乡镇村落。近代中国的城市化其实就是城市功能的调整，城市由"政治城市"向工商业城市转型，由传统的消费型城市向生产型城市嬗变，由此产生出大量适应秘密社会生存与发展的资源与机遇；同时，近代中国由传统君主专制向近代民主共和的转型，也使得城市社会组织的生存环境相对宽松，近代城市的包容性为秘密社会在城市生活中立足提供了条件。

可见，传统社会的城市不适宜秘密社会的生存，近代城市的发展以及由此产生的基层变迁，才导致城市型秘密社会的产生。相对于传统秘密社会，城市型秘密社会的特征可以概括为：范围广泛，系统庞大；分帮分行，各分地段；组织严密，帮规复杂；寄生性、反动性更强。[②] 城市型秘

---

① 城市型秘密社会包括城市型帮会和城市型教门。蔡少卿在《中国秘密社会》中认为，传统秘密帮会的绝大多数帮会组织属于"乡土型"和"江湖型"，他们无论"夜聚晓散"还是"四处游食"，都依附于乡土社会，立足于农村底层。到了晚清以后，秘密帮会触角伸进中国的各城市，形成了依附城市而生存的城市型帮会。但是，学界很少有"城市型教门"的提法，可能是秘密教门更适宜在乡村社会生存的缘故。但是，从社会基础而言，秘密教门有在城市生存的土壤，事实上许多在城市的秘密教门也关注下层社会的物质需求和精神归属，他们通过求神保佑或者慈善公益，吸引下层社会群体，在城市拓展生存空间。因此，城市型秘密社会中，教门是不可或缺的组成部分。

② 阙道隆：《中国文化精要》，中国青年出版社，1994，第235页。

密社会也可以分成教门和帮会，但是由于近代城市基层社会更适宜帮派组织生存，因此城市型秘密社会主要是以城市型帮会为主。

1. 城市型帮会组织

城市型帮会形成于开埠以后的上海以及其他沿江城市，然后逐渐向其他城市漫延。开埠前的上海、重庆、汉口等城市都存在各式各样的帮派组织，但是它们通常规模很小，也缺乏近代帮会必备的内部帮规或者组织体系，只能称为"流氓"团体。开埠以后，城市人口的膨胀以及帮会势力涌进，原来的"流氓"团体与进入城市的帮会势力相互融合生长，城市型帮会逐渐形成。以上海为例，太平天国运动前后，小刀会组织与当地帮派组织融合，势力快速发展。太平天国运动以后，长江流域加入太平军和清军阵营的帮会势力滞留在长江下游地区，为了躲避追捕或者不愿被遣返，他们纷纷涌进上海以及其他沿江城市，从控制城市码头开始，向城市中心地带蔓延。"到 19 世纪末，不仅汉口、九江、安庆、芜湖、南京、镇江等城市已成为帮会出没的中心，就连湖南之常德，湖北之沙市、樊城、老河口这样的小城镇，也都充塞着帮会势力，甚至像安徽大通附近长江水道上的小小和悦洲，亦会党成群。"[①] 到了清末民初，由于帮会在辛亥革命中的特殊地位，城市中帮会势力快速膨胀，许多帮会组织将城市作为生存和发展的大本营，城市型帮会逐渐成为影响城市生活的重要力量。

城市型帮会的形成在近代上海最具有代表性。上海开埠以来，帮会势力大量开进上海滩。上海不仅是近代秘密帮会的"集散"地，也是城市型帮会的"繁衍"地。在进入上海的帮会势力中，青帮不是统一的组织，而是由不同分支或者帮派组成，不同的"前人"传承形成了近代上海不同的青帮团体，这种组织繁衍方式非常适合城市生存环境。青帮逐渐成为上海势力最大的帮会组织，近代城市型帮会很多属于青帮及其衍生组织。据估计，20 世纪 20—30 年代的上海，有 10 万左右的帮会分子，占城市人口的 3%以上，其中"的绝大多数都是上海最大的、兼有黑社会性质的秘密结

---

① 张仲礼、熊月之、沈祖炜：《长江沿江城市与中国近代化》，上海人民出版社，2002，第 557 页。

社组织——青帮的成员"，全国最著名的青帮成员名单"10%以上的人居住在上海"①。民初，许多"大"字辈前人在上海当"寓公"，传授门徒，发展势力，出现了许多大大小小的青帮组织。例如，民初，上海公共租界最有势力贩卖鸦片集团"八股党"就是沈杏山为首的帮会集团，核心成员大多是青帮大亨，"八股党"的势力强大，"几乎垄断了整个的上海鸦片承运业"②；法租界最有势力的帮会组织是黄金荣青帮团伙，为了和"八股党"争夺鸦片生意，他指使杜月笙筹组了"小八股党"；杜月笙又以"小八股党"形成了上海势力最大的青帮集团。

青帮势力在上海的发展，是"大"字辈前人"开枝散叶"的结果，青帮团伙的头目或者骨干都是他们的徒子徒孙，其中最有影响力的当为张仁奎。张仁奎贩卖私盐出身，早年跟随兴武泗帮"礼"字辈徐宝山，曾任苏军第七十六混成旅旅长兼通海镇守使，1927年告老辞职，迁居上海。在上海当"寓公"期间，他开香堂，收徒弟，门生遍及各处，其中不乏韩复榘、蒋鼎文、朱绍良、陈光甫等要员。黄金荣最初以青帮名义招收门生，自己却是"空子"，后来拜张仁奎成为"通"字辈才正式成为青帮成员。"悟"字辈杜月笙拜的师父便是张仁奎的徒弟陈福生。陈福生的"三十六股党"是专门骗取行人旅客钱财的青帮团伙。其他"大"字辈前人，如王德邻早年在上海经商，收了许多门徒，弟子高鑫宝组织的"斧头党"专事敲诈绑票勾当，号为十六铺"四大金刚"；③刘登阶的弟子顾竹轩，号称"江北大亨"，他组织了"苏北帮"，是上海的黄包车行业大佬；刘登阶的另一个弟子顾嘉棠是"小八股党"骨干成员，为杜月笙得力助手；曹幼珊的弟子季云卿是有名青帮大亨，为"八股党"的核心成员，其弟子芮庆荣

---

① 布赖恩·马丁：《上海青帮》，周育民等译，上海三联书店，2002，第29页。
② 苏智良：《中国毒品史》，上海社会科学院出版社，2017，第222页。
③ 旧上海称为"斧头党"的帮派很多，其中王亚樵的"斧头党"势力最大。王亚樵应是红帮成员，与革命党人青帮"通"字辈韩恢交好，"斧头党"以刺杀警察厅厅长徐国梁而出名，曾组织谋刺蒋介石、宋子文活动，为近代中国著名的暗杀组织。高鑫宝的"斧头党"当属"薄刀党"之类的帮派团体，主要是从事敲诈绑票营生。此外，上海民间也有称趁火打劫的"救火者"为"斧头党"的，这些救火人员往往进入火灾现场，先用斧头劈开受灾人家的箱柜，搜刮一番，然后才去灭火。

又是"小八股党"的骨干。当然，上海的城市型帮会不限于青帮或者红帮团体，其他帮会组织，包括丐帮、码头帮会、薄刀党、黄牛党等诸多名目的帮会组织还有很多。但是，最有势力的城市型帮会是青帮或者青帮衍生的各类帮会组织。青帮大亨通过各自控制的青帮团伙牟取利益，同时相互间结盟形成利益共同体，由此构建了覆盖城市的青帮组织体系。

2. 城市型教门组织

城市型教门形成于民初以后的北方中心城市，然后逐渐向周边以及南方城市发展。在晚清时期的近代城市中，零星也有秘密教门组织，如青莲教、灯花教、江南斋教、在理教等，但是这些秘密教门的中枢以及"开荒"布道区域大多还是集中在乡村，并非是真正依附城市而生存的教门组织。尽管在义和团运动期间，秘密教门组织也曾经大量涌入天津、北京等北方城市，但是他们并没有在城市中生存下来，也没有形成城市型教门。民国以后，政府对秘密教门的政策较之前清要相对宽容，近代城市快速发展又为秘密教门在城市"开荒"提供了社会资源和群众基础，城市型教门组织才逐渐形成与发展起来。

城市型教门组织首先是在北京、天津、济南等北方城市形成，而非在上海、广州、南京等南方城市。从形成历史而言，传统秘密社会存在"南会北教"的特点，这其中的缘由在近代中国依然成立，只不过稍有变化。近代秘密教门虽然在组织体系上与传统秘密教门存在差异，但是其所倡导的"末世论"以及"三教合一""五教合一"等教义在观念上与传统教门无异。20世纪初，近代秘密教门演化脉络是："在思想上，民间教门倡导皇权主义、崇尚专制帝制，阻挠民主自由思潮的传播；行为上，秘密教门纷纷浮出水面，由地下转为公开，千方百计攀附北洋政府、地方军阀、保皇复辟势力甚至侵略者势力。"① 因此，在相对开放的近代沿江城市，城市型教门的社会基础显然不牢。而北京、天津等北方大城市虽然也处于近代化过程中，但是封建守旧势力相对集中，基层社会受残存封建思想左右，更适宜城市型教门的生长繁衍。城市型教门大致在20世纪20—30年代

---

① 郑永华、赵志：《近代以来的会道门》，社会科学文献出版社，2012，第63—64页。

"输入"南方城市，进而与城市型帮会共同形成了城市型秘密社会。

城市型教门除了少数来源于传统秘密教门的裂变，大多属新生的秘密教门，其重要特征是，以城市为中心，利用城市的资源，扩大周边的辐射影响力。以北京为例，同善社在北京东城区设立总社，获取北洋政府权贵和富商豪绅的支持，然后向汉口等沿江城市延伸，进而在全国各省建立分社；早期的一贯道组织以济南为中心拓展道务，后来为攀附政府官员和军阀势力，将目标锁定到平津，并以北京为中心向全国，特别是南方城市发展；九宫道虽然成立于清末，但是道务真正发展，还是在北京得到直系军阀支持以后。20世纪二三十年代，九宫道在北京建立许多机构，并以此扩大社会影响力，加速组织的膨胀。其他教门如理门、道院等大多先在北京立足，在北京获得资源后，再行拓展全国道务。

20世纪20年代中后期以后，随着近代秘密教门大量进入沿江城市"开荒"，城市型教门在上海、南京等南方都市开始蔓延生长。此时，近代中国的政治与经济重心已经逐渐转移到了东南沿海与沿江城市。南京、上海等大城市成为军政要员、富商豪绅的聚集地。以依附政要军阀，投机政治为手段发展的城市型教门，转而向这些城市"开荒"拓展道务，这也是情理之中的。以上海为例，据统计，旧上海有秘密教门组织203多种，其中主要的教门系进入上海或者在上海快速发展的时期大多集中于20世纪20—30年代。最早进入上海的教门组织是理教。1907年理教在上海建立"普缘堂"，但道务发展其实并不快，南京国民政府成立后，理教通过力争获得了内政部注册，并由此名声大振，1935年正式成立了"中华理教总会"并变成全国性组织；同善社1914年进入上海，1918年在大东门梅家弄成立分号"天齐公号"，但是在道务上受盐城同善社的领导，其城市信教者寥寥，实际还是在上海周边"开荒"布道。1927年同善社被查封后，"天齐公号"更名"大齐祥号"，开始在公共租界活动，同时杭州、宁波分号开始在上海设立办事处，20世纪30年代同善社道务发展较快；宗教哲学研究社于1932年进入上海成立分社，吸收上海商会会长王晓籁入社，开导师训练班，发展道务，1936年宗教哲学研究社被南京国民政府取缔后，更名"崇德社"并继续活动。当然，还有一些秘密教门，如一心天道龙华圣教会、一贯道、九宫道等，是投靠日寇势力发展起来的，当作另论。①

三、城市型秘密社会组织资源获取方式

城市型秘密社会的目标是在依附和融入城市生活中实现组织的生存与发展。任何组织的生存与发展都是需要资源的输入、生产以及相应的产品或服务的输出，这是一个动态的过程。城市型秘密社会生存与发展的资源来自城市，按照资源依赖理论，城市的社会资源对秘密社会组织的运转至关重要，所以组织不得不依赖这些城市资源的提供者，"在持续不断地提供组织所需要的资源的同时，外部群体或者组织可能要求组织相应的行动作为回报"②。因此，城市型秘密社会的组织行为与资源获取之间的存在对应关系，换言之，组织的发展模式决定资源的获取方式。

城市型秘密社会的发展模式与城市社会阶层及其所拥有的社会资源密切相关。如前所述，近代城市的社会阶层可以分成上、中、下三个阶层，其中下层群体是秘密社会存在与发展的基础。虽然社会下层群体拥有庞大数量，但是社会资源最大占有者在社会的中上层，特别是上层群体。因此，城市型秘密社会的发展显然不会局限在基层社会。纵观城市型秘密社会的发展历程，立足社会下层、拓展社会中层、跻身社会上层，构成了组织基本的发展脉络，而资源的获取方式也与之相匹配。例如，城市型教门组织在基层发展信徒，获取基本生存资源和社会基础，然后开始向中层社会群体"开荒"布道，扩大其社会基础，最后通过与军阀、政要之间勾结，以政治投机的形式进入社会上层，牟求更大的组织利益。但是，由于秘密教门与专制守旧、封建迷信和神秘主义密切相关，与近代城市生活并不相容，因此，城市型教门的三个层面的发展脉络并不清晰。

秘密帮会贴近城市生活，其触角能够从社会底层延伸到社会顶层，发

---

① 中国会道门史料集成编纂委员会：《中国会道门史料集成（上）》，中国社会科学出版社，2004，第26-30页。

② 费弗：《组织的外部控制：对组织资源依赖的分析》，闫蕊译，东方出版社，2006，第48页。

展脉络非常清晰。近代上海是城市型帮会发展最为成熟的近代城市，帮会势力作为"特殊的寄生群体"贪婪地吮吸城市社会的营养，作为"亚社会群体"释放出大量的毒素，"抗衡与改造着它周围的主体社会文化结构"①。通过分析上海帮会的生存与发展，我们可以清晰地观测到城市型帮会的生存轨迹。

1. 立足社会下层

在社会下层立足生根是城市型秘密社会存在的根本。近代城市的社会下层不仅拥有丰富的人力资源，而且孕育各式各样的生存机遇，秘密帮会要在城市生存与发展首先需要吸纳足够的帮会成员以及获取基本组织资源。在近代上海，立足社会下层的城市型帮会通过经营"黑色"和"灰色"产业获取社会资源。

一是从事黄赌毒行当。近代上海华界、公共租界、法租界各自为阵，社会秩序混乱，黄赌毒泛滥成灾，从事黄赌毒行当的包括社会底层的各种黑恶势力，其中最主要的是帮会组织。

近代上海娼业兴盛，妓院分成书寓、长三堂子、二三堂子、么二堂子四档，帮会势力通常充当妓院后台老板或者直接经营妓院，获取大量财富。例如，太原坊的蕊香堂的老板姓章，人称"翘翘荣子"，是青帮"大"字辈范强生的门生，后投靠黄金荣。② 不过这种情况很少，帮会主要是收取保护费。"妓院的老板或龟奴必须被介绍给黑社会的一个头目，这个头目将保证他们得到保护，而他们自己也往往因此成了黑社会的成员。通过这种办法收取的保护费经过逐级扣减，最终到了那些黑社会头目的手上。"③ 青帮势力通过这种逐层收取保护费的方式获得收益。

近代上海开埠以后，最初的赌场由洋商买办开设，如朱葆三的"长春总会"、虞洽卿"宁商总会"、葡萄牙人"A字十三号"赌场，等等。帮会势力进入上海后，逐渐操控赌业。从民初到1937年，上海赌场大多由帮会

---

① 苏智良、陈丽菲：《近代上海黑社会研究》，浙江人民出版社，1991，第265页。
② 白希：《黄金荣全传（上）》，中国国际广播出版社，2003，第361-363页。
③ 安克强：《上海妓女——19—20世纪中国的卖淫与性》，袁燮铭、夏俊霞译，上海古籍出版社，2004，第264页。

或者与帮会相关的人开设。民初上海本帮许荣福在山西路昼锦里开设赌场，此后蔡鸿生、陆少卿、三丫头、陈福生等帮会头目纷纷设赌台，其中规模最大的是青帮"通"字辈马祥生和金廷荪在南阳桥生吉里开设的赌场。缺少城市型帮会后台的赌场通常开不下去，例如，1927年澳门赌商在法租界的"利生""富生"两大赌场，由于没有给黄金荣三大亨分成，最终被取缔。20世纪20—30年代，帮会势力开设的赌台几乎遍及租界，其中：1929年黄金荣、杜月笙等与英法商人共建的逸园是上海最大的赛狗赌狗场，场方月均得利30万~60万元，"除股东分获巨利外，1920—1927年场方积累即达360万元"；1931年杜月笙与黄金荣、张啸林在福煦路181号合开的富生公司有"远东第一赌窟"之称，"扣除庞大开支，每月盈利3万~4万元"。①

走私贩毒是城市型帮会的传统项目。开埠以后，近代上海成为鸦片贸易中转站，毒品聚集了大量财富，"所有外国银行都和鸦片交易有染，所有布匹、棉线或五金中间商也不例外，租界中的所有商业活动都和这桩生意有关联"②。清末民初，鸦片贸易非法化以后，鸦片价格飞涨，帮会势力代替怡和、沙逊、新康等洋行，大发横财。从"八股党""小八股党"到"三鑫公司"，以杜月笙为代表的青帮势力"长期垄断上海地方毒品生产者和消费者'两个末端链环的中间'环节，并以此为基础叱咤风云二十余年，确是不争的事实"③。尤其是青帮大亨经营的三鑫公司为青帮势力带来了巨额财富。④

---

① 上海市卢湾区志编纂委员会：《卢湾区志》，上海社会科学院出版社，1998，第1090页。

② 贝尔纳·布里赛：《上海：东方的巴黎》，刘志远译，上海远东出版社，2014，第193页。

③ 连东：《鸦片罂粟通史：欲望、利益与正义的战争》，上海社会科学院出版社，2018，第328页。

④ 1918年成立的"三鑫公司"是黄金荣联络法租界当局、潮帮土商以及帮会成立的鸦片贸易公司。三鑫公司不仅独占了法租界的鸦片市场，而且控制了公共租界的地下鸦片市场。公司通过为"郑裕记""郭源茂"等鸦片土行监运服务，收取10%左右的保护费，代表巡捕房向各大烟馆收取烟枪执照费。据1923年的《字林西报》调查，三鑫公司年收入达到3000万元之多。这些收入除了打点洋人、官员和巡捕等外，余下的按照大三股、中六股、小八股瓜分，大三股就是黄金荣、杜月笙、张啸林，中六股是金廷荪、顾嘉棠、叶焯山、芮庆荣等，小八股是黄金荣、杜月笙的几个大徒弟。（参见郁咏馥：《我所知道的杜月笙》，载中国人民政治协商会议上海市委员会、文史资料研究委员：《旧上海的帮会》，上海人民出版社，1986，第277页。）

当然，除了经营黄赌毒，城市型帮会还会继续从事偷盗抢劫、贩卖人口、勒索绑票等行当。青帮内部的暗语，如拐卖男孩的"搬石头"、拐卖女孩的"摘桑叶"、将人沉江的"栽荷花"等，无不体现出城市型帮会的黑社会本质。当然在很多的情形下，这类勾当只是帮会城市生活中的"辅助"工具。

二是垄断苦脏累行业。近代上海在城市化过程中，出现了许多苦脏累的非技术性行业，如人力车夫、清道夫、码头搬运工、脚力等苦力行业，帮会势力通过行业性的帮派组织，垄断这些苦脏累行业，以榨取底层的血汗钱；此外，上海近代企业存在的包身工制度，也为帮会势力获取钱财提供了机会。旧上海有"七大恶霸"之说，即"码头霸、扒窃霸、粪霸、渔市霸、菜场霸、走私霸、人力车霸"，这"七大恶霸"其实代表的就是控制下层"卑微"行业的帮会势力。

"码头霸"其实就是"占码头"的包工头。近代沿江城市，帮会势力遍及各沿江码头，他们通过包揽控制其范围内的各色合法或者非法营生而坐享厚利，称为"占码头"。上海开埠以后，沿黄浦江建立了许多装卸货物的码头，码头通常指派一些人做包工头集中管理码头工人。这些包工头都是属于青帮或者红帮势力。通常而言，包工头每件运费抽取60%，而搬运工只得40%，如遇到忙时，码头会雇一两百人，把头的收入就相当可观。① 旧上海控制码头的青帮头目大多是杜月笙、顾竹轩等人的弟子。

"人力车霸"主要是指是榨取人力车夫油水的帮会头目。上海的人力车行业有只出租车牌号、包头转租和直接租车三种模式。研究表明，开设车行"所有车主都获得较高盈利，特别是在公共租界里车工交纳的租金更高，因而车主和包头获利也高于其他地区"②。但是，当局高昂的牌照收费以及随意的罚款，也使得车主和车夫难以承受，这就为青帮势力介入创造了契机。为对付"警察的监管"，上海的"车主和车夫一般都加入青帮，

---

① 张弘文、石沧：《青红帮三大亨》，河北人民出版社，1994，第282页。

② 上海市出租汽车公司党史编写组：《上海出租汽车人力车工人运动史》，中共党史出版社，1991，第76页。

部分是不想让当局插手"，上海约有90%的车夫加入了帮会。① 尤其是顾竹轩青帮势力几乎控制了上海全部的人力车行业，上海黄包车主和车夫大多是他的徒子徒孙。此外，其他行业"恶霸"，比如，黄金荣的姘妇阿贵姐垄断法租界粪业，每月可获利1万元；杜月笙的徒弟徐海涛垄断法租界多处菜场摊基，通过转租等方式获利，等等。这些都属于附食社会下层的帮会头目。

2. 拓展社会中层

在社会中层拓展生存空间是城市型秘密社会融入主流社会的重要方式。近代城市的社会中层虽然人数不及社会下层，财富不及社会上层，但是他们代表了城市社会的主流。城市型秘密社会要融入主流社会必须得到社会中层的认同，而获得主流社会的认同首先必须按照中层社会认同的方式来获取生存资源。

一是经营娱乐业。开埠后，近代娱乐业在近代沿江城市发展起来。在近代上海，娱乐业内部的行业部门丰富，有电影院、戏园、舞厅、游乐场等。近代娱乐业的经营主体最初是洋商，上海开埠后的第一批咖啡馆、酒吧、舞厅等娱乐场所等大多由外商把持；清末民初，民族资本进军娱乐业，尤其是广东商人大批投资娱乐业，华商逐渐成为近代娱乐业的主体。近代上海的娱乐业对上海城市整体形象以及市民生活的影响，要远超过其对经济的影响。换言之，娱乐业主要在促进关联行业发展，以及对市民生活尤其是社会中层群体的影响方面，具有特殊的意义。

20世纪20—30年代，上海的城市型帮会经营娱乐业，帮会组织的此举固然是为牟利，但更重要的是为拓展生存空间。如前所述，在社会下层通过从事黄赌毒行当、垄断苦脏累行业以及其他非法营生，固然使帮会组织获得了巨额财富，但也引起社会各界的不满和强烈反对。华界与租界当局迫于压力，不得不采取措施，例如，取缔烟馆、限制妓院、禁止开赌等，在社会下层的生存空间被逐渐挤压的情形下，帮会不得不向社会中层

---

① 裴宜理：《上海罢工：中国工人政治研究》，商务印书馆，2018，第271页。

寻求生存空间。经营正当行业以及获取社会认同，成为城市型帮会经营娱乐业的动因。20 世纪 20 年代初，帮会大量进军娱乐业，涉及游乐场、歌舞厅、电影院、书场等多个行业。可以这样讲，"在上海娱乐行业所属的各种娱乐企业的背后，几乎都能够看见大大小小的帮会人员的身影在闪动。毫无疑问，对二三十年代的上海城市娱乐业而言，帮会势力已经到了无孔不入的地步"①。

在 20 世纪上半期，上海滩上著名帮会头子几乎都曾涉足娱乐行业。城市型帮会控制或经营的比较有名的娱乐产业，例如，20 世纪 30 年代闻名上海的四大舞厅：百乐门、仙乐斯、大都会和丽都，其中，仙乐斯舞厅老板谢葆生、丽都舞厅的投资人高鑫宝都是青帮大佬。1931 年，黄金荣盘下大世界后，开"荣记"大世界，生意比黄楚九经营时最热闹的时候还要兴旺，成为上海娱乐业的龙头老大。其他如新光大戏院、维扬大舞台、胜洋影片公司、天蟾舞台、大舞台、恩派亚大戏院等都是帮会经营或者投资的娱乐场所。进军娱乐业是城市型帮会由非法行业向合法行业转型，实现由"黑"向"灰"转变，进而漂"白"的重要过程，但是经营娱乐业很难真正意义改变城市型帮会的"黑社会"本性。通过恐吓胁迫甚至杀人放火的非法手段，来获取竞争优势或者独占利益，是帮会组织的惯用方式，这也是其与一般性经营主体的根本区别。例如，顾竹轩的天蟾舞台开业后异军突起，对面的竞争对手丹桂舞台以重金挖去天蟾舞台艺人常春恒，顾竹轩在用威胁手段没有劝回常春恒情形下，直接派人将其击毙于丹桂舞台门口。②

二是涉足工商业。上海开埠以后，近代工商业从无到有，从小到大，日趋繁荣，交通运输也随之快速发展起来。近代工商业的快速发展为城市社会中层带来了大量的就业机会。城市型秘密社会要在社会中层获得生存空间，需要涉足近代工商业，在城市社会主流生存渠道中获取组织资源。

---

① 楼嘉军：《1930—1939 上海城市娱乐研究》，文汇出版社，2008，第 224 页。
② 王德林：《顾竹轩在闸北发迹和开设天蟾舞台》，载中国人民政治协商会议上海市委员会、文史资料委员会：《旧上海的帮会》，上海人民出版社，1986，第 357-359 页。

帮会组织起自社会下层，成员的技术能力与文化层次不足以经营近代产业，早期的大多数帮派是通过吸收门徒或者控制工人组织，来涉足工商业的。例如，黄金荣收了许多徒弟，其中有许多工商业主，包括新光内衣厂老板傅良骏、正泰橡胶厂老板郑仁业、渔业公司经理黄振世、新华影片公司经理张善琨，等等。这些工商业主出于帮会的压迫威胁或者自主寻求保护等原因加入青帮。由此，黄金荣的青帮势力在工商业界产生了一定的影响力。帮会还通过控制工人组织，插足劳资纠纷，以获取自身利益。近代许多工人组织被帮会势力控制。例如，在20世纪20年代初，上海招商局五码头职工会主席俞仙亭是杜月笙的门生，上海码头业工会的主席是"大"字辈常玉清。民初其他一些新的工人组织，如"中华民国工党""制造工人同盟会"等，都仍保有浓厚的帮会色彩。

南京国民政府成立后，以杜月笙为首的青帮势力在租界和华界当局的庇护下，全面进军工商业，城市型帮会直接投资近代工商业，形成了一批帮会经营的近代工商企业。1928年杜月笙筹备成立浦东商业银行，次年集资成立中汇银行，以此为起点，青帮势力涉足金融证券业。此后，青帮势力在上海工商业的影响力不断增强。20世纪30年代，杜月笙、张啸林、金廷荪等帮会大亨投资或者控股的企业有上海华丰面粉厂、大慎苏记木行、中国通商银行、霖记木行、长城唱片公司、大达轮船公司、上海清油灯公司、上海渔市场股份有限公司、上海面粉交易所等。

城市型帮会以非法所得投资近代工商业，这是一种社会进步，上海工商业界以及社会中层也乐意降低标准予以接纳。部分工商业主，包括一些中层社会群体，为了应付军阀、官僚、流氓的欺压勒索，也愿意投靠帮会势力以求得生存和发展。但是，城市型帮会经营的企业毕竟不同于一般的近代企业，"在青帮首领主持的企业实业中仍然保留着某种帮会的特色"，例如，杜月笙的中汇银行的经营重点是"收付烟、赌两项的大量游资和押款"，杜月笙入主的大达轮船公司利用各地青帮势力来维护苏北航线安全。[1]

---

[1] 周育民、邵雍：《中国帮会史》，武汉大学出版社，2012，第497页。

3. 跻身社会上层

在社会上层获取庇护是城市型秘密社会谋求在城市生活中合法性存在的重要途径。立足社会下层，使城市型帮会获取了大量的"黑色"或"灰色"收入；拓展社会中层，以获取的不法收入投资于近代娱乐业和工商业，使城市型帮会开拓了生存的空间。但是，仅仅如此显然不够，秘密社会毕竟是游离于社会主流之外的亚社会群体，如果没有得到社会上层的认同，其在城市相对狭小的生存空间中始终会面临被挤压危机。为此，城市型秘密社会积极向社会上层进行渗透，以获取更多资源和保障。

城市型帮会的快速膨胀离不开社会上层的庇护。杜月笙势力能够在20世纪30年代迅速崛起，并替代了黄金荣势力，成为近代上海的"闻人"，在于杜月笙能审时度势，在社会上层构建庞大的关系网络。而黄金荣"网罗小政客和小商人"，关注的是社会的中下层，而不注重发展社会上层，因此"鉴于杜月笙和黄金荣的明显不同的阶层构成状况，在20世纪30年代，与杜月笙相比，黄金荣的权力显著下降，在上海青帮权力结构中日益边缘化"[1]。

青帮势力跻身上层社会主要通过结交政府高层、参与地方事务来实现。通过跻身上层社会，城市型帮会在近代城市的生存得到地方当局和实力派的庇护，而且获得许多实际利益。例如，南京国民政府成立后，迫于国民压力，宣布禁烟，各省厉行禁绝鸦片，这对靠毒品贸易起家的城市型帮会而言无疑是场灾难。但是，杜月笙通过与国民党高层的关系，不仅成为全国禁烟委员、上海市禁烟委员会常务委员，而且将青帮骨干金廷荪、顾嘉棠、汪少丞、芮庆堂等弄进江苏禁烟局担任要职。这期间，三鑫公司不仅原有业务不受影响，而且规模更大。[2] 再譬如，1932年后南京国民政府计划控制上海渔市，杜月笙以实业部江浙渔业改进委员会主任的名义参与筹建中心渔市工作，并成为上海渔管理理事会的理事长，从而控制了上海的渔业。20世纪30年代中期五大渔行的老板都是杜月笙恒社成员。[3]

---

① 邵雍：《中国近代秘密社会研究》，上海书店出版社，2016，第67页。
② 邵雍：《中国近代贩毒史》，上海社会科学院出版社，2017，第99页。
③ 布赖恩·马丁：《上海青帮》，周育民等译，上海三联书店，2002，第226-227页。

第四章　近代秘密社会内外交往模式的嬗变

社会交往对组织的生存与发展至关重要。秘密社会属于社会组织范畴。秘密社会的交往是在一定社会环境下，秘密帮会或者教门组织及其成员为获取组织资源，通过直接或间接的方式，在组织内外开展的互动交流活动。秘密社会的交往对明晰组织边界、获取组织资源、凝聚组织力量以及拓展组织生存空间具有重要意义。近代社会变迁引发秘密社会生存环境的变化，并由此使得其交往主体、交往空间、交往内容以及交往手段出现相应的适应调整。近代秘密社会交往和具体交往模式的嬗变与近代社会转型相契合，体现出内外交往的调适对拓展其生存与发展空间的意义。

第一节　传统秘密社会的交往与交往模式

按照互酬原则，任何社会群体都需要通过与周边环境的交往完成物质和精神的交互。社会交往对秘密社会获取生存资源、保障组织生存与发展至关重要。秘密社会的交往包括秘密社会与主流社会的交往、秘密社会不同组织间的交往、秘密社会内部不同帮派或者教派间的交往、秘密社会内部成员的交往等多种形式。秘密社会的交往模式是秘密社会在长期的交往互动实践中逐渐形成的过程范式，是秘密社会实现内外沟通的基本途径。

一、社会交往与秘密社会组织的生存

社会交往也称社会互动，是人类社会生活的现实内容，是一种普遍的

社会现象。尽管，关于社会交往的定义，不同学科或者同一学科的不同学者都有不同的见解，但是其基本内涵大致相通。① 社会交往其实是社会关系主体的互动交流活动。从社会活动的水平与层次而言，社会关系主体包括微观的个人、中观的组织或者集团、宏观的国家或者民族，社会交往定义可以基于不同层级的关系形态进行描述。社会组织的交往属于微观、中观层面社会关系主体的交往。社会组织交往可以定义为：在一定的历史条件下，为实现预期目标的组织或者组织成员的双向互动的实践交流活动。

　　秘密社会的交往与一般社会组织的交往具有相同特征，同时在交往主体、交往内容等方面也具有自身的特点。首先，就交往主体而言，社会组织交往包括组织成员间的交往、成员与组织间的交往、组织与组织间的交往，交往既有微观层面的直接交往，也有中观层面的间接交往。秘密社会具有隐秘性，其组织成员受到"上不告父母，下不告妻儿"的组织规定的约束，成员交往通常限于组织内部或者组织的不同派别之间。组织成员代表秘密社会组织集体与社会其他组织与成员的交往活动，属于组织间的交往。其次，就社会交往内容而言，社会交往是在社会交往活动过程中，交往主体与客体之间在心理和行为上的关系体现，包括彼此间的物质交换与精神交流。对于一般性社会组织而言，社会交往内容更多的是偏向沟通，即交往双方在思想、观念以及情感等精神层面的交流，以寻求彼此间的理解与协同。秘密社会的交往，就其动机而言，主要是为了获取财富或者声

---

① 社会交往的内涵，不同的学科可以从不相同的角度、层次来研究。赵俭等著的《社会交往与公共关系》从社会学、心理学和哲学视角概括了学界对社会交往的定义：从社会学而言，社会交往是指个人与个人，个人与团体或团体与团体之间的交互作用、交互影响的方式和过程，即社会"互动说"；从心理学而言，社会交往是个体之间、共同体之间通过交换其活动从而交换其能力和力量的活动过程，即社会"活动说"；从哲学而言，社会交往是在一定的社会关系、人际关系之中进行的，反映了主体和客体的社会规定性的活动，交往的前提是社会角色关系，即社会"关系说"。这些定义虽然各有侧重，各有其理论依据和特点，但是都是基于社会关系而构建的，因此并不是相互对立的，而是一致的。

誉之类的组织资源，因此交往内容偏重"社会报酬"的交换。①

社会交往是社会生活的基本纽带。社会交往，就个人而言，具有自我满足、自我认识和自我完善的功能。社会交往对组织的生存与发展至关重要，"对于人际、群际、区际乃至国际的关系来说，社会交往还具有相互沟通、相互作用、相互知觉等方面的功能"②。秘密社会的交往在具备上述功能的同时，还具有以下几个方面的作用。

1. 明晰组织边界

组织边界是组织系统与外部环境分隔开的"界线"。在社会学视角下，组织边界是无形的、不可见的、"模糊"边界。任何组织与所处的环境之间都存在边界，否则就无法辨别组织。组织边界的意义在于，它是"为区分组织与环境而提出的概念，是组织从环境输入所需物质、信息、能量时的过滤器和组织向环境发挥影响的有效控制边界，同时也是组织的核心价值和人员心态上的认可标志"③。秘密社会的交往就是通过与周边环境的交互，明晰相对"模糊"的组织边界，提高组织的辨别度。秘密社会具有"地下"隐秘性特点，社会交往对其明晰组织边界的意义更为重要：一方面，有利于按照组织目标，明确组织以及组织成员的活动，将组织的活动控制在一定的环境范围内，避免可能出现的危及组织生存的行为；另一方面，有利于确认或辨别秘密社会组织及其不同派别的成员资格，判别组织成员对组织的认同或者忠诚度。例如，天地会是非常隐秘的会党组织，组织需要通过与周边交往获取物资和信息，同时也要以各种方式"过滤"和清理组织在输入或者输出环节的危险因素；此外，组织还通过布票、手势、切口等交往载体来识别不同组织，以及同一组织的不同帮派或者教派

---

① 社会交往就其动机而言是能够带来社会报酬的，追求社会报酬是社会交往的基本原则。布劳认为，人们之所以相互交往，是因为他们都会从交往中获益。某些社会交往可能具有内在性报酬，也可能因为不同原因产生报酬，报酬的形式可能是"感激"或者"偿还"。即便是"利他主义者"，他们在"表面的无私之下"通过社会交往寻求"社会赞同"，而"社会赞同"也是一种基本社会报酬形式。（参见彼得·M. 布劳：《社会生活中的交换与权力》，李国武译，商务印书馆，2008，第51~52页。）

② 刘祖云：《社会转型解读》，武汉大学出版社，2005，第322页。

③ 金东日：《组织理论与管理》，天津大学出版社，2016，第216页。

的成员身份，从而使组织体系能够"明晰"地独立于外部环境，规避可能被官府剿灭取缔的风险。

2. 获取组织资源

如前所述，获取组织资源是社会组织生存与发展中必须解决的首要问题，组织交往是组织与环境之间物质、信息、能量的交互过程。按照马克思的社会交往理论，交往要基于一定的历史和现实条件，没有一定的物质基础与现实社会，社会交往就无从发生；人的需要是社会交往的根本原因，而社会交往则是满足人的需要的可靠保障；社会交往具有层次性，经济交往是基础，只有在经济交往的基础上才能发生政治交往和思想沟通。①秘密社会生存与发展最大的制约因素就是资源的匮乏，而抱团互助、获取资源往往也是大多数秘密社会得以存在的基本前提。尽管秘密社会的交往在目标取向上是多维的，但是最重要的目标还是获取组织资源。组织或者组织成员向外沟通的主旨大多是为获取钱财，即通常所说的"敛钱"。秘密社会也会以结交权贵、示好地方、热衷公益等方式寻求组织的合法性存在，但其交往的目标仍然是以正式途径获取组织资源。

3. 凝聚组织力量

组织的凝聚力是指将成员吸引在组织里面的合力。组织凝聚力的大小、强弱，取决于组织与成员、成员间的相互关系状况，取决于组织内部每个成员的心理需要的满足程度。②而组织的内部交往是构建组织内部良好人际关系的重要方式，是凝聚组织力量的重要手段。秘密社会是亚社会群体，属政府打击取缔的对象，因此尤其需要通过加强内部交往，以形成亲密、和谐、融洽的人际关系，维系组织的生存。许多秘密社会是以虚拟血缘关系来架构的组织体系，组织内部往往跨地缘、血缘、业缘关系，更需要通过组织与成员的相互交往以增强信任感和归属感，提升组织的凝聚力。例如，袍哥的"外出拜码头"，如遇到困难求助或者危险求救时，便在茶馆摆下特定的茶碗阵或者暗语手势，召集同帮或同帮不同山头的会众

① 韦克难、沈光明：《社会学概论》，四川人民出版社，2003，第122-123页。
② 张心昊：《现代公共关系学》，警官教育出版社，1993，第24页。

前来相助，身份识别成功以后，按照袍哥的帮规，求助者或者求救者都会得到应有的帮助。帮会正是通过组织与成员的交往活动而逐步凝聚其组织力量。

4. 拓展组织空间

社会组织与其所处的环境之间存在彼此联系、相互制约的互动关系，"每一个组织都是在与社会环境的相互作用中'趋利避害''吐故纳新'，求得与社会环境协调一致地发展"，组织的生存空间以及组织与其他团体和成员的关系构成了组织的外部环境。[①] 按照外部环境的变化，适时调整组织或者组织成员行为，是维系和拓展组织空间的重要策略，而组织交往是其中最重的手段。秘密社会尤其如此，主流社会的某种缺失往往会促成秘密社会生存空间的形成。比如，主流社会缺失对基层社会精神层面的关怀，可能会造成教门的兴盛；缺失对下层民众的物质救助，可能会促进秘密会党的发展。但是，秘密社会的膨胀更多的是因组织通过与外部环境之间交往，拓展其生存空间所致。例如，明朝至清末时期，会馆、公所、商会等组织在地方事务中发挥强大作用，秘密社会通过加强与上述主流社会组织的交往，逐步渗透到地方事务中，并以此来拓展其生存空间；进入民国以后，秘密社会在政治、经济以及社会事务等社会各个领域，加强组织交往，拓展其在近代社会的生存与发展空间，对民国时期基层社会生活产生了重要的影响。

二、秘密社会的交往模式及其主要特点

社会交往模式即社会互动模式，是连结社会交往规范与社会交往实践的中介，是社会交往实践经验的总结与提炼，同时又反过来对社会交往实

---

① 董原：《公共关系学》，中国铁道出版社，2009，第41页。

践具有指导作用。① 社会交往是在一定的情境下进行的，情境不同，社会交往模式不同，社会发展尤其是社会转型，必然引起社会交往模式的重大变革。秘密社会交往模式是基于一定情境下的，秘密社会成员之间、组织之间、成员与组织之间在互动交往过程中形成的过程范式，是秘密社会在内外交往过程中遵循有基本规则。

社会交往情境是社会交往活动所面对的情况或场景，即社会交往中互动各方当时所处的具体条件。② 具体包括交往主体间的相互关系以及交往的过程、时间、地点、场合等。在秘密社会的交往过程中，活动所涉及的交往主体、选择的时间场所、所处的隐秘环境以及所面临的可能风险，构成了特定的交往情境。秘密社会交往模式是基于这些特定的情境而形成与固化的交往程式。社会交往情境往往受整个社会环境的影响，当秘密社会所处的环境发生大的变化时，其特定的交往情境同样会发生变化，其交往模式也会出现相应的嬗变。

1. 交往规则的模仿性

任何的社会交往，就其主体性而言，都包括了工具性的外部条件和主观性的内部条件，其中交往的外部条件就是交往的工具和手段，而交往内部条件就是交往规则。任何主体间的交往必须有规则，规则为一切交往所需，原因就在于"一切交往都是主体间的活动，都要超越主体，超越任何

① 模式即"范型"，通常是可以作为范本、模本、变本的式样。在社会学中，模式是研究自然现象或社会现象的理论图式和解释方案，同时也是一种思想体系和思维方式。在《现代汉语词典》中，模式是"某种事物的标准形式或使人可以照着做的标准样式"；在《说文解字》里"模"和"式"的分别解释都为"法"，即标准、规范。现代学者有认为模式是一种方法或者方式的，也有认为是一种模型与式样的，还有学者认为是过程范畴的。在英语语境中，模式更为接近方法、模型、样板之意。社会交往是一个人对他人采取社会行动和对方作出反应性社会行动的过程，是发生于个人之间、群体之间、个人与群体之间的相互的社会行动的过程。从这个意义而言，社会交往是动态的过程，社会交往模式可以理解为过程范畴，在社会交往活动中是可以参照或重复的过程范型。

② 在社会交往过程，把交往所处的社会经济、政治和文化条件称为交往的社会环境，把交往各方当时所处的具体条件称为交往情境，社会环境与交往情境是主从关系。交往模式既要考虑宏观的社会环境，更要顾及具体的交往情境，即所谓的要"审时度势""入乡随俗"。社会交往情境包括交往主体、客观情境和主观情境三类要素，就组织交往而言，更多的是指交往主体与客观情境的类别要素。探究交往情境下交往模式的变化，主要是考察交往主体与客观情境的变化对交往模式的影响。

交往者特殊的主体性而求得某种共性。只有以共性作为桥梁，才能将不同的特殊性联系起来，使不同的主体在交往中有共同的规则可循，才能通过规则将自己特殊的活动、意义转化为一般的活动和意义"①。不同的社会交往圈，遵循不同交往规则，秘密社会交往也有自己特有的交往规则。但是，秘密社会交往并不是游离于主流社会交往之外的，其交往规则通常遵循一般社会交往规则，换句话说，秘密社会是模仿主流社会建立自己的交往规则的。例如，秘密社会按照社会交往的合理性和有效性原则，模仿一般性社会交往规则，注重交往的公正性，以最大限度体现或者满足不同主体间的利益；注重以确定的规制明晰组织以及组织成员的交往行为；注重交往联系的简便易行以及交往规则的稳定可靠，等等。

2. 交往手段的隐秘性

任何的社会交往不是主体间的"隔空喊话"，而要通过一定的载体进行，借助一定的手段来实现。语言、活动等都是交往的载体或者中介，而社会交往更多可以理解为主体间经由中介实现成果互换或者共享的互动过程。秘密社会交往手段与一般性社会交往手段相比，具有隐秘性。以主体间沟通为例，通常而言，社会沟通的主要方式是言语，但是研究表明，在很多场合下"语言只起了方向性和规定性的作用，只有当口头语言与非语言行为相结合时，才能准确反映话语的真正思想感情"②。秘密社会的沟通尤其如此。秘密社会相对主流社会而言，大多属非法组织，其交往活动是在相对隐秘状态下进行的，因而组织与组织成员的相互沟通，既离不开语言，同时又不能仅依赖语言或者书面文字，出于隐秘需要，还需要借助诸如手势、体姿、表情以及其他非语言的信息沟通手段。除了沟通媒介外，交往活动也是隐秘的，秘密社会的组织和组织成员交往行为以及由此形成的交往成果，都是处于不为外人所知的状态下完成的。

3. 交往范围的封闭性

社会交往程度往往取决于人们的接触机会，而接触机会又与交往范围

---

① 陈新夏：《人的尺度——主体尺度研究》，湖南出版社，1995，第260页。
② 于凤春、刘邦凡：《社会学概论》，中国铁道出版社，2011，第157页。

密切相关。通常而言，交往主体的社会交往如果范围较大，善于广结良缘，那么就会拥有较丰厚的社会资源；反之，如果交往主体的交往范围狭窄，其社会资源就较匮乏。① 因此，扩大交往范围，提升交往程度，有利于促进组织的发展。但是，秘密社会相对特殊。秘密社会的组织活动对既定社会秩序具有很强的破坏性，加之许多秘密社会组织体系并不严密，因此，其交往活动面临诸多不可预测的风险。作为秘密社会的日常组织活动，内外交往是维持组织生存的保障，但是囿于这种不可预测的风险，其交往程度要低于一般性社会组织，表现为其交往活动被主流社会"隔离"或者"排斥"，交往活动的范围也仅限于相对狭窄的范围内。秘密社会交往所涉及的交往空间、人员和内容范围等大多呈现出相对封闭的状态。秘密社会的活动与组织所处的地理位置通常仅限于周边邻近区域；交往对象相对固定，"点对点"交往主要限于组织内部，"点对面"的交往主要限于组织或者组织不同派别之间。当然，交往范围的封闭性是相对的，如果秘密社会的交往仅限于与"自己人"打交道，那么组织也不可能生存与发展。因此，秘密社会总是在保证组织安全的前提下，努力扩大交往范围，以获取更多的组织资源。

4. 交往形式的时段性

交往主体之间"有来有往"的双向活动形成了社会交往实践。社会交往形式是"来"与"往"的动态过程得以进行的方式，在社会生活中，"形式普遍存在丁人与人之间的各种交往活动之中，或者说，在各种交往活动中都可以概括出其交往形式"②。秘密社会的交往形式与一般社会组织类似，都包括直接交往与间接交往两种基本形式，但是其具体的内涵是有很大区别的，特别是在交往形式的时段性特征方面，秘密社会要比一般性社会组织更明显。在合作性的社会交往活动中，秘密社会能够根据社会环境的变化，适时调整交往规则，社会交往的主要形式包括合作、适应、模仿、同化、暗示等，都限于特定的时段内，并且不拘泥于某一固定的形

---

① 杨丹：《人际关系学》，武汉大学出版社，2019，第49页。
② 冯波：《西方古典社会学理论》，中国传媒大学出版社，2016，第243页。

式。这与秘密社会"居安思危"的生存逻辑密切相关。相比于秘密社会，一般性社会组织不会面临被打击或者取缔的风险，其交往活动惯性大，变化小，交往形式也相对固定，时段性不明显。

三、传统秘密社会的交往与交往模式

1. 传统秘密社会的交往

传统的社会交往主要围绕礼法和血缘、地缘、业缘来构筑人际社会情感关系网，社会交往方式"具有明显的社会庇护性，并且突出了家族或宗族的功利性。这种交往格局非常封闭狭小。亲缘关系不外家族、宗族关系，地缘关系不外同乡、邻里关系，业缘关系不过同业、师徒关系而已"[①]。传统秘密社会交往同样也是基于血缘、地缘和业缘的交往，只不过，秘密社会的"血缘"关系主要是"虚拟血缘"关系。因此，传统秘密社会的交往同样要遵循传统社会交往的基本规范。

①讲究礼仪

传统中国社会讲究礼节与仪式，礼尚往来是社会交往普遍遵循的社会行为规范。《礼记》有云："大上贵德，其次务施报。礼尚往来，往而不来，非礼也；来而不往，亦非礼也。"其中，"贵德"是一种理想状态，"施报"是一种务实行为。故此，传统社会鼓励往来施报的交往模式，"故先王因人情以制礼，而所尚在于往来。若往施而不来报，彼则非礼；来施而不往报，此则非礼，均非所以为交际之道也"[②]。传统社会交往中的"礼"既有中观层面上的赠予或报酬，以及实施过程中的活动仪式，也有微观层面的礼貌、礼节，以及致礼过程中的行为言语。秘密社会的交往同样也讲究礼仪，组织内部各式的拜师仪式、结盟仪式以及开立山堂等，其实就是类似一般社会交往礼俗中的"赠予"及其"赠予"的仪式；作为接受"赠予"的成员要以对组织的忠诚和奉献作为"回报"，以体现"礼尚往来"的基本规范。秘密社会的日常交往中，成员之间的交往也保持基本的

---

① 朱英：《辛亥革命与近代中国社会变迁》，华中师范大学出版社，2011，第501页。
② 鄂尔泰、张廷玉等：《日讲〈礼记〉解义（上）》，中国书店，2018，第9-10页。

礼仪，当然在具体形式上有所差别。在传统社会中，秘密社会不同组织或者组织的不同帮派之间，也注重"礼尚往来"，这是组织间交往的既定规则，交往中的"失礼"或者"一言不合"都可能被视为是对对方的轻蔑与戏弄，从而造成相互之间的隔阂甚至敌对。在传统社会中，秘密社会组织及其成员有讲究所谓"面子"的说法，这其实就是对传统社会交往礼仪的尊重。

②崇尚义气

义气即"义"，是传统中国社会生活中遵行的"五常"之一，它与"仁""礼""智""信"一样，都被社会各个阶层奉为相互交往、为人处世的基本信条。"义"的本义是"宜"，所作所为"合宜"即为"义"。"义"的标准是传统社会普遍认同的为人处世的准则或道德要求。"义"又与传统社会推崇的"仁"与"忠"密不可分，"忠君仁义"是传统中国社会重要的道德取向。因此，传统中国的社会交往崇尚义气，交往活动中的"重义轻利""仗义疏财""舍生取义"等行为往往会获得广泛的社会认同，而"见利忘义""损人利己""背义忘恩"等行为往往会遭到社会的普遍唾弃。秘密社会也崇尚义气，尤其是游民群体形成的秘密会党，将"义气"视为内外交往的根本，他们拜关羽，学水浒，形成内外交往秩序。当然，秘密社会的崇尚"义气"与传统主流社会的"义气"还是有区别的：就其内容而言，秘密社会的"义气"更多的是"江湖义气"，这种"义气"往往是对主流社会秩序的"背离"，这与秘密社会的性质是分不开的；就其目标取向而言，秘密社会的"义气"不是纯粹道德层面上的"仁义"，是"双向"的有来有往，"游民讲究'义气'并不是一种单纯的奉献，而是一种投资。虽然它有时候并不要求具体的回报，但希望得到游民群体的认同，能够为他开辟更大的生活空间"，[①] 这显然也符合秘密社会的交往目的。

③注重信誉

信誉就是诚信及其声誉。"信"也是传统中国社会生活中遵行的"五常"之一，"人而无信，不知其可也"，信誉是传统中国社会交往的基本准

---

① 徐光有：《省际结合部：清末捻变再研究》，吉林大学出版社，2018，第53页。

则。传统社会道德所倡导的"诚实无欺""信守诺言""言行相符""表里如一"等道德规范，既是传统社会为人处世的基本要求，也是传统社会公共交往的基本准则。《左传》云："弃信背邻，患孰恤之，无信患作，失援必毙。"[①] 在传统社会的公共交往中，信誉是凝聚组织力量的重要保证。秘密社会的交往活动同样遵循主流社会的规则——讲究信誉。无论是秘密教门还是秘密帮会，在内外交往活动中，都非常忌讳"失信于人"，不仅如此，它们在许多场合更加注重自身的信誉。秘密社会属于亚社会群体组织，生存与发展的资源匮乏，因此，在正常社会交往中，虽然遭到主流社会的隔离或者排斥，但是仍要与其他社会组织保持交往或者沟通，以维持组织的运行。在通常情况下，秘密社会只有讲究诚信，拥有良好声誉，其交往活动才能顺利进行。

2. 传统秘密社会的交往

如果说遵行传统社会交往的基本规范，体现了秘密社会交往的公共性或者共通性，那么秘密社会的交往模式就体现出其作为秘密组织的独特性与隐秘性。影响传统秘密社会交往模式的最重要的因素是交往情境。传统秘密社会大多属于非法组织，随时面临政府的打击，所处的环境异常凶险，因此其交往程式以及情境与一般社会交往存在明显的差异。

①交往的主体

传统秘密社会的交往包括组织间、组织与成员间、成员与成员之间的交往，其中最重要的是内部成员之间的交往。秘密社会内部成员的关系按照虚拟血缘关系分成师徒、兄弟关系。因此，师徒、兄弟之间的交往状况关系到组织内部凝聚力的情况，交往中如果出现不信任或者冲突现象，往往会导致组织结构涣散，危及组织的生存。在以师徒关系为架构的秘密教门中，成员之间的结合依靠的是"信仰"和利益，入教既是相信了传师的"说教"，也是为了"敛财"，但是如果成员之间的交往出现矛盾或者不信任，往往会出现相互攻讦、退出教门或者另立门庭的情况。例如，雍乾年间，山西收元教韩德荣扬言，甲子年为"末劫"，入教者可避"水火刀兵"

---

① 左丘明：《左传（上）》，上海古籍出版社，2016，第180页。

之灾，一时许多人纷纷入教，但到甲子年即乾隆九年（1744 年），并无所言的"末劫"，于是教徒纷纷退教；道光元年（1821 年），青莲教陈畈聚收本县僧侣贺六昌为徒弟，授其坐功运气之术的"金丹大道"以及忏悔经文，声称可延年益寿，但是后来，贺六昌因病不愈，烧毁忏文以及无生老母牌位，退出教门。再比如，一字门教倡立者周添明所收的徒弟大多属原大乘教的信徒；老官斋教姚文宇门下汪长生，后恃才自傲不依师言，另立科规，自立门派长生教。秘密教门信徒间的不和以及教派间的冲突，其实是交往主体间的利益关系所致，"多数情况下，教门间的相互攻讦与其说是出于信仰或教义层面的原因，毋宁说是由于现实利益的冲突与矛盾"①。以兄弟结拜组织起来的秘密会党也是如此。清代天地会组织系统是由若干名目的各色天地会帮派构成的，兄弟之间反目相向，各奔东西或者另立帮派的现象比较常见，这也是其帮派林立、互不统属的重要原因。因此，规范成员间人际交往，以维持组织的凝聚力，是秘密社会的帮规戒律、教规教义中重要的内容。秘密社会组织间的关系主要是基于合作的相互交往，通常是在特定的场景或者需要处理危及生存的重大事件中进行的合作。例如，秘密教门嘉庆初年的五省大暴动、清代两广地区此起彼伏的天地会起义等，都是组织间交往合作的结果。

传统秘密社会与其他社会组织或者群体交往，主要是为了获取资源或者发展成员。但是囿于传统的社会习俗以及落后的交通条件，其交往的主体通常限定在有限的范围内。例如，秘密教门"在乡土社会中的传播与农民的空间移动在相当程度上具有关联，与长途跋涉的远距离移动相较，县际、村际的短距离移动则更为频繁，它是广大农民日常生活中的一部分，关系到农民的交际婚姻、信息传递、物质和精神生活"②。正是通过交往活动，教徒在集市、庙会等农民生活空间中构建了其交往圈，并以此实现"开荒"与"敛钱"的目标。秘密会党的交往范围相对较广，但是通常以一定的地域为限。例如，天地会的范围及活动区域最初主要在福建、粤东

---

① 梁景之：《清代民间宗教与乡土社会》，社会科学文献出版社，2004，第 113 页。
② 宋军：《清代弘阳教研究》，社会科学文献出版社，2002，第 209 页。

及台湾一带，稍后发展至广东全省及江西、广西、贵州、云南及湖南等省。但是天地会并不是一个统一组织，各帮派之间互不统属，每个帮派都有自己相对固定活动区域，其社会交往圈包含了周边农民以及部分绅士。嘉庆年间与玉林天地会组织的交往中就有许多地方士绅，这些地方士绅不仅参加了当地的天地会组织，而且成为骨干或者领导，以至于后来"该地的动乱活动不是由外地流入的会党游勇发动的，而是本地下层士绅发动的"[①]。可见，传统秘密社会组织规模的扩大以及活动能力的增强，与组织的对外交往密不可分，虽然其交往的范围或者主体具有一定的局限性，但对组织生存与发展相当重要。

②交往的场所

传统秘密社会的交往场所大多是在交通便利或者信息通达之地，如茶馆、酒肆、庙观等。虽然秘密社会由于其组织的隐秘性，通常会选择人烟稀少、位置偏僻的荒郊野外或者孤坟野地作为开香堂、做法会等组织内部重大活动的场所；但是，一般的社会交往活动还是会选择在公共场所。秘密教门与秘密会党的交往场所略有不同。

传统秘密教门的主要交往场所是乡村的庙宇与集市。在传统中国社会中，庙宇不仅是乡村基层民众求神拜佛之地，也是乡村社会公共活动的场所。传统社会的庙宇有官方、半官方和民间三种性质，主要以关帝庙、天后宫、药王庙、龙王庙、真君庙等诸多不名目的民间庙宇为主。乡村基层社会组织以庙宇为依托，举办由民众广泛参与的宗教活动，由此逐渐形成规模大小不等的各类庙会；而庙会的宗教性和娱乐性又吸引周边的人员汇聚与商贩集中。因此，庙宇是传统中国社会重要的地方性地理标志，成为基层社会生活信仰与娱乐商业的公共空间。集市是传统中国民间乡村进行生产与生活交易的场所，这是一种原始形态的交易市场。集市的历史悠久，大致汉代以后趋于成熟，"在广大乡村，常常利用庙宇附近、寺院前端、市井中、大桥桥头、河岸边缘，占用城镇空场部位，使四面八方的人

---

① 朱俊强：《秘密社会与社会控制：广西天地会研究（1794—1921）》，广西师范大学出版社，2000，第93页。

们来集市赶集进行货物交易"①。许多乡村设有固定集市，没有集市的乡村则需要"赶集"参与交易，利用庙会的契机作为集市的开市时间在传统社会比较普遍。传统秘密教门与其所处的乡村社会的庙宇以及集市有很深关联，许多教派就是通过主持或者参与庙宇的宗教活动，开展与社会基层民众的交往活动，加深组织成员之间的联络，并以此方式为秘密教门组织获取财物或者吸收成员。

传统秘密会党的主要交往场所是在沿河的码头与茶馆。传统中国社会，由于陆地交通不便，人们大多依靠水运方式解决交通运输的问题，沿江、沿海的码头不仅成为货物进出的主要口岸，也是人们社会交往的重要窗口。传统秘密会党在形成与发展过程中大多保留了"码头"痕迹，帮会切口中的"占码头""抢码头"以及"拜码头"，无不体现出码头在秘密会党交往中的地位。"会党势力固然遍及穷乡僻壤，但其组织枢纽和最活跃的部分，多在城镇，特别是商品经济比较繁荣的水陆码头。这些地方谋生的路子广，五方杂处，混迹其间，呼朋引类，有回旋余地"，所以传统秘密会党组织，尤其是天地会各派，大多繁衍于东南沿海与长江地区。②清中叶以后，沿运河、沿江、沿海的青帮、哥老会等会党组织大多都是依托码头逐步形成以及迅速成长起来的，码头是传统秘密会党的主要交往场所。茶馆以卖茶水为业，唐宋以后逐渐兴旺，到清代茶馆已经是基层社会文化娱乐和休息的综合性场所。但是，传统社会中士绅或者富商通常不会轻易去茶馆，茶馆是平民阶层的乐园或者是帮会势力的领地。传统社会的茶馆贴近社会基层，除了具有休闲娱乐功能外，还是信息汇聚与秘密交易的中心。传统的秘密会党，包括天地会的不同帮派以及后来的哥老会组织，大多将茶馆作为内部联系的据点和成员相互交往的场所。茶馆甚至还可以成为帮派或者成员处理纠纷与了断恩怨的场所。例如，明清江南一带有"吃讲茶"习俗，通过茶馆来处理民间纠纷，许多秘密帮会不仅作为仲

---

① 张驭寰：《中国城池史》，中国友谊出版公司，2015，第266页。
② 陈旭麓：《陈旭麓学术文集》，上海人民出版社，2011，第74页。

裁者从中获得，而且也通过"吃讲茶"解决不同派别或者成员之间的纠纷。① 当然，除了码头与茶馆外，酒店、客栈、浴室以及陆路的旱码头等，也都是秘密会党重要的交往场所。

③交往的手段

传统秘密社会虽然拥有一般社会组织的交往手段与工具，但是出于严格保密的需要，其具体交往手段以及所传递的信息通常是不为外人所知晓的。尤其是以天地会为代表的传统秘密会党，与秘密教门相比更具有反叛性，因此其交往的隐秘性更强，体现为其交往手段更具有神秘性。社会交往的主要手段是言谈举止，但是传统秘密社会交往中的"言谈举止"是以隐语方式来实现的，与一般主流社会交往的"公开"性不同。秘密帮会最擅用各种隐语来相互交往，其隐语包括语言形式的拆字造字、盘问切口和非语言形式的腰凭布票、身姿手势和茶碗阵。

在社会交往中，文字表达是常见的沟通手段。但是，传统秘密社会与主流社会不同，属亚社会组织，加之处于社会底层，成员文化程度较低，因而以文字形式的书面交往比较少，偶尔也有以文字形式来传递信息的情况，但大多比较隐晦，通常不为外人所理解。例如，秘密教门通常会借助"藏头诗"或者"拆字"来隐晦地向信徒或者其他教派的传递信息。譬如，乾隆二十一年（1756年），收元教教首张仁在河南湖县另起"荣华会"，并向周边传教，案发被官府判斩监候。张仁为保命向教门的阎玉和胡二引进传送抄写的"真言""妙法"以及"黑纸合同"，希望通过帮助他们传道敛钱来换取他们对自己的救助。其中"合同"上书有"十门有道一口传，十人共事一字担，十口合同西江月，开弓箭射到长安"，即是拆字暗

---

① 传统社会的"吃讲茶"主要是在江南地区。民间发生纠纷，双方各执己见，互不相让，但又不愿打官司，于是约好茶馆，请出双方公认的仲裁人，根据事理和社会公德标准，劝解调停。仲裁人通常由有威望的人担任，时间长了，仲裁人往往被帮会势力或者其他黑恶势力所垄断，并以此作为牟利的工具。如果争端双方各自请出后台，帮派体系不一样，往往会引发流氓械斗。帮会内部的纷争，也选择"吃讲茶"的方式，通过在茶馆调解、谈判来解决。因此，鱼龙混杂、藏污纳垢的茶馆往往也是最适宜秘密会党交往的场所。近代以后，尤其是清末民初以后，由于"吃讲茶"容易引发基层社会的冲突，政府严禁民间再行"讲茶"。（参见张顺义：《中华茶道（3）》，线装书局，2016，第502页。）

语，后成为收元教口传"十门有道"咒语，其中隐含周、李、胡、张四姓，也就是当时的收元教几位教主。[1] 类似的拆字或者"藏头诗"在教门中比较常见，从教门传承、内部联络到教义传授，各种隐晦复杂的口头或者书面交流的方式，不仅令外人费解，难窥其奥，即便是教门内部时间长了对其的解释也众说纷纭，莫衷一是。而秘密帮会则会通过"造字"或者画"符"来向成员或者其他帮派传递信息。譬如，天地会就造了许多字，"靝"由"青""氣"二字合成，即"天"字，"地"字由"黑""氣"二字合成。许多字的部首，如"虎""霓""氵""共""穴""氣""立"等都有所寓意。天地会所造的字只有组织内部知晓，而且还会根据保密情况适时更新。天地会的"秘密用字包含了减法、加法、替代法及各法的综合运用，再加上秘而不宣的活动内容，外人很难从见到的一些似字非字的现象去推想、了解它的秘密"[2]。

在交往过程中，秘密社会成员之间常以江湖隐语即"黑话"来表达或指称事物，以防止泄密。例如，秘密教门常用的"开荒布道""抱合同""点玄关"，天地会的"红花亭""红单""新丁"，哥老会的"挂牌""硬摆功夫""抄家"，等等，都属此类江湖隐语。江湖隐语可以分成谐音类、典故类、形象类、喻义类、代用类、白话类和诗词类七种类别，[3] 内容涉及秘密社会特别是秘密帮会内外交往的各个领域，成为组织成员区别于一般社会成员的重要标识。例如，在天地会系统中，成员之间的交往需要通过专门的盘问程序，以辨别是否有"空子"渗透，在天地会的《会簿》中有组织内部的"盘问"口诀，包括"盘问兄弟""路上盘问""盘问包袱""盘问房屋""盘问烟铜"等。在交往活动中，问答只有合乎《会簿》口

① 王兆祥：《白莲教探奥》，陕西人民教育出版社，1993，第 70 页。
② 陆锡兴：《汉字民俗史》，商务印书馆，2019，第 269-270 页。
③ 刘延武：《中国江湖隐语辞典》，中国社会科学出版社，2003，第 4-6 页。

诀，方可得到对方的认同。①

传统秘密帮会常用的腰凭布票、身姿手势和茶碗阵等也属秘密社会非语言形式的隐语。

腰凭布票是秘密会党成员相互识别或者联络的凭证。早期天地会组织规模不大，成员之间的联络方式并不复杂，帮派之间或者成员之间通过传帖来相互传递信息。成员之间在交往过程中的身份识别凭据主要是经过特殊处理的铜钱、令旗、纸扇等物品。例如，嘉庆年间，江亚奴"在建阳地方结拜，改名平头会，分给各人涂抹朱粉铜钱一个，作为入会凭据"②，汀州朱德辉建添地会，添地会"奉禁甚严"改名江湖串子会，会内"分给各人半边钱一个，红布一块，布上盖用'辉记'图章，以作会内记认"③。嘉道以后，成员的腰凭布票相对趋于正式，对腰凭布票的规格、内容、版式以及用途都进行了规范。④ 但是，由于传统秘密会党所处环境非常险恶，腰凭布票所载的内容在被帮众熟记以后，其实物形态往往被销毁。因此，在一般的组织成员交往中，需要配合切口以及身姿手势或者茶碗阵等手段，来识别成员身份。当然，除了天地会系统，其他会党组织也有各自的标识，以方便内部的交往。例如，雍正年间的山东"车会"，会众在车上

① 嘉庆年间查获的广西东兰州天地会成员姚大羔所藏《会簿》记载了天地会的大量隐语，其中"盘问"一节尤其详尽。譬如，"路上盘问"节谓："遇路上有人画一个圈仔在路上，圈内放有草一根，即将他一根草折断三节，三节又断九节，排成一个洪字，踏在圈内过。他说尔然何踏破我的圈仔？答曰：我本是圈内人，就要圈内过。不然将诗二句念出：天本在其中，出头心尽忠。又有人在路上画一个圈仔，有一条手巾，或横或直。若放直者，将他手巾扯断两节，放在圈内。若放横者，亦将他手巾扯断三节，放在圈内，俱要圈内过。他说尔何必踏破我的圈仔？答曰：不是恶蛇不拦路。又有人路上画一个圈仔，放一张刀在内，说亦要踏在他圈内过。可说单刀我不怕，双刀我就行。他就丢放两张刀来。答曰：斩尽天邪尽服明。"帮内会众都需要熟记，以便交往中相互识别。

② 中国人民大学清史研究所、中国第一历史档案馆：《天地会（6）》，中国人民大学出版社，1987，第225页。

③ 中国人民大学清史研究所、中国第一历史档案馆：《天地会（6）》，中国人民大学出版社，1987，第181页。

④ 《海底》记载："腰凭"或称"八卦"，又称"罗汉图"，多用布帛之类印制，其颜色有白、赤、黄等数种，按照会员在会中之执事地位如何，而使用何种颜色。"票布"则多用白布以靛青印制，载"山""堂""香""水"等简单文字，不若"罗汉图"等之繁复也。此类凭证，系由"山主"发给"新丁贵人"，以为信守，新丁贵人挈领此类凭证，俗称之为"领凭"。（参见李子峰，《海底》，河北人民出版社，1990，第85页。）

标插雉尾或者悬挂碎玲为记，以便相望而识；乾隆年间福建、广东一带的"小刀会"则以携带牛角柄小刀为暗记；上海奉贤"猛将会"以大指上所带银斑子为记，指外镌刻"忍耐"，指内刻姓名；福建的"铁尺会"用印有"受命于天、既寿永倡"篆文的札符作为联络标识。①

身姿手势是秘密会党利用特有的肢体语言来传递信息或者表明身份的交往手段。手势或者手语是天地会最早使用的交往方式，手势配合服饰或者物品是天地会最常见的联络方式。例如，上述的江哑奴平头会，照传天地会的"开口不离本，出手不离三""发辫盘在头上，辫尾垂落右边，胸前衣扣解开"作为暗号；② 道光年间的广东三点"传授开口不离本，起手不离三歌诀，如有人问姓名，答云本姓某改姓洪，接递物件止用三指，每日上午发辫自右盘左，下午自左盘右，胸前钮扣解开两颗折入襟内，以为同会暗号，同会之人遇事互相帮助"③。《海底》谓，手势为"洪门"的两"灵魂"之一，其功能更在隐语之上，许多帮会成员有可能并不熟记隐语、口诀，但是定能熟练手势。例如，乾隆五十三年（1788 年）的天地会案，"查获的共四十六人，有记得歌诀及木立斗世字样者，有记忆不全者。至三指按胸，大指为天，小指为地，吃烟吃茶俱以三指接递等手势，则人人皆知，俱历历供认不讳"④。手势辅之以身体动作还可以作为成员交往的礼仪。例如，天地会以及哥老会的"拉拐子礼"，通过不同行礼方式表明成员的身份或地位。当然，"这些带有暗号性质的礼仪，不是明代行礼方式，更非清代礼节，而是从戏曲中的武将行礼的舞蹈动作中加以改造而形成的"，尽管行礼方式复杂，不易被人掌握，但是对于帮会识别身份却是十分有用。⑤

---

① 刘子扬：《清代秘密会党档案史料概述》，载中国会党史研究会：《会党史研究》，学林出版社，1987，第 210-325 页。

② 中国人民大学清史研究所、中国第一历史档案馆：《天地会（6）》，中国人民大学出版社，1987，第 225 页。

③ 中国人民大学清史研究所、中国第一历史档案馆：《天地会（6）》，中国人民大学出版社，1987，第 238 页。

④ 中国人民大学清史研究所、中国第一历史档案馆：《天地会（1）》，中国人民大学出版社，1987，第 121 页。

⑤ 王学泰：《中国游民》，上海远东出版社，2012，第 112 页。

茶碗阵也是天地会用于成员交往的重要手段。天地会早期的茶碗阵并不复杂。茶碗阵并非都是茶，也有酒，通常摆简单茶酒阵，配相应的誓词，以识别成员和表达义气。据天地会的《会簿》载，仅单杯茶有"领教茶""忠心茶""五祖茶""香炉茶"等不同名目，递茶的手势也暗含玄机。多杯茶的不同摆法，表达不同的含义。例如，六杯，纵向分成两列，"此六杯茶酒，将脚下两杯移发脚相成天字，可饮"，而横向分成两排，"此六杯茶酒，将中二杯一杯移上，一杯移下，相成中可饮"；七杯可以摆成七杯茶酒，吟诗"天星朗朗，乾坤一统"二句即可饮；八杯组合成八仙之茶酒，需要吟诗"木到春来尽生牙（芽），八仙美女插金花。公主奇（骑）马路上过，松柏林中是我家"。[①] 后来的哥老会仿天地会的做法，形成"一龙阵""双龙阵""桃园阵""生克阵""六国阵""宝剑阵""梅花阵""梁山阵"等各式阵法。[②]

第二节 近代秘密社会的交往与交往模式

近代社会变迁使得社会交往与交往模式发生了变化，这种变化同样对秘密社会的交往活动产生深刻影响。

一、近代社会交往与交往模式

在近代中国社会，社会交往关系日趋复杂。交往环境的变迁使得血缘、地缘和业缘等传统的交往关系呈现新的特征，交往模式也因为交往空间与交

---

① 中国人民大学清史研究所、中国第一历史档案馆：《天地会（1）》，中国人民大学出版社，1987，第28页。

② 哥老会的"茶阵"相对复杂些，传递的信息更加丰富。《海底》设有"茶阵"专章，并配有"饮茶总诗"谓："清"朝天下转明朝，"莲"盟结拜把兵招，"心"中要把清朝灭，"茶"出奸臣定不饶。可见"茶阵"主要用于加强成员联络以及招募成员。作为一种交往手段，《海底》中的茶阵大致可以分为"斗法"和"应答"两类："斗法"摆出阵式让对方破解，能破者为好汉；"应答"摆出阵式让对方应对。后者比较普遍用于成员之间的应酬、求助或者求救，如《海底》中的"单鞭阵"就是求救阵法。

往手段的变化出现嬗变，社会交往出现新旧并存、城乡迥异的特点。

1. 社会交往环境

近代社会生活是社会交往的现实背景或者平台。在西方外力强行嵌入的背景下，近代中国社会以被动的方式，逐步拉开社会转型的序幕。在近代社会变迁中，一方面，西方文化伴随物质文明，借助强权逐步侵蚀中国传统社会，另一方面，中国传统文化依托原有的社会基础，在社会生活领域顽强坚守既有的社会准则。社会交往不仅反映出近代社会变迁的轨迹，而且本身就成为社会变迁的重要内容。整个社会领域，包括政治、经济、文化诸多方面，充满了传统与近代之间的冲突与交融，突显出社会交往环境的深刻变化。

一是相对宽松的政治环境，扩大了交往空间。传统中国的社会交往受到政治环境的制约，尤其是结社活动会受到官府严格控制，个人与社会交往活动在政治上缺乏支撑。步入近代社会以后，随着社会政治环境日趋宽松，社会交往空间逐步扩大。晚清及民国历届政府，都将交往自由作为其彰显政治开明的重要标志，而对民间结社活动的态度也由传统的"限制"逐步走向近代的放开。① 社会交往范围和空间不断扩大，从亲戚交往、同乡联谊、兴趣娱乐到经济往来、政治诉求、信仰追求……社会成员广泛交往，各种社会组织，包括社团与党派，相互交往。近代社会变迁和其引起的社会交往的开放性，以及社会交往空间的扩大，为近代秘密社会的发展提供了绝佳的时机。

二是日益频繁的经济活动，拓展了交往渠道。传统社会的交往就其交往渠道而言包括血缘、地缘与业缘关系，其中主要以血缘关系为基础，其

① 传统中国的民间结社活动历史悠久，但是在法律上得到认可和规范是在晚清时期。清光绪三十四年（1908年）宪政编查馆会同民政部编撰和颁布的《结社集会律》，开启了中国立法规范结社之先河。虽然，该会律对于结社与结合等社会交往，是"限制"或者"管制"，多方予以束缚，但是，就社会交往环境而言，已较近代以前大为改观。民国初期的北京政府按照《中华民国临时约法》规定，也制定了针对民间结社集会的各项法律制度，但其基本内容大体沿袭了晚清时期的《结社集会律》。到南京国民政府时期，相对完备的关于结社和社团的法律制度体系已经基本形成。可见，近代社会交往具备相对于传统社会的更为宽松的制度环境。当然，秘密结社在法律层面都是不被允许的，但是如果其以合法组织形式存在的话，其生存空间相对于传统社会而言，显然得到了扩大。

交往渠道较窄。在传统中国乡村,社会成员往往聚族而居,形成地域上的血缘共同体,因而"在稳定的社会中,地缘不过是血缘的投影""血缘和地缘的合一是社区的原始状态"[1]。但是,步入近代社会以后,社会经济交往逐渐成为社会生活的主题,频繁的经济活动在促进交往主体间互利互惠的同时,其社会交往渠道得到了拓展。由近代社会分工形成的业缘关系逐渐成为社会生活的主要交往渠道。

三是日趋多元的文化交融,改变了交往规则。受西学东渐的影响,近代的"契约精神"逐渐渗透到社会生活的多个领域。传统中国社会的交往主要限于"熟人"关系,交往活动中的情感因素往往是"熟人"交往的基础。步入近代社会,"契约"关系逐渐取代了传统的"熟人"关系,成为主要社会交往尤其是经济交往活动的主流。虽然基于"契约"的交往缺乏传统的"情感型"交往的"温情",但是"这种冷冰冰的模式化社会交往关系,对应付复杂多变的近代经济活动来说,特别是当人们彼此间的利益越来越密切相关时,是十分必要的。它的广泛运用,成为近代社会各种经济活动顺利进行的前提与保障"[2]。

按照哈贝马斯的社会交往理论,在一定方式下,"交往参与者所属的生活世界始终是现实的,但是只是这种生活世界构成了一种现实的活动的背景。交往行动者总是在他们的生活世界的视野内运动",生活世界的变化必然波及交往活动。[3] 近代社会生活变迁在政治、经济和文化等领域改变了社会交往的环境,同样也使得秘密社会在交往空间、渠道以及规则等方面都发生相应的变化。

2. 社会交往关系

如前所述,传统社会的交往,就其交往渠道而言,主要是基于血缘、地缘与业缘关系,以血缘关系为主。近代社会虽然仍保留传统社会交往关系,但是,三者关系发生了变化。一是血缘关系仍然是社会生活中不可或

---

① 费孝通:《乡土中国》,天地出版社,2020,第114页。
② 乐正:《近代上海人社会心态》,上海人民出版社,1991,第93页。
③ 王淼:《现代性悖论研究》,吉林人民出版社,2017,第199页。

缺的交往关系，但是，由于近代社会生活内容的变化，其重要性逐渐降低；二是地缘关系具有长期稳固性，具备促进成员和睦相处和互利互助的功能，在近代社会中仍有重要的意义，但是需要与业缘关系相互配合才具有交往意义；三是基于作为从事相同或相近职业的业绩关系而建立起的社会交往关系，其较前两者而言更具开放性，是近代社会生活中主要的交往关系。近代社会交往最大的变化就是近代业缘关系成为主要的交往关系。

传统社会也存在业缘关系，它是基于广泛而细致的社会分工所形成的社会人际关系，是社会成员在社会生活中除血缘和地缘之外，另一重要的交往的途径。近代社会的业缘关系随着近代社会的变迁渗透到社会生活的各个领域，包括同学同年之谊、师生师徒之情、同业同僚之缘、朋友同志之道。①当然近代业缘关系并不单纯基于社会分工，其中也包含了血缘与地缘的因素。近代社会业缘组织及其交往活动构成了社会生活中最为重要的内容。近代中国社会交往中最重的业缘性组织包括会馆、公所、公会、商会等。

会馆与公所都属传统型的社会组织。会馆是传统社会中基于地缘和业缘关系构建的社会组织。近代社会延续了传统的会馆组织，但其地缘性已经超过其业缘性，许多会馆成员的构成已经不拘泥于某个特定行业；公所是传统社会中的行业性组织，是典型的业缘组织，在同业之间避免竞争、互助联络等方面发挥功能。在近代社会，公所是维护同业之间利益的重要社会组织。

公会和商会都是近代新型的业缘组织。近代的公会大多建立于晚清时期。清末民初，公会纷纷改为同业公会，公会组织也不再局限于工商业，包括律师公会、梨园公会、教师公会等不同行业的业缘组织。近代公会为近代工商业抵制外国资本主义经济势力的入侵，以及促进业缘交往发挥了重要作用。商会是近代更大范围的业缘性组织，它已经不局限于具体行业。与其他业缘性组织重视联系同乡、同业的感情及增进情谊不同，"近代商会也重视商人感情的联络，但其重视的是'联络群情'，是联系商人

---

① 侯建强、梁慧丽：《历史学视角下的中国近代社会发展研究》，九州出版社，2019，第200-201页。

整体的感情"①。

当然，业缘关系不仅局限于上述几类，在近代社会生活中，还存在基于政治理想、宗教信仰、兴趣爱好等各类主旨形成的业缘关系。近代社会关系的变迁，尤其是业缘关系的普及，为近代秘密社会融入社会经济与日常生活带来的契机。近代秘密社会在虚拟血缘关系的基础上，将地缘关系融入业缘关系，形成了带有地域性的秘密帮会或秘密教门组织。

3. 社会交往模式

社会交往环境与交往关系的变化对社会交往模式产生影响。近代社会的交往空间、交往形式、交往礼仪以及交往手段也都由此发生变化。

一是交往空间的多元化。传统社会的交往空间主要局限在乡土村落或者城镇邻里之间，交往场所通常在集镇、庙宇、茶馆等相对固定的地方。步入近代社会以后，人们的生活方式丰富多彩，业缘关系逐渐成为社会交往的主要渠道。业缘性社会组织的各式交往活动，如慈善、联谊、庆典、舞会等，以及快速发展起来的公共场所如舞厅、戏院、餐厅、图书馆等和配套服务业，使得近代社会交往的空间得到拓展，也更加多元化。近代秘密社会交往也因此获得了足够的回旋余地。

二是交往形式的多样化。传统社会的交往形式主要是"点对点"的交往，交往形式单一。步入近代社会以后，近代交通与通信业逐步发展起来，社会交往形式也因此出现了变化，"点对面"以及"面对点"的交往形式逐渐发展起来。例如，通过报刊载体，组织或者个人不仅可以多渠道获取交往信息，而且可以面向社会，发布或传递交往信息。交往形式的多样化为近代秘密社会，尤其是城市型帮会扩大组织规模以及社会影响力带来了契机。

三是交往礼仪的简约化。传统社会的交往注重等级观念，交往礼仪比较繁琐，不同等级、不同职业之间的社会群体交往较少。步入近代社会以后，传统的社会等级制度逐渐消解，社会阶层流动加快，加之西方文明的

----

① 常国良：《商人与近代商业教育》，黑龙江大学出版社，2018，第139页。

输入，社会交往的礼仪出现了变化。繁琐的体现等级观念的社会称谓和礼仪逐步被淘汰，取而代之的是带有中本合璧意味的社交礼节，例如，民初以后流行的诸如先生、太太、女士、小姐称谓，以及脱帽、鞠躬、握手等礼仪。近代秘密社会简化各种繁琐的仪式，其实也是为适应近代交往礼仪的变迁。

四是交往手段的便捷化。社会交往最主要的工具和手段是语言，书面交往是语言工具的延伸。传统社会交往囿于交往主体的文化水平以及通信手段，其交往的手段主要是面对面的"语言交流"。近代社会的发展，使得社会交往中面对面的"语言交流"不再不可替代，而是出现了各种交往手段或载体，其中最重的是依托近代邮政业的通信手段。近代邮政业"不仅使人与人之间的交往更为平常，而且它也打破了传统社会各系统的交往局限，使整个社会的广泛交往成为一种可能"①。同样，秘密社会也能够利用近代的通信手段，在保持其隐秘性的前提下，扩大交往的规模和范围。

二、近代秘密社会的内外交往

近代秘密社会依附于主流社会而存在与发展，其交往关系、交往空间、交往内容和交往手段既包含了主流社会交往的基本要素与特点，同时也有秘密社会交往自身的特征。

1. 交往关系

近代秘密社会的交往关系同样包括了血缘、地缘和业缘关系，当然其血缘关系是兄弟结拜、师徒相传所形成的虚拟血缘关系。

血缘关系是传统社会最基本的交往关系。秘密社会的血缘关系是模拟传统宗法体系而构建的虚拟血缘关系。近代秘密社会，无论是秘密帮会还是秘密教门，这种基于兄弟结拜与师徒相传关系的虚拟血亲仍然是组织凝聚的基本前提。近代以来各式组织体系或者模式，都没能替代虚拟血缘关系而成为秘密社会成员之间的联结纽带。但是，随着近代社会生活的多样化发展，血缘关系已经不再成为社会交往的主流关系，尤其是在近代城

---

① 田明：《邮政发展与中国近代社会交往方式的转型刍议》，《民国研究》2013 年第 1 期。

市，"市场经济的发展和社会生活的商品化，冲破了封闭的血缘和地缘关系占主流地位的人际关系，开放的社会关系成为市民关系的联系方式"，①社会参与和社会融合成为社会交往的重要理念。秘密社会也是如此，组织或者成员在社会交往中逐渐淡化了传统的血缘关系。例如，近代的青帮组织中，不仅出现了"爬香头""藐视前人"的现象，而且跨帮派之间的交往活动也逐步增多，甚至出现不同辈分的成员之间相互结拜成"兄弟"的情形。由此可见，虚拟血缘关系在秘密社会交往中，其重要性大不如前。事实上，青帮在招生门徒时，虽然也讲师徒关系，但是已经很少再开香堂，往往只是通过递"门生帖"建立名义上的师徒关系，成员间除了逢年过节或者活动庆典时偶有交集外，主要的社会交往通常不再基于结拜兄弟或师徒关系。

地缘关系是秘密社会基于地理条件、生活环境等因素构建的组织与成员的交往关系。地缘关系使在异地的同乡具有天然亲近感，有利于促进成员彼此间的交往和互助。传统秘密社会，无论是天地会各个派别，还是教门的不同教派，其活动大多局限于特定区域，体现出地缘关系的特点。近代社会转型发展，人口流动加快，对于漂泊在外的社会群体而言，邻里乡党的地缘关系极易成为相互交往的动因，因此传统的地缘关系在近代社会交往中得到重视。同样，地缘关系也是近代秘密社会成员相识交往与互相提携的推手，是组织内部重要的交往关系。例如，近代上海的帮派组织林立，其中许多类似徽帮、宁波帮、湖北帮等地缘性的帮派，即便相对开放的青帮组织，内部交往也大多基于地缘关系。顾竹轩的青帮组织控制门徒过万，但他"开设的黄包车行只招聘苏北人，所收门徒也全是江北来的，门徒中尽管有低级的文职官吏、小军官、一般警察、各种商贩等，但人数最多的，还是人力车行的行主及众多的人力车夫"②，因此，其内部成员之间的交往主要基于盐阜籍同乡关系。

---

① 郭彦军：《近代上海社团发展及其社会管理意义研究》，上海交通大学出版社，2017，第213页。

② 苏智良：《上海黑帮》，上海辞书出版社，2010，第104页。

业缘关系是近代秘密社会为适应近代职业或行业的活动需要而结成的交往关系。虽然近代秘密社会的交往仍然保持以往的血缘与地缘关系，但是与地缘、血缘相结合的业缘关系成为交往关系的主流，而这与近代社会变迁所引发的秘密社会生存环境的变化密不可分。近代秘密社会交往的业缘关系包括组织成员之间、组织之间、组织与主流社会组织之间的交往，具体的类型大致可以分成三个。

一是同业关系。同业关系是指在同一行业内的社会交往关系。近代秘密社会组织成员，除了少数教门组织有专事传教的信徒外，大多成员有其他职业身份，同业关系也是组织及其成员重要的交往关系。尤其是城市型帮会组织，其主要成员来自社会底层，他们大多有自己的职业，诸如工厂的工人、码头的苦力、车行的车夫，等等。他们的许多交往活动也仅限于同业关系，以求得庇护或者帮助。上述的顾竹轩的青帮组织，其内部交往关系其实也属同业关系。

二是同事关系。基于共同目的一起工作而结成的社会关系称同事关系，同事关系包括同僚关系。近代秘密社会的一个重要特点就是组织的半公开化，其内部组织成员已经不再局限于社会底层，组织势力已经逐步渗透到社会中层机构，包括政府机关，例如，民初秘密教门在北洋政府中发展成员，青帮组织与租界当局的勾结以及与国民党当局的联盟。同事或者同僚关系是近代秘密社会交往的新型业缘关系。

三是同道关系。围绕共同的信仰或者目标建立的同道关系也属业缘关系。近代秘密社会的同道关系既包括"志同道合"式的交往，例如，辛亥革命时期的帮会组织与革命党人的交往关系，民初各帮会之间为协同建立地区或者全国统一的组织而建立的交往关系；也包括"趣味相投"式的交往，例如，民初帮会之间在从事"黄赌毒"行业中的交往协作，秘密教门组织以及成员基于信仰而结成的各式交往关系，等等。

当然业缘关系的类型不仅仅只有上述三种，其他如学徒关系、学缘关系等在秘密社会中也比较普遍，而且业缘关系往往又与地缘、血缘关系交织在一起，使得近代秘密社会的交往关系较传统相比更加复杂。

2. 交往空间

近代秘密社会的交往空间包括城市与乡村。近代社会变迁对秘密社会生存空间的影响主要体现在城市交往空间的变化方面。传统秘密社会虽然也利用城镇的集聚效应开展社会交往，码头、茶馆、赌场等都是重要的交往的场所。但是，步入近代社会以后，城市生活发生了根本性的变革，其交往空间也出现了变化。

近代秘密社会交往空间变化最为明显的是城市型帮会。近代秘密帮会进入城市后，帮会组织出现分化，体现为社会交往中立足于社会底层与跻身社会中上层的分野。由此交往的空间也相应出现变化。

立足于社会底层的帮会，其交往空间主要是码头、工厂、菜市场等社会基层群体的集中区，其中最多的是码头。近代的城市码头是秘密帮会的重要交往场所。码头是帮会传统的交往集聚场所，步入近代社会以后，帮会势力开始全面控制沿江城市的码头，"到19世纪末，不仅汉口、九江、安庆、芜湖、南京、镇江等城市已成为帮会出没的中心，就连湖南之常德、湖北之沙市、樊城、老河口这样的小城镇，也都充塞着帮会势力"①。近代城市码头大量聚集着居无定所的苦力、流民，形成了帮会存在的社会基础；码头水陆通衢的便利，提供了帮会活动的回旋空间。不仅如此，近代码头也是各种社会势力包括政治团体秘密交往的场所。一方面帮会组织依托码头，彼此联络，相互交通，加强帮派间的交往；另一方面帮会也可以与其他势力相互交往，以获取特殊利益。近代中国沿江城市诸多的事件，包括1891年的"长江教案"、1900年的唐才常"自立军"起事等，都是"长江各口岸会匪头目，通为一气"②的结果。民国以后，帮会大规模进入沿江城市，城市码头鱼龙混杂、帮派林立，帮会通过码头控制了社会底层，并进而垄断了苦力市场。城市码头成为城市型帮会最基础也是最重要的交往场所。

跻身社会中上层的帮会组织，其交往空间主要是社会中上层群体日常

①　周武：《边缘缔造中心》，上海书店出版社，2019，第148页。
②　刘坤一：《刘坤一集（3）》，岳麓书社，2018，第428页。

生活的休闲区，其中最常去的场所是戏院舞台。在近代城市生活中，戏院舞台是社会交往的重要场所，也是秘密社会的重要活动空间。近代的新式舞台与传统的堂会、庙台、戏台不同，其完全是围绕赚钱盈利的商业性目标而运营的。例如，在武汉，从1912年到1920年，汉口出现了各类新式戏院和舞台15座，包括后来汉口最为著名的综合性娱乐场所"汉口新市场"；上海的戏院舞台更多，到了20世纪30年代末，上海的五家最大戏院舞台有大舞台、共舞台、黄金大戏院、天蟾舞台、三星舞台，这些戏院舞台都由青帮开设或者控制。戏院舞台是社会中上层重要的休闲娱乐场所，也是各种社会势力相互交往的场所，近代秘密社会尤其是城市型帮会组织，不仅通过控制戏院舞台直接或者间接获取经济利益，同时也通过戏院舞台，与社会中上层开展各式社会交往，发展组织成员。例如，在近代上海，"戏曲艺人与帮会之间有着千丝万缕的联系，甚至一些剧团的老板本身就是帮会成员或者是依附于帮会的人物。京剧界有不少名角为了能在上海打炮登台求发展，干脆加入了帮会组织"①。除了戏院舞台外，类似的社会交往平台还有茶馆、咖啡厅、跑马场、酒楼等，这些都是近代秘密帮会重要的交往场所。

乡村社会的集市、各地旱码头、茶馆等仍然是秘密会党重要的交往场所，只不过与传统社会不同的是，民初以后随着秘密会党半公开化及其对基层政权的操控力增强，帮会的社会交往空间呈扩大趋势。以袍哥组织的交往活动为例，早期的袍哥利用茶馆开展内外交往，其行动相对隐秘，不会大张旗鼓。但是到了民国以后，袍哥组织的人数增加、规模扩大，茶馆成为袍哥召开会议、举行仪式、招纳会员以及开展各类庆典活动的主要场所。许多袍哥以茶馆为据点建立"公口"，例如，民国时期的四川营山，茶馆大多为帮会社交场所，其中"袍哥的公口茶社最多，'崇仁'茶社是仁字袍哥的总公口，'六也居'茶社是义字袍哥的总公口，'尚义堂'茶社是青帮的帮会所在。这三个茶社集中在正东街，各有仁、义袍哥总社和青帮派的管事负责，内联各个公口，外接来拜码头的外地哥弟"，其他如

---

① 邵雍等：《社会史视野下的近代上海》，学林出版社，2013，第275页。

"西宁""清涟""拱辰""香泉居""辅仁""西都""广益"等诸多公口茶馆都有袍哥大爷坐堂，以联络成员，同时用"吃茶讲理"控制基层社会。①

秘密教门的交往空间主要是在偏僻乡村以及散布各地的道观寺院。近代以后，秘密教门组织膨胀，其交往空间也随之扩大。尤其是民国以后，许多教门系统通过向政府备案，公开向各地"开荒传教"，并逐步形成以城市为中心的散布周边乡村的关系网络。近代秘密教门的交往主要依托的是道观寺庙、总坛或者总会、乡村的分支机构，城市与乡村的公共场所仍然是教门重要的交往之地。一些大的秘密教门在上海、北京和济南等大城市建立总的机构，设有专门的场所用于协调各地的教门活动，同时也为组织高层之间以及组织与社会上层人物的交往提供空间；而在农村社会，其成员主要是"以农民为主体，而又以妇女占多数"，其交往方式主要是以职业为掩护进行的"亲联亲、友联友"的秘密交往，② 因而，除了教门的乡村分支机构外，农村家庭佛堂、乡村庙舍，甚至村头地边都成为教门组织的交往场所。

3. 交往内容

近代秘密社会内部成员间、成员与组织间的社会交往虽然是组织促进互助、凝聚向心力的重要的方式，但是在近代社会生存环境中，与外部世界的交往对组织的生存与发展显得更为重要。近代秘密社会的交往内容，就其交往目标取向而言，主要是为了获取生存资源、扩大社会影响以及争取合法性。

一是获取经济利益，维持生存与发展。通过社会交往获取组织资源，这是秘密社会交往活动最重要的目标取向。如前所述，资源是秘密社会生存与发展的基础，秘密社会的组织活动大多为了获取经济利益。在近代秘密社会的交往中，业缘关系是主流，是秘密社会维系与工商业界关系的重

① 高中乾、龙辉：《营山茶馆》，载政协营山县委员会文史资料研究工作组：《营山文史资料（14）》，1987，第4—12页。

② 陆仲伟：《中国秘密社会（5）·民国会道门》，福建人民出版社，2002，第24页。

要纽带。以近代青帮为例，城市型帮会的主要交往关系就是业缘关系。据对《近代家里知闻录》青帮上层人物的统计，在册的"大""通""悟""学"四辈的青帮成员中，"最明显的特点就是商界头面人物的比重不断增加，从大字辈的 30.48% 发展到了学字辈的 58.16%"。究其原因，一方面社会控制弱化，商界需要青帮的庇护以及借助"青帮所织成的社会关系网的人脉来发展壮大"；另一方面青帮"需要打入商界借助合法企业的形式，把传统的敛财方式同近代工商实业结合起来，通过更为合法和隐蔽的方式获取暴利"，共同的利益使得双方一拍即合。① 上海青帮能够从早期的控制黄赌毒，到经营工商业，进而跻身交通、银行金融业，以此获取巨额财富，这显然与其注重与工商业界的社会交往分不开。

二是博取社会声誉，扩大社会影响力。近代秘密社会非常注重并不惜代价来博取社会声誉，这是其与传统秘密社会明显的不同之处。尽管秘密社会的存在与发展基于"黑"色和"灰"色事业，但是无论是教门还是帮会组织，都注重与社会贤达与名流交往，以塑造其急公好义、乐善好施的社会形象。近代秘密教门，如同善社、道院等，注重与社会慈善组织交往，通过开展社会救济，扩大其社会影响面。青帮的杜月笙被誉为上海"闻人"，他注重结交社会各界，通过办教育、建医院、做慈善等活动，博取良好的社会声誉。1931 年杜氏宗祠落成时，"上海慈善团体以杜君热心善举，厥功甚伟，特恭送匾额一方，文曰：'馨香百世'；红会赠予其'源远流长'金匾一方，以表彰其'对于慈善事业，努力兴办'"②。为了博取社会声誉，帮会也注重与进步人士交往，塑造其"公道正义"的社会形象，例如，在五四运动期间，青帮响应罢市运动，"青红帮于上海罢市之日，由首领召集会议。议决，无论罢市若干日，所有盗窃扒手，一律停止。若有违背者，照帮规处罚"③。罢市期间流氓、乞讨活动几乎绝迹，帮

① 曹春婷、邵雍：《南京国民政府时期青帮头面人物的阶层分析——以《近代家里知闻录》为中心》，《江西师范大学学报》（哲学社会科学版）2014 年第 2 期。

② 王禹霈：《杜月笙的慈善情缘》，载池子华、张丽萍、汪丽萍：《红十字运动研究 2015 年卷》，合肥工业大学出版社，2015，第 237—243 页。

③ 中国社会科学院近代史研究所近代史资料编辑组：《五四爱国运动（下）》，中国社会科学出版社，1979，第 180 页。

会由此赢得社会的普遍赞誉，其社会影响得到扩大。

三是扩大组织规模，争取合法性存在。近代秘密社会交往的另一个重要的目标取向就是在社会各界发展成员，扩大组织规模，将秘密结社转变成为合法性的社会组织。近代秘密教门与北洋政府官员交往、与地方军阀之间联合，除了为获取利益外，也试图通过与政府之间建立交往关系，获取政府"备案"，取得合法性地位，民国时期的许多秘密教派能够获准备案，大多与其社会交往相关。近代秘密帮会主要是通过扩大其在经济、政治、社会的影响力来实现其合法化的目标。例如，上海的青帮在拥有社会经济基础的前提下，加强与南京国民政府的高层交往，以获得合法性存在。国民党利用委以官职的形式认可了其存在的合法性，显然"下层社会组织得到国家政治上的正式承认，这在中国历史上可能还是第一次"，[①] 而这又与青帮的上层社会交往密不可分。

4. 交往手段

近代秘密社会大多处于半公开状态，传统的相对隐秘的交往手段，如隐语、手势、茶阵等仍然保留，但是趋于淡化，且主要应用于组织的下层。秘密社会组织的中上层很少再沿袭传统的手段相互交往，大多数帮派或者教派组织成员按照社会通行的交往手段相互交流，不再忌讳组织的身份。近代秘密社会的交往手段与传统社会相比，出现了新的变化。

秘密社会交往手段的变化主要体现在交往手段与近代社会生活环境相互契合上。以帮会为例，隐语、手势、茶阵等传统交往手段尽管能辨别成员的身份以及地位，但是在城市社会生活中基本很少应用。在上海、南京、武汉等近代沿江大城市，帮会组织规模扩大，人员结构复杂，他们加入帮会可能是因为胁迫，也可能是寻求庇护。但是，这些帮会成员都非"专职"，也不可能学会诸多的切口、手势。以近代上海青帮为例，组织一个显著的变化就是其成员"早已不再局限于失业手工业者、破产农民和一般游民，而包罗工人、职员、工商业者、知识分子、军阀显贵等几乎社会

---

① 小科布尔：《江浙财阀与国民政府 1927—1937 年》，蔡静仪译，南开大学出版社，1987，第 20 页。

上的一切层次"①，自20世纪30年代后，杜月笙、黄金荣等的青帮组织基本只招收有正当职业的人员。这些成员显然不需要，也不可能学会以传统的帮会手段相互交往。因此，帮会成员的交往大多适应近代社会环境的变迁，采用的是主流社会的交往手段。

当然，帮会传统交往手段的适用性不强，并不意味其在城市社会交往中绝迹，帮会在从事杀人越货、抢劫勒索等非法"黑色"事业中仍然需要借助隐秘性的交往方式。在《清门考源》中的各项切口，如"避风头""赌软把""开条子"等，都是上海青帮下层常用的隐语。尽管如此，其适用性与广泛性已远非昔日可比，传统的交往手段主要适用于偏僻广袤的农村环境，而且大多适用在从事非法行当交往过程中。例如，袍哥组织之间的解决内部纷争的吃茶讲理、走私贩毒中的相互联络、偷盗抢劫时的江湖黑话，等等，就是沿用传统的交往手段。此外，在与主流社会组织或成员交往的过程中，传统的交往手段也是袍哥展示其帮会身份和威慑民众的重要方式。

以现代交往手段拓展交往范围和空间，也是近代秘密社会交往方式的重要变化。如前所述，近代交通与邮政业的发展，改变了传统社会基于血缘、地域关系的社会交往自然共同体，"'铁路''轮船''电报'等现代交往手段大大拓展了交往的空间，节约了交往的时间，社会交往方式有了对物的依赖，人际交往形成了'利益共同体'"②。尤其是邮政事业的发展，使得私人信件、社会媒体成为社会交往的重要载体，秘密社会交往手段趋于多样化。尤其是近代书信交往形式，依托近代邮政业，既保持了交往内容的隐秘性，又打破了传统"面对面"交往的时空局限性和暴露风险性，使得秘密社会的交往范围与空间得到拓展，这对秘密社会，尤其是大型的教门组织而言尤其重要。这些秘密教门大多构建了以大城市为中心的，能够覆盖各地乡村的网络交往体系，而书信是必不可少的交往手段。

---

① 苏智良、陈蒙：《近代上海帮会繁盛原因初探》，载洪泽：《上海研究论丛（2）》，上海社会科学院出版社，1989，第79-87页。

② 李芹燕：《影响的剖析：社会化媒体与当代中国的生活方式》，西南交通大学出版社，2018，第38页。

近代帮会，尤其是城市型帮会往往利用或控制公共媒体向社会中上层拓展交往空间。以上海青帮为例，《大陆报》《时事新报》《申时电讯社》《大晚报》四社总管理处负责人张竹平是张仁奎青帮"通"字辈的徒弟，《生活日报》创办和主笔人徐朗西是青帮"大"字辈。其他许多报刊虽非青帮经营，但是往往受其操控，譬如杜月笙就曾任世界书局董事长、大东书局董事长，《申报》《商报》《时事新报》董事长，《新闻报》《中央日报》常务董事等职务。① 通过这些报刊，青帮将交往范围扩大到教育文化领域。

三、近代秘密社会的交往特点

近代秘密社会在交往关系、空间、内容和手段方面的变化，是在近代社会变迁过程中其生存模式适应性调整的结果。在交往与交往模式上，近代秘密社会既与主流社会交往有相通之处，体现出其依附主流社会的特点，同时与主流社会又存在差异，表现出来其"亚文化"的特征。与传统秘密社会相比，近代秘密社会交往具有四个方面明显的特点。

1. 交往主体的多元化趋势明显

近代秘密社会的交往关系主要是业缘关系，虚拟血缘关系与地缘关系只是业缘关系的补充，因此交往主体的多元化趋势明显，这也与近代主流社会交往主体的多元化特征相契合。相较于传统社会形态下的交往主体，近代社会交往主体在形式的发展中呈现出"多元性代替了单一性"以及"专业组织性代替了地域自然性"特征。② 就近代秘密社会而言，一方面，组织规模不断扩大，大量的不同行业、不同背景的成员按照业缘结合地缘关系相互交往，交往主体既有社会基层苦力、工人以及职员、教员，也有拥有一定社会地位和财富的工商业者、银行家，还有少数身居高位政府要员、业界名流；另一方面，近代社会变迁使得秘密社会的生存环境发生改变，秘密社会交往主体不仅包括了组织与组织成员，还包括了一般性社会

---

① 宋常铁：《上海往事：杜月笙与孟小冬》，华中科技大学出版社，2013，第160页。
② 张治库：《现代社会关系视域下的马克思主义人学研究》，中央编译出版社，2019，第12页。

组织以及政府机构，近代秘密社会与北洋政府、国民党当局之间的复杂关系，体现出秘密社会交往主体的多元化。

2. 交往内容的趋利性特征增强

近代秘密社会的重要交往内容就是获取组织发展资源，经济利益是秘密社会交往的重要动力。近代秘密社会的趋利性要远强于传统秘密社会，在追求"利"的过程中，传统的交往规则中包括的"义利""义气"观已经不复坚守，取而代之的是"唯利是图"。许多秘密社会组织或者帮派为了获取自身利益，相互诋毁，甚至不惜"同门操戈"，组织内部经常发生类似青帮的"藐视前人""爬香头"等违规行为。交往内容的趋利性特征主要是近代社会生活观念及其方式的变迁所致。在近代上海，传统"四民"社会解体，"重义轻利"的社会风尚已不复存在，商品与商品交换的观念已经成为社会普遍认同的交理念。[①] 秘密社会尤其是城市型秘密帮会显然也不可能"脱俗"，交往内容的趋利性对秘密社会在经济领域内拓展生存空间具有特定意义。

3. 交往手段的隐秘性日趋淡化

组织的"隐秘性"是传统秘密社会能够生存与发展的前提条件，但是近代社会的变迁使得"隐秘性"不再是秘密社会生存最为重要的问题。相反，有意无意地显示组织内幕，包括宗旨教义、帮规戒律，有时候更有利于组织的发展。其隐秘性日趋淡化主要体现在交往手段上。如前所述，组织成员之间的交往手段不再局限于隐语、手势、茶阵等，而趋于常态化的交往手段，组织上层通过书信或报刊与不同社会阶层进行交往，其帮会或者教门的身份不再成为禁忌。交往手段隐秘性的淡化与秘密社会在近代社会的公开与半公开状态密切相关。传统秘密社会尤其是帮会组织，其对社

---

① 近代社会变迁使得上海人在观念心理上都要发生变化，传统的"重义轻利"观念逐渐淡出。例如，上海塾师一改传统"言义不言利"的斯文相，为谋取教席，四处托请，"求得馆席之后，又吞声下气，曲从东家，唯恐丢掉馆席"；士大夫陶冶性情、修身养性的书画成为商品，画家的交往活动就是为了赚钱。任伯年的夫人将任伯年独自关在楼上作画，自己坐在楼下挡住一般应酬客人；吴待秋谢绝别人的索画宴请，其推辞的理由是，"吃一顿饭工夫，我已经几张扇面画下来了，还是拿钱来吧"。这些现象在近代上海被认为是理所当然的。（参见陈伯海、袁进：《上海近代文学史》，上海人民出版社，1993，第47-48页。）

会秩序的破坏性强，"隐秘性"成为生存根本；但是，民国以后，无论是洪门、哥老会还是青帮，在清末民初政治变迁中地位特殊，因而其社会交往拥有半合法的地位，相对而言，其交往手段也不需要过度"遮掩"。

4. 交往活动的层次化特点显现

近代秘密社会的交往层次化特点明显，上层交往与下层交往在交往主体、交往内容、交往手段上迥异。近代帮会组织的下层以垄断"黄赌毒"黑色行业以及控制基层社会的码头、车夫、挑夫等为营生手段，其交往层次主要局限在社会底层群体；在教门组织中，基层的信徒主要是来自社会基层的"善男信女"，他们相互交往，但是与教门的上层之间几乎没有任何的交集。秘密社会组织的上层交往主体除了工商业者、社会名流，还有政府官员、政治名人。例如，秘密教门与北京政府军政人员的交往，青帮与国民党政府及其要员之间的关联。可见，近代秘密社会的层级关系非常明显。以上海青帮为例，遍布上海的青帮势力可以分成若干个不同的组织，帮派之间以"师承辈分"建立相对松散的交往关系，但是"大"字辈寓公以及"三大亨"精英形成了青帮的上层，如非特殊情况，他们通常与遍及上海各个基层的一般性青帮组织或者成员之间很少有交集，上海的青帮明显分成上下两个不同的阶层，其交往活动层次化特点明显。

第五章 近代秘密社会内部聚合机制的演进

在秘密社会史研究中，秘密社会的组织形态、内部结构、运行模式以及发展演变，始终都是秘密社会史学界关注的中心问题；但是，对秘密社会会聚合与聚合机制的研究相对比较薄弱。通常而言，在秘密社会组织的发展初期，组织成员"烧香集徒、夜聚晓散"的动机可能是互助与敛财。但是，随着秘密社会的发展演变，互助或者敛财的动机不足以解释秘密社会组织成员的聚合现象。从社会学视角进一步研究秘密社会的聚合机制，可以探寻组织成员聚合的深层次原因，也有助于更加清楚地分析和解释秘密社会的组织现象。①

第一节 传统秘密社会聚合与聚合机制

组织的聚合是伴随组织运行而产生的一种组织现象，其功能是聚集组织成员，以形成组织内在凝聚力和扩大组织对外影响力。聚合机制是指聚合的构成要素通过什么方式进行聚集与吸引，其具体内涵包括：各要素之间的关联性、各要素相互作用所形成的聚合的因果关系、各要素的作用方式以及规律性的运行模式等。聚合的构成要素包括聚合动因、模式、环境

---

① 秘密社会的聚合过程虽然呈现出诸多易于识别的因果关系，但是从组织社会学研究的视角而言，这种因果关系所诱发的结果是不确定的，因此，"机制"的概念可能更有助于从具体可观察的关系中分析或者解释秘密社会的组织现象。聚合机制是指组织成员聚合行为的可能因果关系，而非是一种决定性的、必然的因果关系。社会学视角下的秘密社会的聚合与聚合机制研究，要从秘密社会聚合的动因、模式、环境及其与社会转型的关系入手，探究秘密社会聚合的社会学意义。

等，以及对要素产生影响的组织结构。秘密社会因其隐秘性，其内部的运行机制，特别是聚合与聚合机制，不为外人所见。但是，秘密社会是依附主流社会的亚社会组织，其组织体系是模仿合法或者公开的组织而架构的，因此，可以将传统民间结社作为逻辑起点，考察传统秘密社会的聚合与聚合机制。

一、传统民间结社的聚合与聚合机制

在传统中国的人情交往关系中，年节、结社、同乡、宗族是四个最为重要的"联结纽带"，结社是人们出于共同的目的，按照一定规制和形式开展特定活动的社会群体。传统民间结社是基层民众为了满足生存需要与维护自身利益而形成的社会组织，它以丰富的活动内容和多样的活动形式，延绵在传统中国的社会历史进程中。

传统中国的基层社会治理依靠的是乡里制度和宗族制度，分别代表了国家权力与民间力量。民间结社是突破传统的血缘、宗法关系后最为普遍存在的民间力量，这种力量不可避免地要与整个社会中的政治、经济、军事、文化活动产生不同程度的联系，因此，传统民间结社通常分成政治型、经济型、军事型和文化生活型四大类。[①] 就联结纽带而言，传统的民间结社又可以分成血缘、地缘、业缘和信缘等不类型，各种类型又有合法与非法之分。尽管不同类型的民间结社，其目标宗旨、成员构成、活动区域、运行模式等不尽相同，但是在组织的聚合与聚合机制方面有许多相似之处。

1. 满足基层民众需求是民间结社聚合的基本动因

与基于国家、社会分治理念下的乡里组织、宗族组织不同，传统中国的民间结社以满足基层民众需求为存在的基本前提，因此生活互助与精神慰藉是成员聚合的主要动机。

按照马斯洛的需求层次理论，人类的需求由低到高依次可以分成生理需求、安全需求、社交需求、尊重需求和自我实现需求五类。对于传统中

---

① 陈宝良：《中国的社与会》，中国人民大学出版社，2011，第14页。

国的基层社会而言，生理需求和安全需求是最基本的需求，如果官方行政组织或者正式的宗族组织能够满足或者保障基层社会的生存、安全需求，那么民间结社的聚合肯定偏弱；反之，则民间结社的聚合必然偏强。在社会动荡时期，出于满足生存安全需求而聚合的各类军事型的民间结社，如义社、义会、保甲、民团等，一旦社会趋于稳定，就没有了聚合的动因，这类民间结社就逐步消散或形同虚设；在社会平稳时期，基于经济互助与精神慰藉的民间结社，如合会、义助会、行会、会馆等经济型组织，以及社邑、香社、香会、庙会等风俗类结社等，具有确定的聚合动因，这类民间结社成为基层民众生活的组成部分。

2. 合乎传统伦理规范是民间结社聚合的认同基础

在传统中国社会，基于君臣、父子、夫妻三种关系的"三纲"以及由仁、义、礼、智、信组成的"五常"构成了传统的道德规范体系。合乎伦理规范是民间结社合法存在的基础，也是组织成员聚合的认同基础。

组织认同是在组织成员与组织的相互关系中形成的心理与行为表现，是社会认同的特殊形式。成员的组织认同程度取决于组织对个人的承诺和组织的价值取向及其相应的外部形象。组织认同理论认为，组织的行为与个人动机之间具有的隐秘的关联，"由于成员的社会认同和自尊与组织的认同和声誉紧密联系在一起，所以他们很在乎组织自身以及和其他组织相比是怎样一个形象"①。传统中国的伦理道德规范在普通民众中具有至上的合理性与神圣的权威性，人们只有遵循传统规范并以此规正自己的行为，才能得到社会认同。同样，民间结社在满足基层民众需求的同时，还要以"孝""悌""敬""忠""义""信"等合乎传统的伦理规范来培养成员对组织的认同。在很多民间结社中，成员普遍认同将关公被奉为结拜关系的见证者和组织利益的保护神，其政治伦理方面的意义在于"关公作为神在中国各地获得朝廷和士绅们的普遍支持，主要因为关公象征着忠、义等忠于正统王权的臣民价值"②。

① 邓治文：《我们是谁：合并型组织的社会认同研究》，湖南人民出版社，2009，第73页。
② 杨庆堃：《中国社会中的宗教》，四川人民出版社，2016，第127页。

3. 依托等级依附关系的组织结构维系聚合活动

在传统中国社会，个人对社会等级的依附具有伦理的和情感的合理性，人身依附和等级特权关系是民间结社内部组织结构的基本特征，也是维系组织聚合的黏合剂。

传统民间结社的内部人身依附和等级特权关系主要体现在两方面：一是因地位等级不同而形成的组织成员的角色差异；二是因人身依附关系而形成的成员之间的庇荫关系。以清代行会组织为例，帮工、学徒和师傅之间存在宗法关系，一方面师傅至高无上，直接影响帮工全部生活；另一方面同一师傅庇护自己的帮工、学徒，并使之与其他师傅的帮工、学徒相区别。这种依附关系虽然没有明文规定，但却是传统民间组织的习俗，事实上，"更有不少行会习惯法规定了行会内部的等级关系，确认等级的不可逾越并各守其职"①。

民间结社的等级依附关系形成组织系统内的差异和分化，是有利于增强组织聚合力的，这与普里高津的"耗散结构理论"相类似。这一理论认为，非平衡是有序之源，社会组织有不同的层级，组织的发展不会来自组织内部的均衡状态，而是来自组织内部的不平衡状态，平均意识或者平等观念有可能导致混乱和无序。组织系统内的差异和分化会强化组织的内部控制力。

4. 按照礼俗社会的传统交往习惯构建聚合方式

传统中国社会是一个礼俗社会，礼俗社会文化影响着人们的深层意识与交往方式，民间结社的聚合受习俗传统的约束，聚合方式大多脱胎于传统交往习惯。

滕尼斯在研究早期社会组织差异时提出了二分法：礼俗社会或者民间社会；法理社会或者现代工业社会。这里主要探讨礼俗社会和民间社会。礼俗社会的特征是"社会规模小，社会分工与角色分化少，人们过着亲密无间、与世隔绝、排外的共同生活，人们的行为受习俗传统的约束，人们

---

① 高其才：《中国习惯法论》，中国法制出版社，2008，第102页。

的结合靠的是共同的价值观和传统"①。与此相对应的民间社会的交往习俗，包括日常的礼尚往来和定期的庙会赶集、祭祀仪式、舞狮赛歌等，构成了传统中国基层社会的聚合方式。民间结社按照基层社会的聚合方式，形成了组织的聚合方式，如祖师神庙的烧香供茶、春秋祭祀时的聚会庆祝、年节活动中的香会赛会、周年庆祝或成员纳新的仪式活动，等等。在礼俗社会，彼此之间互"送人情"既是人们彼此之间的一套社会聚合机制，同时也是人们彼此之间的一套社会排斥机制。这一文化习俗也衍生到民间结社中，逢年过节或者重大活动时，给师傅或者会首"送礼"成为民间结社最常见的聚合方式。

二、秘密社会的聚合动因与聚合方式

秘密社会的聚合动因与公开的民间结社一样，是满足基层民众的需求。也就是说，秘密社会的存在是基于一定社会环境下的特定群体的某种"特定需求"，满足组织成员的特定的物质诉求或精神需求，是秘密社会的聚合动因。

社会交换理论认为，组织成员在与组织的互动行为中，为了获得自己所需的生存或发展资源，愿意付出相应的代价进行交换，以便从交换中获取自身所需的报酬。社会交换与经济交换不同，其更多的是通过道德、义务、情感和信任来实现。社会成员加入或者创立秘密社会，既是为了依托组织满足自身的生存与安全需求，也是通过组织交往来满足社交自尊和自我实现的需求。由于秘密社会具有隐秘性，在传统社会中通常还具有一定程度上的反政府性，因此组织需要强大聚合力才能生存。能够提供主流社会组织不能充分给予或者根本无法满足的"特定需求"，成为秘密社会得以生存与发展的前提。

秘密社会提供的与组织成员交换的"特定需求"具有时效性和针对性：一方面，这种需求基于不同的历史时期或者不同的生存环境，即在社

---

① 张晓丽、赵杨、杨林：《社会学》，航空工业出版社，2015，第149页。

会秩序紊乱或者生存环境恶化的社会中，普通人的生存与安全需求也可能会变成为一种"特定"需求；另一方面，这种需求针对的是特定的社会群体，传统社会中不同名目的秘密社会，在底层社会拥不同群体的支持者，"特定需求"也因此才具有吸引力。

从明清时期秘密教门和帮会组织的演变历程来看，"特定需求"是组织与成员之间的纽带，组织的生存与发展是组织与成员之间基于"特定需求"而进行互动交换的结果。互动交换是秘密社会聚合的原始动力。

罗教是明清时期影响深远的秘密教门，罗梦鸿能够于明成化至正德年间在北直隶密云卫成功创立并传布教派，在于把握了处于社会苦难底层的社会群体"了脱生死、悟道明心"的信仰需求。从社会观念变迁来看，明代是思想信仰歧出的时代，一方面是伴随程朱理学的衰败与王阳明心学兴起，传统思想禁锢的藩篱受到冲击，社会中上层出现信仰危机；另一方面，以白莲教为主体的民间教派被取缔，正统宗教由于自身的衰落而得不到人们的虔诚信奉，社会底层民众需要一种世俗化的新的信仰来慰藉其苦难的人生。罗教及其《五部六册》填补了下层民众的需求，"恰好与明代佛教世俗化倾向及三教合一的社会思潮相吻合，因此取得一定程度的成功"①。

罗教的成功还有另外一个重要的因素，就是面向戍边军人、漕运水手等流浪漂泊、居无定所的特定社会群体，满足其对于生死灵魂、家乡归宿等问题求解的心理需求。罗梦鸿自己就是一个流浪在外的戍边军人，所以他以自身的遭遇作为探求问题的起点，认为"一切牛马猪羊飞禽走兽，都有父母所生，在外客，也有还家之日，千里当军，也有家乡住所。岂争我，这点灵魂，无有家乡"②，因而，在《五部六册》中，"家乡""还乡""爷娘"等表述对于漂泊在外的人具有特殊的吸引力，"流浪家乡"被视为一种"不能悟得本性而在人世间不断生死轮回之苦的现象"与"本分家

---

① 马西沙、韩秉方：《中国民间宗教史（上）》，中国社会科学出版社，2017，第139页。
② 罗清：《苦功悟道宝卷》，康熙年间刻本。

乡"相对应。①"无生老母、真空家乡"的信仰成为一种"特定需求",是架构组织与成员之间的纽带。罗梦鸿及其罗教也因此在基层社会获得了一定的社会认同,在发展组织的同时,也积累了大量的财富。明代后期到清中叶,罗教在运河水域的漕运水手中得到传布,并形成了青帮前身罗教水手行帮,这从侧面反映出罗教面向特定流浪漂泊、居无定所的群体所具有的吸引力。

明代也是传统帮派组织的快速成长时期。尤其是明代中后期,不断增加的剩余劳动力与日趋激烈的土地兼并,催生了一个庞大的游民阶层。脱离土地的游民进入城市讨生活,其中部分成为社会闲散人员,充当混混、讼棍、盐枭、打手等社会角色。他们为了生存而抱团结社,形成了诸如"打行""十三太保""躲雨会""访行"等各色名目帮派组织。秘密社会是这些游走在主流社会边缘的下层社会群体的依托,提供"特定需求"成为传统帮派组织聚合成员的原始动力。

天地会是清代产生较早且持续时间最长的具有极大影响力的帮会组织,尽管关于天地会的起源问题,学界莫衷一是。但是有一点是学界的共识,即随着组织的发展,其"反清复明"的政治色彩逐渐淡化,尤其是到了乾隆中叶以后,天地会日益向一般性的游民组织演进,特别是三教九流、浪客游子对天地会组织的竞相仿效,"促进了各种相异的游民组织的混合与认同,使天地会得以超越狭隘的师承关系,迅速发展成为一股强大的社会势力"②。能够为那些无家室恒产、贫困潦倒的医、卜、僧、役等杂色群体提供庇护,这是天地会聚合底层社会的动力。

秘密社会的聚合方式与一般的民间结社既有相似之处,也有明显的差异。秘密社会同样也遵循礼俗社会的传统交往习惯并进行聚合,如利用岁时节日、祭祀仪礼、婚丧嫁娶等活动,进行聚合。但是,秘密社会由于组织的隐秘性以及行为上的非法性,其僧俗不辨、男女混杂、合党连群的外在形象不为主流社会所认同,其烧香集众、建醮念经、夜聚晓散的聚合活

---

① 徐小跃:《罗教与〈五部六册〉揭秘》,江苏人民出版社,1999,第136页。
② 周育民、邵雍:《中国帮会史》,武汉大学出版社,2012,第64页。

动也为政府所不容，因此，秘密社会的聚合方式也体现出不同的特点。

一是情感聚合方式。以血缘、地缘、业缘、学缘等为基础形成的情感是礼俗社会中民间组织能够结社的最原始的动力，秘密社会也不例外。在秘密社会中，也讲究兄弟之亲、同行之谊、同乡之情，情感聚合虽然存在效能和时效问题，但是具有爆发力，尤其是在秘密社会受到外部威胁时能产生强大的聚合力。例如，秘密社会以虚拟血缘关系建立的兄弟父子情感，倡导成员之间讲义气、重情义，肝胆相照，其实就是情感聚合的方式。

二是利益聚合方式。利益聚合方式就是指把分散的个体性利益要求整合为整体利益要求，从而使之与组织的整体利益要求紧密地结合起来，从而达到组织成员聚合的目的。通过利益聚合方式，秘密社会将成员的利益诉求与组织的生存发展紧密捆绑在一起，以形成组织的向心力。秘密社会的"特定需求"就其实质而言就是个体性利益的聚合。在许多秘密社会中，尽管组织利益是由首领或以教主为首的组织上层控制，但是，组织内部也有分配机制以及帮扶体系，甚至在特殊时期还需要耗尽资源，以利益激励成员的有效聚合。

三是权力聚合方式。秘密社会的社会基础是基层弱势群体，他们组织或参加秘密社会的动机可能是消灾祈福或互济互助，但是有许多人加入秘密社会是出于对自己处境的不满，希望凭借秘密社会来实现正常手段下难以实现的梦想，对权势的渴望就是其中的重要目标。这些成员加入秘密社会后，会产生类似心理学家麦克利兰所提出的"三种需要"：希望做得最好的成就需要、影响或控制他人的权力需要和建立良好人际关系的亲和需要。[①] 在秘密社会中，无论是教门还是会门，都有严格的等级制度以及相应的权力结构，成员在组织内地位角色的变化与权力的分配直接关联。在权力的诱惑下，组织成员会努力提高贡献度，展示存在感，以期获得组织认同，由此产生聚合力。

四是信念聚合方式。建构一种成员共同认同的信念来增强组织的聚合

① 王怀明：《组织行为学：理论与应用》，清华大学出版社，2014，第178页。

力，这是许多秘密社会常用的聚合方式。尽管这些观念或者信仰纯粹是杜撰或者想象的，并不为主流社会所认同，但是对于基层的组织成员而言，更多的是执迷不悟和乐此不疲。秘密教门以宝卷为载体来展示信仰体系和神灵谱系，进而虚构一个成员神往的彼岸世界，其"三教合一""弥勒救世""无生老母""真空家乡"等信仰，对基层社会具有很强的聚合力。帮会组织注重以传统的义理观控制或约束帮众，许多会门往往还要杜撰一个悲情故事或者树立一个敌对目标，以形成类似"替天行道""行侠仗义"的目标取向，激发聚合力。例如，"反清复明"是早期天地会的组织目标和聚合动力，后来的天地会，包括许多模仿天地会的秘密社会，其"反清复明"的宗旨其实已经荡然无存，但是这些会门仍然要抱住"反清复明"这杆旗，其真实目的就是要以共同的信念来聚合成员，维系组织生存。

三、秘密社会聚合机制的社会学意义

如前所述，社会交换更多的是通过道德、义务、情感和信任来实现，实现程度取决于组织成员在组织中所扮演的角色，这与经济交换通过契约约束与激励机制来完成是不同的。组织的正式与非正式结构赋予组织成员的角色定位以及由此设定的行为方式，是维系组织存在与运行的基础。因此，秘密社会成员的角色认同形成了组织的聚合力，而聚合力的本源在于组织的正式与非正式结构所具备的满足成员"特定需求"的功能。基于角色认同的聚合机制可以理解为秘密社会的正式和非正式结构诸要素的综合。

从这个意义上说，秘密社会聚合的影响因素既包括组织的仪式、帮规、教义等显性的正式结构，又包括组织所蕴含的组织惯例、价值取向、人际关系等隐性的非正式结构。前者是组织聚合的基础，后者是组织聚合的关键，显性的组织规制和隐性的价值认同，二者互为表里、相互支撑，共同构成了秘密社会聚合机制。

第一，组织规制通过契约或者仪式，明确了秘密社会成员的角色及其相应的权利与义务，体现出组织的正式结构在聚合组织方面的功能。在传

统中国，民间结社大多是基于血缘、地缘、学缘、业缘关系而构建的，秘密社会通常是借助虚拟血缘关系，仿行宗法制而建立起维系组织运行的规制，形成组织的聚合效应。

会门组织借助虚拟血缘关系中的结拜异姓兄弟方式，建立横向架构的组织体系，组织成员之间在伦理观念上地位是平等的，都是结义兄弟。以天地会为例，早期的天地会组织体系相对简单，组织成员通过类似帮规、戒约的"盟书""誓词""祝文"进行血盟，履行隐秘的入会手续，建立角色身份，进而按照兄弟排行形成隶属关系。歃血为盟是传统中国社会建立非亲戚团体关系的重要仪式，尽管它与普通的结义或者盟誓在功能上并没有什么不同，但是血盟达成的兄弟结义关系显然更为牢固。研究表明，天地会血盟仪式包括饮血酒、神灵见证和诅咒，以及文书的应用等，具有增强"这种仪式形态在更多受众面前的亲和力"的效用，尤其适用于非精英的社会群体。① 天地会的早期规制主要体现在血盟的盟书、誓言、赌咒之中。在林爽文起义期间，清政府查获天地会相对完整的盟书，其规制清晰，例如，盟书明确结义的宗旨是"明主传宗"，结义的性质是结为"同胞兄弟"而要"义胜同胞共乳"，要求结义者遵守"上不传父母"的规矩以及"有善相劝、有过相规、缓急相济、犯难相扶"的道德规范。②随着天地会的发展，组织内部按照"传统家族制纵向发展"的模式建立了虚拟的"五房制"，"头领一般分为总理（元帅）、香主、白扇、先锋、红棍几个等级，即按大哥、二哥、三哥次序排列"，③ 普通成员一般称为"草鞋"，帮会内部偶有"穿草鞋上山""一步登天"的越级现象，但是很少。由此所形成的"三十一誓""二十一则""十款""十款""十条"等诸多名目的帮规、戒约，清晰表述了其显性组织规制，通过明确会众的角色及其权利与义务，在获得认同的基础上发挥其聚合功能。

---

① 田海：《天地会的仪式与神话：创造认同》，李恭忠译，商务印书馆，2018，第148-149页。

② 中国人民大学清史研究所、中国第一历史档案馆：《天地会（1）》，中国人民大学出版社，1980，第161页。

③ 蔡少卿：《中国近代会党史研究》，中华书局，1987，第152页。

教门组织通过虚拟血缘关系中的师徒父子关系，纵向架构组织体系，组织成员之间在伦理观念上的尊卑等级关系，内部依照宗族家长制建立起森严的等级制度。秘密教门传承有同姓家族传承和异姓师徒传承两种基本类型。同姓家族传承的代表是八卦教。八卦教由清初山东单县的刘佐臣创立，在长达一个世纪的发展历程中，教门架构起"安内九宫、外立八卦"组织体系，形成以刘氏家族为首的若干世袭传教家族，例如，震卦的侯氏家族、坎卦的孔氏家族、离卦的郜氏家族等，教主以下按照不同的分工设立相应的职位，各教职以下以师徒形式招收基层弟子。异姓师徒传承代表如大乘教、青莲教等，教主位子是师徒传承，内部同样有各种等级，如青莲教将教内依次分成顶航、引恩、宝恩、证恩、添恩等不同名目，形成分层等级制度。但是，无论是何种类型，秘密教门都会建立教义、教规等规范，以维持等级制度，使各种身份和角色的成员履行相应的职责。普通教徒通过入教仪式加入教门，需要遵守组织的规范，这是其被教门以及同门教众认同的前提。这种"遵守"是通过制裁压力实现的，所以他们虔诚地皈依教主，顺从地接受教内的身份和自己扮演的角色，秘密教门"通过'正反'两方面制裁，迫使教内各种人等遵守教门规范，维护教内结构的稳定和等级秩序的平妥"[1]。

第二，价值认同是经由"心理契约"及其相应的角色期待，形成的对组织在宗旨、观念、情感、信仰等方面的共享或认可，反映组织的非正式结构对增强组织聚合力的意义。"心理契约"是美国心理学家施恩提出的管理学概念，主要是指个人与组织双方相互信任的心理约定，是"存在于组织和成员间的一系列无形的、内隐的、不能书面化的期望，是在组织中各层级间、各成员间任何时候都广泛存在的没有正式书面规定的心理期望"[2]。

秘密社会无论是忏悔修行、抱团互助还是结伙犯科，其生存方式与行

① 蔡勤禹：《明清时期民间宗教等级制度评析》，《青岛大学师范学院学报》1999 年第 2 期。
② 陈春花、杨忠、曹洲涛等：《华章文渊：组织行为学》，机械工业出版社，2016，第 85 页。

为模式大多是与主流社会相悖的，因此成员除了期望获得实际利益之外，还期望获得道德、情感等的精神层面的庇护，以减轻与主流社会背离或者冲突带来的负疚感。秘密社会对成员精神层面的庇护是隐性的，体现在组织运行的不同方面或者环节，是组织成员在规制以外期望获得的心理慰藉。例如，秘密教门杂糅儒、释、道，形成自己的清规戒律，同时以主流社会崇尚的"温良恭俭让"的道德规范以及"平和为善"的处事之道来教化教徒，减轻教徒因"男女杂处""夜聚晓散"等社会失范行为所引起的罪恶感，在促使成员对教门价值的认同中形成组织的聚合力；由"兄弟结义"而成的会门组织放大传统道德范畴中的"义"，由此，打家劫舍成了"劫富济贫"，聚众斗殴成了"除暴安良"，甚至聚众造反也成为"替天行道"，组织成员在所谓"天理正义"中获得心理满足，不会产生负疚感，会门由此获得了帮众的忠诚，会门的聚合力也因此得到增强。可见，秘密社会在其组织规制中明确成员角色与权利的同时，还要在价值层面培养成员对组织的认同感与归属感，只有满足这种"心理期望"，才能最大限度激发组织的聚合力。

第二节　秘密社会的聚合环境及其近代变迁

组织社会学认为，组织运行受组织内部和外部多种因素的影响，组织的聚合既取决于组织内部人员的构成、组织结构与运行方式，也受制于组织外部的自然环境、政治形势、经济状况和价值取向。秘密社会聚合既是组织内部诸要素综合作用的结果，也是组织适应外部各种环境的反应。影响秘密社会聚合的外部条件或力量构成了聚合环境。

一、社会学视角下组织的聚合环境

社会组织的聚合总是要在一定的社会关系和社会环境中进行的，聚合环境是指影响或者制约组织聚合的因素和条件。按照不同的分类标准，影响组织聚合的环境因素可以分成直接环境因素与间接环境因素、正面环境因素与负面环境因素、自然环境因素与社会环境因素。

在社会学视角下，组织环境的各种因素存在相互联系、互为依存的关系，聚合环境更是一个复杂的综合体，具有系统性和动态性特征。一方面，聚合环境是由与聚合相关的各种外部事物和条件组成的有机系统，是社会大系统层次下的子系统，组成系统的各种要素包括自然条件、社会条件等相互关联，形成整体。以传统中国的民间结社聚合为例，村落的居住环境与农耕的生活方式、控制基层社会的乡里制度与宗族制度、传统的道德规范及相应的文化习俗等，都直接或者间接影响民间结社的聚合环境要素，而这些要素是相互联系的，是传统社会大环境中重要的组成要素。另一方面，聚合环境的各种因素不是一成不变的，社会发展变化会使各种聚合环境因素的平衡被打破，往往形成组织聚合方式的变化，特别是剧烈的社会动荡或者社会转型、聚合环境的重组，直接影响组织的生存。组织的聚合环境要素包括：

1. 自然地理条件

任何社会组织形式，都需要在一定的空间进行其具体活动，不同性质的社会组织对地理环境的要求不同，其聚合方式也不尽相同。例如，在传统中国社会，由于地理空间上的阻隔，乡村形成了基于血缘、地缘、业缘关系的熟人社会，加之国家政权对分散的、封闭的乡村社会的控制相对较弱，因此，乡村社会成为传统中国民间结社主要的聚合空间。

2. 政治制度因素

社会组织的运行会不同程度地受到政治体制、政党制度、政府颁布的政策、政治气氛等诸多因素的影响，聚合方式以及聚合程度往往受制于政府的政治理念以及政治包容程度。传统中国的政治理念是基于儒家社会政治学说的"大一统"观念，国家权力对民间结社的包容度低，民间结社聚合受到严格限制。

3. 社会经济状况

社会组织的生存与发展受到社会经济状况的影响，对于特定的社会组织而言，组织聚合与成员的经济状况、生活水平密切相关。在传统中国社会，交通不便与生活贫困，催生了互助性民间结社的产生，组织骨干走村串乡式的布道成为组织常规的聚合形式；在经济相对宽裕的情况下，成员集体性的聚合活动，比如聚众烧香、以武会友、集体庆祝，等等，成为组织重要的聚合形式。

4. 历史文化背景

在不同的社会、历史和文化背景下，社会组织的结构和运作形态也各有差别，价值观念、文化心理和传统习俗影响着社会组织的聚合方式。例如，在传统中国社会，儒、释、道"三教合一"的思想影响人们的日常生活，很多宗教性场所，比如很多传统的祠庙、寺观、庵堂等，成为结社组织聚合活动的基本场所。

二、传统秘密社会的组织聚合环境

秘密社会具有与民间结社相同的聚合环境，只不过秘密社会的组织目标有悖于正常社会的主流价值，对社会秩序稳定具有破坏作用，因此需要模仿正常社会组织的行为方式，才能适应环境，实现组织的聚合。如前所述，社会学视角下组织的聚合环境要素主要包括自然地理条件、政治制度因素、社会经济状况、历史文化背景四个方面，同样，传统中国秘密社会的聚合环境也可以从封闭地理环境、封建小农经济、王权政治体制和传统文化习俗等方面进行系统分析。

1. 偏僻边远的乡村环境提供了组织的聚合场所

传统秘密社会一般都存在于偏僻农村地区，虽然也有少数流入城市的，但是总体上是以相对封闭的乡村作为重要的聚合场所。这是因为，偏僻边远乡村不仅远离国家权力控制的中心区域，使秘密社会的聚合相对安全便利；同时，偏僻边远环境相对封闭，各种信息来源渠道较少，人们对外部世界知之甚少，这便于秘密社会宣传、鼓动和控制组织成员。特别是秘密教门的聚合，就是依托乡村偏僻的地理条件，创设类似心理学的"集体无意识"氛围，以促进组织聚合。周锡瑞在论述冠县义和拳源起时认为，当地"人们的'愚蠢'性格很容易被异端邪说引入歧途；他们会坚定不移地信仰各种邪说，即使在教派领袖被逮捕以后，也不会动摇"，[①] 这与乡村封闭环境密切相关。因此，传统秘密教门选择偏僻边远乡村进行聚合，一个重要因素就在于能够方便控制成员。

2. 分散脆弱的小农经济生成了组织的聚合内力

中国传统社会的经济基础是自给自足的小农经济，非农营生产尽管存在，但处于从属地位。传统的小农经济的特点是：家庭农业与家庭手工业相结合；自然经济与商品经济相结合；追求产出最大化的"内卷化"生产方式。这种传统的小农经济分散脆弱，很难应对突如其来的天灾人祸，游民是小农经济背景下特有的社会阶层，出于生存需要，他们"采用歃血结盟、结拜异姓弟兄的办法，把各自分散的力量联合起来，从而形成了各种异姓结拜团体并发展为秘密会党"；而秘密教门更是"根植于封建的小农经济，其兴衰枯荣，几乎与小农经济的发展同步"[②]。因此，秘密社会不是职业，是一种保护系统，对内互助互惠，其首领不是通过合法渠道而是靠其"在系统内充当垄断性保护人，在社会上充当调解人"拥有权力。[③] 秘密社会成员的聚合很多是出于要满足经济上互助的需求，只是用于交换需求的方式不为社会或者政府所认同，而处于鲜为人知的"秘密"状态。

3. 大一统的专制体制压力构建了组织的聚合外部动力

传统中国社会是大一统国家，专制主义的政治体制对血缘、家庭以外的结社活动是不鼓励的。出于维持皇权和官府权威，历代土朝严格控制各类结社活动，对秘密结社活动更是采取严厉打击的政策。明清时期，民间结社禁止更是严厉，虽然文人结社与商人社团得到默许，但是其活动也受到严格的限制，至于秘密结社更是受到严厉镇压，"凡歃血盟誓，焚表结拜兄弟者，著即正法"。秘密社会的生存空间通常限于国家政权控制相对较弱的穷乡僻壤或苦寒边地。大一统的专制体制使民间结社面临诸多合法

---

① 周锡瑞：《义和团运动的起源》，张俊义、王栋译，江苏人民出版社，1998，第155页。
② 秦宝琦：《中国秘密社会新论：秦宝琦自选集》，福建人民出版社，2006，第16页。
③ 苏全有、陈建国：《中国社会史专题研究》，呼和浩特内蒙古人民出版社，2006，第563页。

性问题，组织的聚合因此趋于"隐秘"以规避可能存在的被镇压的风险，这在客观上构建了组织的聚合外部动力。

4. 主流社会价值取向规范了组织的聚合行为

在通常条件下，传统秘密社会以平和而非激烈的方式实现组织的聚合，这一点与同样是以游民为社会基础的土匪组织存在明显的差别，其中的原因与秘密社会在价值取向上模仿主流社会有关。秘密社会虽然单独构建了一个地下世界，但在外观上没有脱离主流社会，没有"脱序"，因此，"秘密结社能够在被社会接纳的条件下生存与发展"①。当然，模仿主流社会的价值取向并不是说其持有相同的价值取向，秘密社会通常也建有自己的价值系统，并且在特定时期以此来调节或者维护社会秩序，但是其聚合行为仍然不能摆脱主流社会价值取向的影响。因此，在大多数情况下，传统秘密社会既不反政府也不反社会，只是依附主流社会而生存。

三、秘密社会聚合环境的近代变迁

鸦片战争以后，西方势力嵌入和异质文化东渐促进了传统社会的瓦解，中国逐渐步入近代社会。近代中国社会变迁最显著特点是"外源性"，社会转型除了面临"内源性"产生的新旧更替问题外，还存在"外源性"导致的中西冲突问题，因此，"'东西'与'古今'问题的并存，使近代中国的社会变迁和文化转型的任务"比只属"内源性"的一些国家要复杂和困难得多。② 近代社会变迁改变了社会组织的生存环境，带有"古今东西"特质的文化、观念与制度在影响主流社会组织生存模式的同时，也逐渐推动秘密社会聚合机制的变迁。

首先，社团合法地位的确立以及由此快速发展膨胀的社团组织，使客观上对秘密社会聚合的限制与约束有所松弛。步入近代社会以后，受西方政治观念的影响以及"亡国灭种"的威胁，清政府放松了对民间结社的控制，维新政治团体开始出现。1908 年清政府制定《结社结会律》的规范政

---

① 彭先国：《民国土匪问题的历史学阐释》，湘潭大学出版社，2015，第 44 页。
② 郑大华：《中国近代思想史学术前沿诸问题》，湖南师范大学出版社，2012，第 40 页。

事结社的管理，稍后颁布的带有宪法性质的《钦定宪法大纲》规定"臣民于法律范围内，所有言论、著作、出版及集会、结社等事，均准其自由"①。社团合法地位由此确立。尽管秘密社会并非政府认可的合法性社团，但限制与约束也远不如以往那么严厉。尤其进入民初社会，民间社团进入快速膨胀期，许多秘密社会通过社团登记进入半公开状态，其生存空间得到进一步拓展。

其次，工业化及其伴随的城市化进程与传统社会的瓦解，滋生了有利于秘密社会聚合的社会土壤。随着近代社会的变迁，以机器生产和使用为特点的工业化开始改变传统的经济结构，近代中国的工业化经历了军事工业建设、商办民用工业发展和民族工业资本主义兴起与发展三个不同的历史时期。伴随近代工业化的发展传统城市向近代城市转型，近代中国沿海沿江"租界城市"的发展与工业新兴城市的崛起，使得传统小农业经济结构逐渐瓦解，大批的农业人口向城市移动。从社会变迁角度来看，近代城市相对于传统城市呈现出大规模、高密度、高异质性等基本特征，人际关系趋淡，财富成为衡量一切的标准，城市化过程使居民形成了特定的性格和态度：摆脱了传统的各种亲密关系后，他们缺乏强烈的融合感和参与感；在拥挤的人群中，感到孤独和焦躁，体验到迷茫与神经紧张；面对城市中的流动性与多样性，他们之间的角色和关系互相割裂。② 在近代城市中，脱离传统乡村生活环境的移民面对新奇而充满迷茫的城市生活，渴望有个依托，这为秘密社会的聚合带来了更为有利的聚合条件。

最后，传统礼俗社会向法理社会的转型以及近代社会观念的变迁，提升了社会的宽容度，创设了有利于秘密社会聚合的社会氛围。传统礼俗社会是基于血缘或地缘关系的熟人社会，礼仪、舆论、习俗等非正式制度控制着人们的行为方式，许多民间结社活动因缺乏正式制度的支持而处于隐秘状态，社会对"脱离"礼俗社会秩序的行为包容度低。近代社会变迁使

---

① 赖骏楠：《宪制道路与中国命运：中国近代宪法文献选编 1840—1949（上卷）》，中央编译出版社，2017，第300页。

② 史蒂文·瓦戈：《社会变迁》，王晓黎等译，北京大学出版社，2007，第87页。

得传统的熟人社会逐渐被陌生人社会所取代，法理社会的转型为民间结社取得合法地位创造了契机。游离于主流社会的秘密社会通过政治参与、慈善义举和社会调解等方式，实现组织的公开与半公开，社会对秘密社会的聚合的态度也由"亟疾苛察"向"熟视无睹"转变。近代社会许多秘密社会组织的成员，特别是帮会组织成员，不再如礼俗社会时忌讳自己的身份，聚合活动也不再特别地隐秘；与此同时，随着秘密社会的半公开化以及参与规模的扩大，近代社会的江湖化现象日趋严重，社会对秘密社会的宽容度提升，秘密社会聚合的社会氛围相对宽松。

第三节　近代秘密社会聚合机制的变迁

秘密社会聚合力的本源在于组织结构所具备的满足成员"特定需求"的功能。需求是随着社会发展而不断变化的，组织成员的需求同样如此。近代秘密社会生存环境的变迁，使得秘密社会组织内部的正式和非正式结构功能发生了变化，加上秘密社会成员的来源多元化与利益多样化，以往的正式与非正式结构很难满足成员的"特定需求"。因此，秘密社会的聚合机制虽然仍基于显性的组织规制和隐性的价值认同；但是，组织成员的角色及其角色期待发生了变化，传统的仪式、帮规、教义等正式结构的聚合功能退化，情感、信念、惯例等非正式结构的聚合效应减弱，传统的聚合机制发生了嬗变，而利益关系成为组织聚合最重要的黏合剂。

近代秘密社会聚合机制最大的变化来自动力机制。秘密社会聚合的动力机制是指驱动组织成员聚合的动力结构体系及其运行规则。影响组织成员聚合的因素来自组织外部和组织内部：社会环境变迁所造成的组织成员的社会交往、就业状况、生活境遇的变化，是影响成员聚合的外部因素；组织成员在组织内的角色分配、利益关系的变化，是影响成员聚合的内部因素。外部因素对聚合行为的影响最终体现为成员在组织内部的角色变化与利益变动。

在利益机制下，原本烦琐的入门礼仪与森严的教义帮规趋于简洁化、透明化、松散化，秘密社会的社会亲和度提升，组织成员不再仅限于基层游民。以青帮为例，拜师礼由庄重森严开的"开香堂"变为"送红帖"行磕头礼。加入青帮组织的成员来自社会的不同阶层，依附城市的生存模式使其聚合方式也经历了适应性调整，这种适应性调整体现为组织内部上下不同层级的聚合方式的变化。

一、借鉴社团组织的上层聚合机制

社团组织即社会团体组织，近代是中国社团组织的蓬勃发展时期。在清末民初的社团中，政治性社团组织发展最快，知识阶层的精英依托社团组织学会、举办刊物、议论时政，进而提出各种国家建设方案。此外，经济、文化、教育、宗教类的社会团体发展也都比较快。例如，商人阶层为维护其政治经济利益，组织商会组织，开展抵制美货、收回利权、立宪请愿等活动，并积极推动地方自治活动。清末民初是近代社团发展的高峰时期，社团组织的基本特点是：具有明显的新旧并列与交替的过渡性质；社团活动的主流是反帝反封建；从形式到内容上都已趋向完善。[1] 秘密结社在与近代社团的交结中逐步掌握了近代社团的组织结构及其聚合方式。

秘密结社与近代社团交结始于帮会参与反清革命团体。兴中会、华兴会、光复会等早期的革命团体都是依托哥老会、洪门、青帮等组织而成立的。尽管帮会组织仍然保持其独立的组织形态，但是近代社团的结构与规制已经影响了帮会的传统组织体系。例如，光复会的主要势力是浙江的会党，"势力较大的有哥老会系统的终南会、双龙会、白布会、伏虎会、龙华会、平洋党、乌带党等，此外还有青帮系统的私贩党"，会党人数虽多，但山头林立，互不统属，会规密约各不相同。[2] 光复会遂于 1905 年在绍兴创办大通学堂中，对各地帮会首领进行训练，即使这些帮会组织后来没有脱离原来的帮会组织系统，帮会首领感受到了近代社团聚合所产生的力

---

① 傅金铎、张连月：《中国政党：中国社会团概论》，华文出版社，2002，第6页。
② 何信恩：《辛亥革命与绍兴》，西泠印社出版社，2011，第61页。

量，因此也对帮会组织聚合方式产生重大影响。

秘密社会的社团化始于民初。南京临时政府成立以后，秘密社会组织所处地位尴尬：一方面，晚清时期的秘密社会与清政府处于对立面，是重要的反清力量，尤其是帮会在反清斗争中与革命党人结成联盟，理应享有革命的成果；另一方面，进入民国时期，秘密社会组织无论是帮会还是教门，对于正常的社会秩序而言都属"脱序"的社会力量，应当予以限制或者打击。为摆脱窘迫状态，帮会组织首先开始社团化，于是有民初"中国社会党""中华国民共进会""社团改进会"等不同名目的帮会社团。民初帮会社团化的目标取向，就帮会组织而言，是追求其存在的合法性，并在此基础上实现政治参与；就革命党人而言，是通过新式社团形式对帮会组织进行"无害化"处理，使之融入主流社会。但是，面对民初复杂多变的政治生态环境，任何组织或团体都很难摆脱被各种政治势力利用或者操纵的命运，秘密社会组织更是如此。在历经被收买利用、分化打压以后，秘密社会重返旧路，利用民初相对宽松的社会经济环境，快速膨胀组织体系和增强社会影响力，尤其是帮会在社团化失败以后，大量涌入沿海、沿江城市，依附于各种灰色产业链而迅速发展。

借鉴社团组织以聚合组织成员，这是北洋政府后期，秘密社会在相对稳定以后所采用的拓展生存空间与获取社会资源的重要方式。从宏观层面而言，社团存在的原始动因是风险分担与资源分配，是人们为共同分享特定事务而形成的自发选择。社团成员通过组织内部的知识重组和分享机制，来达成对风险的分担和资源的分配；社会团体通过参与市场和国家两个领域的活动，来争取资源和扩大资源总量和降低风险概率。在每个国家，"社团作为组织化的政治参与形式和载体都受到政党和政府的高度重视"①。秘密社会正是借助社团来聚合来自"市场和国家两个领域内"的特殊成员，以达到与主流社会共享社会资源的目的。因此，以社团名目出现的秘密社会组织有个明显的特点，就是其社团成员都是主流社会的上层人

---

① 诸松燕：《权利发展与公民参与——我国公民资格权利发展与有序参与研究》，中国法制出版社，2007，第249-251页。

物，包括商人、官员，其中不乏政府高官和企业大佬。

帮会组织是利用社团聚合上层组织成员比较成功的秘密社会组织，这也是民国时期帮会快速发展的重要原因之一。20世纪20年代至30年代，各地洪门团体纷纷进入上海，这些以山堂为名的帮会组织内部尽管还是以"山头"相称谓，但都在政府机关备案登记，以社团名目合法出现，对外统称"会""社"。例如，上海的广帮三合会有数十支，这些组织内部尽管保留"山名"，但大多以体育社团名目对外，也有的三合会"以互助会为名，如洪顺互助会、群联互助会、华星互助会，等等"，这些分散的社团掩饰了帮会的外部特征，有利于三合会吸收成员，以适应现代社会的生存环境。① 1935年，上海洪门组织在五圣山向海潜的组织下成立"洪兴协会"，协会成立理事会和监事会，由汪禹丞、向海潜任理事长，主要成员是帮的上层，包括政界、商界帮会成员。"洪兴协会"成立后，每月举行理、监理会一次，通过社团的聚合形式，帮会上层"联络感情，消除隔阂，加强了洪门各团体之间联系，帮派之间的争斗大为减少"②，组织的聚合效果明显。相对于洪门而言，青帮的发展更加迅猛，青帮经营的领域由早期的黑色产业逐渐向灰色乃至白色产业转变，组建新式社团组织不仅是青帮谋求组织合法性的工具，而且是聚合组织上层成员的有效手段。以1933年由陆京士成立的恒社为例，社团以"联络感情，互相扶助"为标榜，有章程，设有理事会、监事会以及相应的职能部门，并编印《恒社月刊》内部刊物，完全是现代社会的组织形式。但是作为秘密社会组织，恒社"在本质上并没有改变流氓本性，社内还保持着流氓帮会的一些特征，比如为杜月笙祝寿，社内设有大小赌局，逢年过节不免大赌特赌，还有花枝招展的妓女充斥其中，污言秽语，放浪形骸，不堪入目"③。依托恒社，杜月笙的青帮组织聚合了上海市党部或者市政府官员、银行家、企业家、文化界名人等所谓的商界和社会"领袖"，合法占有社会资源以壮大组织

---

① 宋钻友：《广东人在上海1843—1949年》，上海人民出版社，2007，第59页。
② 李山：《三教九流大观（中）》，青海人民出版社，1998，第1226页。
③ 张艳玲：《人在租界之杜月笙》，华文出版社，2015，第126页。

力量。其他，如"大"字辈张仁奎的仁社、"通"字辈黄金仁的忠信社，虽然规模不及恒社，但在功能上大同小异。帮会的社团化聚合方式，进一步打破了传统秘密社会组织内部森严的"认字排辈"聚合形式，逐渐以掌控资源的能力来确立其在组织中的地位，从而有利于吸引社会上层加入组织，促进组织的发展。

秘密教门主要是面向基层社会，以传教授徒的方式来索取财物，以维系组织的生存。因此，相对而言，清末民初的教门组织很少采用社团的聚合方式。随着社会风气大开，传统的妖妄狂悖和荒诞不经之说已经很难招揽信徒，为此，到20世纪30年代，教门组织在调整教义教规的同时，以其他名目来包装自己。由此，慈善机构是教门对外主要的合法形式，许多秘密教门因此在社会上名声大振，并成功聚合许多社会中上层人员加盟组织。以中华理教会为例，该教门原本是由清初杨来儒创立的理门，几经波折遍及城乡各地，成为民初比较有影响的秘密教门。但是，理门宗派繁多，互不统属，名目不一，礼数迥异。1913年，李毓如、苑文鉴联合北京的理门公所徒众在内务部立案，成立理门的社团组织，名为"中华全国理善劝戒烟酒总会"，并成立了理事会，出版了内部刊物《理铎》，社团名目使得理门获得存在的合法性，"在民国初年与佛教会等宗教团体并列，积极从事一些慈善救济之类的活动，有一定的社会影响"，披上社团外衣的理门组织能够合法地建立分支机构，聚敛财产，结交北洋权贵。1933年，中华理教会总会在国民党中央社会部备案。中华理教会总会在各地设立分会、支会，实行社团组织的理事会、监事会制度，是理门组织的对外组织，聚合理门的上层，包括各地的领众，具有政、商、军界身份的会众；但是，理门组织内部严格的教阶制度并没有变化。民国时期的其他的教门，如同善社、孔孟道、红卍字会、天德圣教、一心天道、龙华圣教会，等等，也将社团的聚合方式作为教门凝聚组织合力、拓展生存空间的重要法门。因此，民国时期的教门一个重要特点就是：在组织形式上建立了公开与秘密两套系统，或使用多块牌子，以便对外联络和控制内部。①

---

① 陆仲伟：《中国秘密社会（5）·民国会道门》，福建人民出版社，2002，第23页。

二、依托行会码头的基层聚合机制

把持封建行会、盘踞码头帮口，进行敲诈勒索、开坛聚会、收徒敛财，这是传统秘密社会重要的生存方式。

行会是传统社会城镇中的同业组织，旧称"行帮"。行会始于隋唐，当时，同行商人为应付官府的摊派而结成"行""团""市"等名目的会所，以处理业内事务和分摊政府的摊派。宋代以后，行会逐渐被富商大贾的行头把持，这些行头勾结衙门，操纵市场，通过排斥非行商人或者外地商人来获取暴利，行会成为他们牟利的工具。清代是行会的发展期，出现了"会馆""公所"等地缘性的行会组织。会馆、公所"议定行规，对有关事宜加以种种限制，对违反规约的行为加以处罚和制裁"，为了本行业的利益，会馆、公所"限制或阻止外来者开设新店即使允许"[1]。明清时期，除了商人行会外，还出现许多由城镇手工工匠、贩夫走卒等基层社会群体组成的会馆。

行会虽非帮会，但行会与早期的帮会存在某种程度上的传承关系，许多帮会组织与行帮有密切关系。例如，盐帮原本是正式得到官府认可的贩盐行帮，但是明清时期私盐盛行，盐帮在行盐同时也兼贩私，由此演变成为秘密帮会组织。明万历中后期的闽江口有"三大害"之说，即所谓的盐帮、哨船和看航，其中，盐帮即外港六帮，盐帮以官商名义贩卖私盐、提高盐价以获取更多盐利，不仅如此，"盐帮食盐专卖制的'划界行盐'原则和缉捕私盐的权力控制海域"，建立武装，控制水上商路，勒索过往客商，已非一般的商帮。[2] 例如，漕运水手行帮与青帮是直接传承关系，罗教水手行帮原本是以各地庵堂为依托的漕运水手互助组织，师徒传承，也谓"漕帮"，嘉道以后，水手行帮逐渐控制了漕运，各派系拥有成员包括水手、船工、纤夫等不下四五万之众，并逐渐演变成为青帮，"长江下游

---

[1] 严昌洪：《在商业革命的大潮中——中国近代商事习惯的变迁》，华中理工大学出版社，1997，第82页。

[2] 黄国信、叶锦花：《食盐专卖与海域控制——以嘉万年间福州府沿海地区为例》，《厦门大学学报》（哲学社会科学版）2012年第3期。

江浙水手行帮中的罗教水手行帮是青帮的前身，青帮真正形成是在漕运解体，江浙罗教水手行帮与长江下游势力膨胀的盐枭集团结合以后，盐枭在青帮形成中起了载体和媒介的作用"①。

　　码头是在沿江或沿海的水陆衔接、交通便捷之地逐渐形成的供船舶进行避风、泊宿、装卸的聚泊场所。古代码头的形成有军事、政治、经济等多种因素，就其功能而言，以粮运、盐运码头居多。码头及其周边市镇通常流动人口多，人流量较大，往来鱼龙混杂，适宜秘密社会的生存。在传统社会，闯荡江湖讲究的是先抢码头，"夺码头、闯字号"是秘密社会中组织在基层社会立威的重要手段，"码头"成为秘密社会的重要标签。例如，三教九流在不同的码头间讨生活，谓之"跑码头"，秘密社会成员可以通过帮内隐语相互识别；秘密社会在码头及其周边市镇分疆划界，相安无犯，在各自势力范围内的合法或者非法营生中坐享厚利，谓之"占码头"；秘密社会组织相互纷争、争夺地盘，重划势力范围，谓之"抢码头""闯码头"。尤其是会门组织，其存在和发展与码头有着不可割断的联系。

　　近代开埠以后，传统的行会、码头的功能发生了重大的变化，秘密社会组织依托行会码头聚合组织成员的方式也发生深刻的变化。控制特定行业和把持港口码头成为秘密社会聚合下层成员的重要手段。以控制特定行业为例，近代的行会组织大多向商会或者同业公会转型，但是在脚行、渔市、黄包车、粪车等一些特定行业和新的工种——粪夫，从业者大多数是下层民众，这些行业通常被帮会组织包揽。通过控制基层社会的特定行业，帮会不仅坐收厚利，而且能够聚合一批下层社会成员。例如，"江北大亨"盐城人顾竹轩，早年以拉黄包车为生，后拜青帮嘉兴卫帮"大"字辈刘登阶为师，长期控制上海的人力车行，他所收的数百名门徒中虽然也有小商贩、低级别的军官和警察等，但人数最多的还是人力车行的行主及众多的人力车夫，成为 20 世纪 20 年代"旧上海最大的人力车霸主"，聚合了一批以盐城籍黄包

---

① 陆勇：《晚清社会变迁中的长江下游青帮》，《上海师范大学学报》（哲学社会科学版）2006 年第 2 期。

车夫为主的基层帮会成员。[1] 再例如，旧社会的城镇卫生设施差，由此产生"倒马桶"的特殊行业和新的工种——粪夫，粪夫按月收取费用，粪加水后再售给农民。控制拉粪行业的称为"粪霸"，通常都是当地的帮会势力，如控制法租界的拉粪行业的"粪霸"是黄金荣姘妇阿贵姐，不仅月赚万元，而且聚合一批底层会员。[2] 至于近代城市的赌场、妓院、烟馆等灰色行业，无处没有秘密社会的影子，经营灰色行业不仅是秘密社会组织重要的经济来源，也是其聚合底层成员、维持组织生存的重要依托。

近代开埠后的沿海、沿江港口码头，搬运业发展迅猛，大量涌入城市的底层流民成为码头工人。码头工人社会地位最低，受苦受累最多而收入最少，被人称为"苦力""脚夫"，大多数码头工人都是逃荒避灾的穷苦农民和破产的手工业者。控制码头的是把头或者包工头。例如，湖北的码头，每个码头都有大把头和中、小把头，把头的来源各异，来自帮会组织的较多。把头通常可以归类为世袭传承的把头、帮会势力的把头、官府背景的把头三种，也有少数既是船行老板又是把头的"水旱把头"。[3] 帮会势力控制的码头，把头或者包工头可以自立帮规，私设刑堂，随意处置码头工人，此类帮会组织可以统称为"码头帮会"，旧中国的水陆码头大多数属于"码头帮会"的势力范围，码头工人加入帮会成为一种普遍现象。例如，近代上海的水运码头，帮会势力复杂，相互竞争激烈，包工头被青、洪帮等帮会势力包揽，码头工人要有工做就必须加入帮会，有"好人不吃码头饭，要吃码头饭，就得拜个老头子"的当地俗谚，有些码头帮会的成员，占工人总数比例甚而达了70%~80%。[4] 码头帮会成为秘密社会聚合底层民众的重要组织形态，扩大了秘密社会生存的社会基础和生存空间。

依托行会码头的基层聚合方式，在秘密教门中比较少见，教门不"占码头"，也很少把持灰色行业，但是这不排除教门以类似方式来聚合底层民众。秘密教门通过劝人为善、社会公益、劝戒烟毒、慈善救助等方式，

---

① 慕小刚：《老上海记忆》，当代世界出版社，2017，第19页。
② 吴汉民：《20世纪上海文史资料文库（10）》，上海书店出版社，1999，第218页。
③ 张光耀：《襄樊港史》，人民交通出版社，1991，第116页。
④ 卫国、王玺昌、奚德强：《上海港码头号子》，上海文化出版社，2014，第47-48页。

向社会展示其存在。

近代社会转型带来的阵痛以及外国势力强行嵌入引发的灾难，使得近代中国基层社会残破，民众需要心理慰藉。每逢天灾人祸时，秘密教门组织就会渗透到基层社会，宣教布道、广收门徒，聚合下层民众。许多教门组织，依托道场、法会、办斋等活动，在敛财的同时也聚合了下层会众。例如，中华理教会各公所一般每年四季都要办斋。办斋就是公所领众定期召集道众在公所大吃一顿，同时摆设理坛点收新道众和讲道理，宣扬迷信活动，也是向道众敛钱的一种方法。斋会因在理教宣扬为善和劝戒烟酒而得到基层教众的认同，这种带有亲和性的聚餐形式，也成为聚合教众、吸引信徒的重要方式，连一些本来不是理教会的群众，"遇到亲朋好友招待烟酒，往往以自称'在理'谢绝，可见理教在劝戒烟酒这一点已深入人心"[1]。因此，教门虽然没有行会码头，但是在心理安慰、社会救济等方面，更加贴近基层，由此获得类似"行会码头"的基层社会立足点，在获得组织利益的同时，也聚合了基层组织成员。

三、公司化形式的上下层聚合机制

秘密社会组织的"公司化"运行，就是指帮会或者教门借鉴和模仿近代公司组织形式和运营模式来管理组织成员，协调利益分配，提升管理绩效，实现组织不同层级之间的有效聚合。秘密社会的"公司化"形式是近代社会以后才有的现象，之所以借鉴"公司化"形式，基于的是公司化管理运行模式的有效性以及近代秘密社会组织管理的复杂性。

近代中国的公司制度源自西方。传统中国也有称谓"公司"的组织，但通常仅限于合伙性质的经济组织以及秘密社会的会门组织两类，其中，会门组织的"公司"主要是秘密会社堂号的别称，最具代表性的是上海和福建"小刀会"所用的诸如"义兴公司""松信公司"等不同名目。[2] 这些"公司"与近代"公司"不是同一概念。在近代中国，西方公司制度起

---

① 陆仲伟：《中国秘密社会（5）·民国会道门》，福建人民出版社，2002，第229页。
② 杨在军：《晚清公司与公司治理》，商务印书馆，2006，第61页。

初存在于外国洋行，当时中国商人通过附股洋行，"不同程度地投身于外国公司的经营管理，从而获得了对公司运作机制的感性认识"①。洋务运动兴起以后，中国开始有真正意义的近代股份公司，主要是官督商办的洋务企业。甲午战争以后，民营商办企业发展迅猛，股份公司制得到社会各界的认同，到1904年《公司律》的颁布，近代中国的民办公司的发展迎来了高潮，"公司化"的运作模式逐渐为人们所熟知。近代公司制度的本土化，不仅在经济领域内促进了传统产业的转型发展，而且在政治、文化等其他领域内产生重大影响。在近代中国，"公司不仅是一种经济组织，也是一种文化组织，公司巨大的经济功能和文化功能归结在一起，又决定了公司的政治功能在近代社会生活中的举足轻重的地位"②。秘密社会是依附主流社会而存在的社会组织，公司制度的有效性必然引起秘密社会组织的兴趣。此外，近代秘密社会组织发展的变化也需要借鉴"公司化"的形式。

近代秘密社会组织发展的变化，从组织管理角度而言，主要体现在三个方面：一是组织体系日益庞大，近代农村经济的残破和城市手工业的破产，使越来越多无业游民进入不同名目的秘密社会组织，组织体系的庞大带来运行管理上的混乱无序；二是经营行业日趋专业，近代社会的生存环境需要秘密社会组织具有不同于传统的生存手段，贩毒、赌场、妓院等只能帮助其完成"原始积累"，而要在正规的行业谋求发展，需要专业化方式才能实现；三是组织成员日趋复杂，不同身份、不同层次的成员难以有效沟通，尤其是组织不同派别之间、组织内部上下层之间，隔阂日深。上述三个方面的变化，对青帮而言尤其明显。民国初年进入上海等城市的青帮组织发展非常快，拥有的基层会众很多，传统的"论字排辈"根本无法约束帮众的行为，不同师门的青帮宗派之间互不统属，相互竞争。青帮的主要收入来源是贩毒、赌场、妓院等非法所得，在杜月笙等势力崛起之前，很少有主动涉及金融、船运等专业领域的。因此，秘密社会需要借鉴新的组织管理模式来实现组织的自我调适。

---

① 葛剑雄、熊月之：《西制东渐：近代制度的嬗变》，长春出版社，2008，第141页。
② 张忠民、陆兴龙：《企业发展中的制度变迁》，上海社会科学院出版社，2003，第165页。

秘密社会的"公司化"运行包括两种类型：一是将黑、灰色产业链获取的资产，直接投资于经营合法的、正规的产业，通过"公司化"漂白非法所得，获取组织发展的资源；二是将企业的管理模式与运行机制，嫁接到秘密社会组织内部，建立公司化的科层管理体系，提高组织的运行效率。无论何种类型，秘密社会的"公司化"运行是组织的自我调适，不同层级的成员由此可以实现上下联动。

以上海的青帮为例，传统的黄、赌、毒等黑色产业以及舞厅、浴池、戏院等灰色产业不再是青帮的主要收入来源，以杜月笙为首的青帮组织开始以工"公司化"形式进军金融工商界，在此之前，重要的帮会成员，如金廷荪、肖宗俊、阳百祥等已经开始经营面粉、造纸、百货等合法产业。由此，"帮会由上海工商实业界的一种外在社会环境变成工商界的一种内部存在"，[①] "公司化"的形式也成为帮会聚合上下层的重要形式。以航运业为例，青帮组织虽然控制大部分的陆上码头，而且掌控了众多的水手成员，但是不同派别之间相互竞争斗殴，即便是各自"老头子"出面也很难摆平。杜月笙控制了大达公司后，情况发生了变化。大达轮埠公司是1905年由张謇建立的小型轮船公司，公司在上海的码头即大达码头，是来往上海下游地区的货运和客运中心。1932年，杜月笙利用大达公司两艘轮船火灾意外事件，成功控制了公司。大达公司由杜月笙手下杨管北接手以后，业务发展迅速，成为垄断整个苏北地区的商业和运输的贸易和航运集团。青帮通过对大达轮船公司的经营，向上汇聚了政府要员、投资商人和银行家等上层势力，向下则"完全控制了装卸工人、码头工人及作为工人承包商的工头，使杜月笙成功地操纵着十六铺码头上大达的劳工"，[②] 实现了青帮组织的上下层聚合。

秘密教门组织以"公司化"运行的情况不是很多，主要是一些大的教门组织。例如，九宫道余九天的盘主赵泽光在上海、天津、镇江、苏州和绍兴等经营的商贸行、制革厂、印染厂、煤矿公司、酱园等企业，股头贾

---

① 樊卫国：《近代民族资本与上海帮会》，《上海社会科学院学术季刊》1996年第2期。
② 张忠民、陆兴龙：《企业发展中的制度变迁》，上海社会科学院出版社，2003，第165页。

庆臣经营的民国驰名大企业"爱耳染色"。尽管公司化形式很少运用于教门组织运行，但是教门组织的聚合也在借鉴公司化的理念或者做法。民国时期的教门组织有个共同的特点，就是不仅建有全国性"总会""部堂"，而且还在其他城市设有分会分堂，甚至在乡镇也布设联络点。以同善社为例，其最高领导机构是统号"洪信祥"，下有合一会、总社、省号、县号、事务所等不同层级的分支，各不同层级之间以类似"科层管理"的机制，层层联动，"洪信祥是上田，合一会是中田，总社是下田"，"凡有重要事宜，先须报该省省社转呈总社，再经过合一，始直达本堂，以清权限"，[①]各支设有不同的职务，如县社设正、副善长，及教授、交际、文牍、庶务、监理等六科，体系严密，上通下达。可见，教门虽然很少有"公司化"的经营实体，但是在聚合上下层关系方面，确有仿"公司化"的类似聚合方式，毕竟公司制度是近代社会组织最有效的组织模式。

秘密社会聚合机制变迁主要是利益激励机制的变化。利益机制是成员聚合的基础。秘密社会组织要能够满足组织成员的生存与安全需求，或者满足社交自尊和自我实现的需求，才能获得生存与发展的社会基础。因而，能够满足成员的需求，是秘密社会组织聚合的最原始的动能。秘密社会组织内部的抱团庇护、上下亲和、互为帮扶等行为方式以及相应的制度体系，是组织内部聚合的动力机制。因此，能够获得利益或者好处，是成员聚合的基本前提。近代社会以后，秘密社会组织的收入不再主要依靠走私贩毒、敲诈勒索等非法手段攫取，更多的是通过涉及灰色产业或者合法经营获取，因此组织内部的利益分配也趋于正式化，相对稳定、规范的利益分配方式，使得组织内部的聚合力加强。利益激励的中心地位以及利益分配的程式规范成为近代秘密社会聚合机制的重要特征，其外在的表现形式是聚合模式的变迁：借鉴社团组织的上层聚合、依托行会码头的基层聚合以及公司化形式的上下层聚合。聚合模式的变迁，促进了组织内部上下不同层级之间的联动，利益链条成为串接不同层级的主线，由此增强秘密社会组织的凝聚力，这也是民国时期秘密社会组织迅速膨胀的重要因素。

---

① 陆仲伟：《中国秘密社会（5）·民国会道门》，福建人民出版社，2002，第66页。

第六章 结语

秘密社会与有组织犯罪存在千丝万缕的联系。近代中国的秘密社会，尤其是城市型帮会组织，在性质上大多可以归属为黑社会或者带有黑社会性质的有组织犯罪集团。例如，近代上海，有组织犯罪活动猖獗，青帮势力能够从社会底层进入社会的中上层，并与国民党当局建立起密切的联系。"三大亨拥有如此巨大社会投影的全部奥秘，就在于他们背后那一个独特、完备的黑社会系统。"[1] 有组织犯罪不仅包括了黑社会组织犯罪，还包括了黑恶势力犯罪。尽管学界对有组织犯罪的界定各异，但一致公认的是，"黑社会与黑社会势力都是有组织犯罪的表现形式，黑社会则是有组织犯罪发展到登峰造极时的形态"[2]。当代中国虽然没有出现明显的黑社会组织，但是黑社会性质的有组织犯罪活动仍然客观存在。因此，借鉴历史经验，从社会学视角探讨黑社会性质的有组织犯罪的治理问题，对加强与改善社会转型期的社会综合治理工作，具有重要的现实意义。对中国秘密社会的生存模式及其近代转型的研究，可以揭示出社会变迁与秘密社会膨胀的内在关联，可以总结历代治理秘密社会的得失，从而为当代中国社会准确制定治理有组织犯罪问题的对策提供借鉴。

一、社会变迁与秘密社会膨胀的内在关联

现代社会学认为，社会变迁泛指一切社会现象的变化。社会变迁包括社会渐变和社会革命两种基本形式，通常用来"描述那些包括特定的人

---

[1] 苏智良、陈丽菲：《近代上海黑社会》，商务印书馆，2004，第4-5页。
[2] 蔡建文：《中国扫"黑"行动》，福建人民出版社，2002，第34页。

口、地理环境以及政治、经济、思想文化等各种要素在内的社会整体性单位和社会综合性现象的系统变化"①。社会变迁，无论是渐变还是革命，必然会引起社会控制弱化，甚至造成剧烈的社会动荡，从而形成适宜包括秘密社会在内的各式"亚文化"群体的生存与发展空间。② 因而，秘密社会就其文化属性而言可以视作"亚文化"社会系统的"暗流"。尽管秘密社会包括了帮会与教门两种不同类型的组织，但是其群体成员大多基于共同的价值观念和行为模式，形成对组织的归属感与认同感，从而形成区别于主流社会群体的独特的生存模式。

生存模式是指社会个体或者群体为达到生存目的，在主动适应自然、社会生存环境过程中形成的相对稳定的生存方式。秘密社会属"亚文化"社会系统中的社会群体，与主流社会以及"亚文化"社会系统的其他社会群体处于相同的社会空间，因而，不能仅限于从秘密社会自身去考察其生存模式。在社会变迁过程中，从组织结构形式、资源获取方式、社会交往模式和内部聚合机制等显性要素出发来系统考察秘密社会的生存模式，可以从社会学视阈理解与把握社会变迁与秘密社会膨胀的内在关联。这种内在关联具体体现在四个方面。

1. 内部组织结构的调适提高了组织的开放度

隐秘性是秘密社会生存的重要保障，但也是组织规模发展的主要障碍。社会变迁尤其是剧烈的社会动荡所引起的主流社会价值取向与行为方式的变化，往往给秘密社会的组织规模扩张带来契机。而组织结构从绝对"隐秘"状态向相对"公开"状态的转变，有利于扩大组织的规模，所以许多秘密社会组织在遇到"改朝换代"或者大规模"民变"时，通过组织机构的调整，扩大组织规模、提升执行力。近代秘密社会更是如此，为适应近代外部环境的变化以及引发的组织目标的调整，其组织架构、组织规

---

① 吴增基、吴鹏森、孙振芳：《现代社会学》，上海人民出版社，2018，第297页。

② 社会变迁其实可以视为价值观念与行为方式的变迁。在任何一种社会形态里，都有社会成员共同奉行的价值观念与行为方式，称为"主流文化"，也有不占统治地位的局部的文化现象，称"亚文化"。两者之间存在从属或者对立关系，而对立关系则可能逐步形成"犯罪亚文化"。（参见吴鹏森：《犯罪社会学》，社会科学文献出版社，2008，第260~261页。）

制等进行了相应的调适，开放性、层级化和功利化成为组织结构主要特点，组织的规模扩大。许多秘密社会组织由"幕后"逐步走向"台前"，成为体制外控制基层社会的重要力量。

2. 资源获取方式的转换增强了组织的生存力

群体"互助"与聚众"敛财"是秘密社会生存与发展的动力，也是秘密社会活动的主要目标取向。利用一切可能途径，包括合法的与非法的手段获取组织资源，是秘密社会存在的基础。社会变迁所形成的社会控制弱化，为秘密社会以"非正式"方式获取资源提供了契机。但是，秘密社会是依附于主流社会而生存的"亚文化"群体，有寻求"正式途径"的资源获取方式的本能。近代社会变迁所带来的政治、经济与生活环境的变革，为其资源获取方式的转换带来了机遇。从经营"黑色"营生到从事"灰色"行当，进而进军"白色"事业，近代秘密社会抓住了一切可能的机会，完成了资源获取方式的转换，并获取了巨额的社会财富。

3. 内外交往模式的嬗变扩大了组织的影响面

社会交往是社会生活的"纽带"，也是秘密社会明晰组织边界、获取组织资源、凝聚组织力量和拓展组织生存空间的重要方式。秘密社会的交往与主流社会相比一样具有公共性或者共通性，但是在具体的交往模式上又有其作为秘密组织的独特性与隐秘性。近代社会变迁改变了主流社会的交往环境与交往关系，使得秘密社会在交往关系、交往空间、交往内容与交往手段等方面发生嬗变，体现为交往主体的多元化趋势明显、交往内容的趋利性特征增强、交往手段的隐秘性日趋淡化和交往活动的层次化等特点。秘密社会内外交往模式的嬗变，使得秘密社会逐步通过拓展交往空间、扩大交往范围，将其触角延伸到社会生活的各个领域，其社会影响面从基层社会的"贩夫走卒"至中上层的"社会精英"，甚至影响到工商业、金融业巨头以及政府高层。

4. 内部聚合机制的演进提升了组织的凝聚力

内部聚合机制是秘密社会组织内部的黏合剂。在生存资源相对匮乏以及生存环境相对严酷的条件下，秘密社会通过相互认同的价值取向来凝聚成员意志、维系组织生存，体现在偶像崇拜、秘密仪式和等级体系等各个环节中。近代社会的变迁带来人们观念上的变迁和社会生活环境的变化，使这种以"价值引导"为主的组织聚合模式发生了嬗变，秘密社会的聚合机制进行了适应性的调整，无论是传统秘密社会组织，还是新形成的会道门、近代帮会组织，"利益激励"逐渐成为其组织成员聚合的主要机制。带有强烈迷信色彩的偶像崇拜逐渐淡出，神秘的组织仪式逐渐公开化，森严的等级体系也在强大的物质利益面前逐渐瓦解。内部聚合机制的演进，促成不同阶层、不同行业的组织成员之间的联结，避免了组织规模扩大后，内部组织力涣散的问题，从而为秘密社会组织的发展提供了凝聚力。

生存模式的调适为秘密社会的生存与发展拓展了空间，而对秘密社会治理缺乏有效的手段和方法，是导致秘密社会膨胀的推手。秘密社会是社会弱势群体组织，就其形成而言，社会弱势阶层中禀赋超群的社会成员正常发展受挫，"只能退求另一种方向的发展，这种发展若由当时存在的社会结构来审视，必然会被认为是'反社会性的'"①。因此，不管秘密社会是否具有"互助"性质，其对现在社会秩序的"破坏性"是任何体制都难以容忍的。

在传统社会中，秘密社会始终是历代政府打击的对象，如清代对秘密社会采取严厉取缔以及坚决镇压的政策。以秘密教门为例，早在顺治年间，清政府吸取明末秘密教门膨胀造成的"风俗大坏、异端蜂起"和导致的政府覆亡的教训，坚决镇压秘密教门活动，并将相应的法律规制纳入《大清律集解附例》；康熙年间，清政府进一步完善法律制度，在加强对失察官员追责的同时，注重以奖励告发的形式控制秘密教门的发展；雍正年间，清政府加大镇压力度，对法律条文进行更为细致的规定，同时采取僧邪分开、惩办首恶、明察暗访等措施，压缩秘密教门的生存空间。清初清政府对秘密教门的镇压或打击力度不弱，但是秘密教门组织仍然不断壮大，最终形成了嘉庆年间的五省教门大暴动，其背后的原因令人深思。嘉庆年间，清政府对教门政策进行调整，实行"剿抚兼施""不论教不教，

① 诺贝特·埃利亚斯：《个体的社会》，翟三江、陆兴华译，译林出版社，2003，第62页。

但论匪不匪"以及加强惩治力度等措施，晚清政府大致沿袭这些做法。但是，秘密教门不仅没有得到有效控制，反而快速膨胀起来。[1] 以天地会为代表的会党组织，具有一定的"反清复明"意愿和强烈的"反社会"意味，是清政府镇压反清运动与控制社会秩序的重点对象。清代各朝对会党的镇压可谓不遗余力，可是会党势力仍快速发展并成全国蔓延之势，最终成为埋葬清政府的"掘墓人"之一。从社会治理的角度，清政府的政策措施的得失值得深思。

民国以后，秘密社会取得了合法或半合法的地位，但是其本身的落后性以及对社会秩序的破坏性，对经济社会的发展具有明显的消极作用，因此，民国政府对其采取的仍是限制政策。但是，由于近代中国社会转型期间，列强环视、政治动荡、地方割据以及军阀混战等各种因素交织在一起，社会控制弱化。因此，民国时期的政府对秘密社会的限制效果有限，秘密社会在城乡快速发展，尤其是青帮快速成长为近代中国最大的帮会组织。秘密社会的膨胀所造成的社会秩序紊乱，以及有组织犯罪活动的猖獗，削弱了政府的社会控制力和政权的社会基础，进而影响了政治统治的合法性。

二、当代社会转型与有组织犯罪的存在空间

新中国成立以后，中央人民政府对旧中国的社会团体和势力进行了清理，整治了包括教门以及帮会在内的秘密社会组织。中央人民政府颁布了《社会团体登记暂行办法》，重新确立了社会团体的类别、登记范围、管理原则和体制，坚决取缔和打击与新生人民政权作对的社会组织或团体，特别是反动会道门和城市帮会组织，解散了会馆、公所、同乡会等"封建性团体"，镇压了破坏社会生产、扰乱社会秩序和危害公共安全的有组织犯罪活动。经过三年的时间，基本解决了游民帮会以及会道门问题，巩固了新生人民政权，实现了社会的长治久安。

---

① 曹新宇、宋军、鲍齐：《中国秘密社会（3）·清代教门》，福建人民出版社，2002，第277-289页。

当代中国社会的有组织犯罪始于20世纪80年初。有组织犯罪中的"组织"包括"合法性组织"和"非法性组织"，前者主要是利用合法性机构或组织进行的集体性犯罪，后者按照由轻到重可以分成团伙犯罪、集团犯罪和黑社会性质犯罪。由于当代中国没有真正意义上的黑社会组织，因此非法组织犯罪类型中的"黑社会犯罪"是指"黑社会性质犯罪"。"20世纪90年代中期以来，合法正式组织和非法组织这两类犯罪在有些地区合流。非法组织在政权机关寻找代理人，正式组织中的某些主要成员借助黑社会的力量牟取私利。二者互相勾结，内外呼应，共享利益。"① 针对有组织犯罪活动，特别是带有黑社会性质的犯罪活动，各级公安机关以"严打"态势控制其发展势头，同时1997年修订的《中华人民共和国刑法》将严厉惩治黑社会性质犯罪条款纳入其中。按照"宽严相济"的刑事政策和"打早打小、除恶务尽"的工作方针，到21世纪初，我国基本遏制了黑社会性质犯罪势头，社会秩序稳定，社会治理取得了较大成就。但是，现代社会的有组织犯罪是很难绝迹的，尤其是带有黑社会性质的秘密组织，只要有适合生存的土壤，就有可能死灰复燃。

当今中国正处于社会转型期，伴随着经济的快速增长，社会流动加快，利益日益分化，社会纠纷以及矛盾不断涌现，基层社会控制相对弱化，有组织犯罪活动有所抬头，黑社会性质犯罪成为危害社会经济发展的毒瘤。"黑社会性质犯罪是社会转型时期犯罪严重化的一个标志。相对来讲，经济发达的地区黑社会性质犯罪表现得比较严重，经济欠发达地区比较轻微。同时，在经济发展状况不同的地区，黑社会性质犯罪的表现形式也有一定差别。"② 黑社会性质组织的生存与发展，究其原因在于经济发达地区有其更适宜的生存空间。

从近年来破获的有组织犯罪案例来看，并结合对秘密社会生存模式的研究，我们可以发现，社会转型期有组织犯罪的存在空间主要是在经济领域。以不法手段获取巨额财富是有组织犯罪活动的基本动因，也是有黑社

---

① 杨继绳：《中国当代社会阶层分析》，江西高校出版社，2013，第338页。
② 赵颖：《当代中国黑社会性质组织犯罪分析》，辽宁人民出版社，2009，第57—58页。

会性质犯罪组织生存与发展的基础，"组织化和暴力化程度越高，越是要求更强的经济实力。经济实力越强，越是能够促进组织化和暴力化程度的提高"，因此，黑社会性质组织在发展过程中，不择手段攫取财富，"除了使用各种暴力的或非暴力的犯罪手段外，其重要的手段之一就是向经济领域渗透，把犯罪所得投资于经济活动"①。建筑、客运、物流、采矿、娱乐、餐饮等行业规模大、利润高、门槛低，是黑社会性质组织渗透的主要领域，其他与人们日常生活密切相关的领域，如批发市场、蔬菜市场等，也是黑社会性质组织重要的活动场所。当然，也有少数的黑社会性质组织在积累足够的资金，以完成"漂白"，从而涉足更高层次的产业领域。

为了获取财富，黑社会性质组织会按照所涉行业或者领域的特点，有针对性地形成组织架构、开展社会交往以及凝聚内部成员。黑社会性质组织的组织形式通常并不单一，既有传统虚拟血缘关系，也有现代的公司结构，并且有严格的组织纪律。黑社会性质组织的交往关系往往由最初的亲戚、同学、邻里关系逐渐向"业缘"关系拓展，甚至向政府机构渗透，通过腐败分子形成"保护伞"，其交往手段也不断调整。"有的黑社会性质组织甚至利用社会政治生活中的重要日期、新闻舆论等热点问题，操控群体性事件的方式，向政府施压以获取丰厚的利益回报。"② 在内部的成员控制方面，利益激励与恐吓威胁相结合，形成犯罪组织特有的"凝聚力"。一些有规模的黑社会性质犯罪组织"恩威并施"，通过"给组织中的领导者、积极参加者购买高档车辆、分给赌场股份、向组织成员发放工资、提供住房、通信工具等，笼络人心"，同时对于"违规"成员处以"剁根手指"的家法，以形成组织威慑力。③ 犯罪组织的生存模式及其调适，是当代社会转型期有组织犯罪尤其是黑社会性质的犯罪得以存在的重要原因。

---

① 何秉松：《何秉松刑法学文集》，中国民主法制出版社，2011，第667页。
② 刘莹：《有组织犯罪侦查研究》，中国检察出版社，2011，第14页。
③ 崔倩倩：《黑社会性质组织生成机制研究——以聂磊黑社会性质组织为研究样本》，《山东警察学院学报》2012年第5期。

三、社会学视阈下有组织犯罪的治理对策

有组织犯罪，尤其是黑社会性质的有组织犯罪，一直是当今各国政府头疼的问题，严厉打击和有效防范各类有组织犯罪是各国政府的共识。近年来，我国政府也加大了对有组织犯罪的打击力度。国家密集出台了在法律条文上有关黑恶势力犯罪司法解释，各地按照"严厉惩处""打早打小""除恶务尽"和积极预防的刑事政策，防范与惩治有组织犯罪，取缔与打击黑社会性质组织，以营造平安和谐、安全稳定的社会生活环境。但是，我们也应该看到，在社会转型期，有组织犯罪的生存空间短期内依然存在，引发各式有组织犯罪的社会环境还有待治理，因而加强对有组织犯罪特别是黑社会性质犯罪的治理工作，在相当长一段时间内仍然是社会综合治理工作的重点。通过对秘密社会的生存模式的分析，以及历代治理得失的总结，加上结合近年治理有组织犯罪的实践，我们可以从三方面加强对有组织犯罪的治理。

1. 保持刚性维稳对有组织犯罪的威慑

刚性维稳原本是指社会转型期，为维护社会政治稳定而实施的传统社会治理模式，是"借助于其所能整合的多种资源和各方力量，不计成本地对各种影响社会稳定的因素进行强力控制，从而形成了一种以政治权力的排他性和封闭性为基础的压力维稳模式"①。尽管这种治理模式已经不适应中国社会多元而复杂的境况，亟待进行调整，但是它对治理有组织犯罪而言，仍然是最为简便有效的治理模式。因为大部分的有组织犯罪，社会危害性大、影响面广，特别是黑社会性质的犯罪，往往利用社会转型期存在的矛盾和问题，制造事端，从中渔利，对人民生活与社会稳定构成严重危险。有组织犯罪涉及的已经不属于人民内部矛盾问题，甚至完全是敌我矛盾问题。因此"打早打小""除恶务尽""露头就打""打黑除恶""专项整治"等刚性维稳措施不能松懈，为此才能保持对有组织犯罪的威慑。从历代治理秘密社会的过程来看，取缔与惩治作为传统的手段与方法，其效

① 李巍：《环境群体件治理模式研究》，中国致公出版社，2018，第88页。

果还是很明显的。民国时期，黑社会性质的帮会组织膨胀以及有组织犯罪活动猖獗，其中的重要原因就是当局的放任与软弱，缺乏刚性维稳的能力与勇气。

2. 注重柔性挤压对有组织犯罪的抑制

柔性挤压就是要在把握有组织犯罪团体或者组织的基本性质、组织结构、财富来源、社会交往以及成员构成等要素的前提下，有针对地采取相应措施以挤压其生存的空间，抑制其成长势头，以遏制黑社会性质有组织犯罪。柔性挤压与直接"刚性"打击不同，它是按照社会综合治理的理念，通过预防为主、防控结合，来遏制有组织犯罪活动的发展势头。具体的对策包括：一是阻断有组织犯罪团体的财富来源，要坚决取缔非法行当，整顿娱乐行业，规范一般服务业，在严厉打击"黄赌毒"以及重大盗窃、滋事斗殴犯罪活动的同时，取缔以合法名义从事放贷、讨债、催讨等的组织或机构，整顿洗浴中心、娱乐场所、私人会所等边缘性"灰色"行业，规范各类市场、餐饮、酒店等一般服务业，防范与遏制可能存在的敲诈勒索或者操控市场行为；二是柔性处理社会矛盾，针对经济社会管理领域方面事关社会成员的切身利益问题，包括征地拆迁、医患矛盾、劳资纠纷以及城市管理等方面的热点问题，及时化解和避免激化矛盾，构建社会和谐稳定的基本环境，不给黑社会性质犯罪以可乘之机；三是规范社会交往关系，限制"同学会""战友会""老乡会"等各式名目的社会组织，规范政府以及社会公共管理机构人员与社会组织或者个人的非工作关系交往活动，营造风清气正的社会交往环境。这些对策可以有效防范有组织犯罪，挤压黑社会性质的犯罪组织的生存与发展空间。

3. 坚持多元联动对有组织犯罪的防控

有组织犯罪势力通常组织严密、实力雄厚、活动隐秘，其社会危害大，社会治理难度高。尤其是黑社会性质犯罪，其治理仅仅靠政府的单打独斗很难立竿见影，需要构建社会多元联动机制。从近年来破获的有组织犯罪案件来看，黑社会性质的犯罪呈现"黑白两道通吃"的发展模式，表现出具有成熟的组织结构与管理方式、经济实力较强且所涉犯罪领域较广、犯罪手段由"硬暴力"逐渐向"软暴力"转化以及对政权的渗透与腐蚀程度加大四个方面的特征。① 为此，要从经济领域、社会生活以及文化心理等各个层面，建立多元联动机制，以挤压黑社会性质犯罪的空间，构建防控有组织犯罪的社会网络。尤其值得注意的是，要加强在文化教育领域内的协同联动。传统中国社会的"江湖文化"根深蒂固，有组织犯罪文化逐渐影响并毒害少数青少年。"有组织犯罪文化是指在犯罪组织形成、发展过程中，组织成员形成的共有的价值观、思想意识和行为模式体系。"② 传统秘密社会的"江湖道义""论称分金银，成瓮喝酒，大块吃肉""兄弟结拜"等江湖规则以及"争强斗狠""抢劫勒索"等行为模式，被部分不明事理的青少年所崇拜与模仿。要从文化心理方面杜绝黑社会性质的犯罪，必须从源头抓起，加强青少年法治教育，培育良好的社会风尚，这就需要社会与教育界的多元协同。

综上所述，秘密社会是传统中国特殊的社会现象，是基层社会群体因信仰、避祸、互助等原因而结成的基层社会组织，但是其组织宗旨以及生存方式不为主流社会所接纳或者容忍而被迫处于隐秘状态，因此形成了各种名目的教门和帮派组织。秘密社会在长期的生存与发展过程中，形成了反映其秘密社会特征的相对稳定的生存模式。在近代中国社会变迁过程中，秘密社会逐渐完成由传统向近代的嬗变，其生存模式也根据近代环境的变化进行相应的调适，这种调适拓展了秘密社会的生存空间，促进了秘密社会的快速膨胀。秘密社会生存模式的变迁及其背后的社会学意义，可以为当下中国社会转型期治理黑社会性质的有组织犯罪提供历史借鉴。

---

① 刘莹：《有组织犯罪侦查研究》，中国检察出版社，2011，第12-15页。
② 张爽：《有组织犯罪文化研究》，中国人民公安出版社，2012，第9页。

参考文献

满洲实录, 1986. 清实录 [M]. 北京：中华书局.

罗清, 1994. 苦功悟道宝卷 [M]. 太原：山西人民出版社.

岳和声, 1981. 餐微子集 [M]. 台北：伟文图书股份有限公司.

戴肇辰, 1879. 广州府志（卷81）[M]. 广州：粤秀书院刻本（光绪5年）.

鄂尔泰, 张廷玉, 等, 2018. 日讲《礼记》解义 [M]. 北京：中国书店.

李鸿章, 2008. 李鸿章全集（5）[M]. 合肥：安徽教育出版社.

刘坤一, 2018. 刘坤一集 [M]. 长沙：岳麓书社.

青城子, 2005. 亦复如是 [M]. 重庆：重庆出版社.

陶澍, 2010. 陶澍全集. 奏疏（1-3）[M]. 长沙：岳麓书社.

俞樾, 1995. 九九销夏录 [M]. 北京：中华书局.

左丘明, 2016. 左传 [M]. 上海：上海古籍出版社.

翟宣颖, 2009. 中国社会史料丛钞（甲编）[M]. 长沙：湖南教育出版社.

刘子扬, 张莉, 2006. 清廷查办秘密社会案（1-40）[M]. 北京：线装书局.

上海师范大学, 中国第一历史档案馆, 1993. 福建·上海小刀会档案史料汇编 [M]. 福州：福建人民出版社.

萧一山, 1986. 近代秘密社会史料 [M]. 长沙：岳麓书院.

郑天挺, 1981. 明清史资料 [M]. 天津：天津人民出版社.

中国第一历史档案馆, 北京师范大学, 1985. 辛亥革命前十年间民变档案史料 [M]. 北京：中华书局.

赵嘉珠，2004. 中国会道门史料集成 [M]. 北京. 中国社会科学出版社.

中国人民大学清史研究所，中国第一历史档案馆，1988. 天地会（1-7）[M]. 北京：中国人民大学出版社.

中国社会科学院近代史研究所近代史料编译室，2013. 五四爱国运动（上下）[M]. 北京：中国社会科学出版社.

中国社会科学院历史研究所，2002. 名公书判清明集 [M]. 北京：中华民收局.

章伯锋，1990. 北洋军阀（1912—1928）[M]. 武汉：武汉出版社.

白希，2003. 黄金荣全传 [M]. 北京：中国国际广播出版社.

白以娟，刘嘉瑜，2004. 社会学基础 [M]. 北京：中国轻工业出版社.

蔡少卿，1987. 中国近代会党史研究 [M]. 北京：中华书局.

曹胜亮，2018. 转型与建构：社会中间层组织与创新社会治理研究 [M]. 武汉：华中科技大学出版社.

常国良，2018. 商人与近代商业教育 [M]. 哈尔滨：黑龙江大学出版社.

陈宝良，2014. 明代社会转型与文化变迁 [M]. 重庆：重庆大学出版社.

陈宝良，2011. 中国的社与会 [M]. 北京：中国人民大学出版社.

陈宝良，1993. 中国流氓史 [M]. 北京：中国社会科学出版社.

陈伯海，袁进，1993. 上海近代文学史 [M]. 上海：上海人民出版社.

陈春花，2020. 组织行为学 [M]. 北京：机械工业出版社.

陈国屏，1975. 清门考源 [M]. 台北：文海出版社影印版.

陈江风，王仁宇，2005. 中国文化概论 [M]. 南京：南京大学出版社.

陈新夏，1995. 人的尺度：主体尺度研究 [M]. 长沙：湖南出版社.

陈旭麓，2011. 陈旭麓学术文集 [M]. 上海：上海人民出版社.

陈旭麓，2018. 近代中国社会的新陈代谢 [M]. 北京：生活·读书·新知三联书店.

陈支平，李玉柱，2013. 闽台文化的多元诠释2 [M]. 厦门：厦门大学出版社.

程杰昇，2015. 中国历史文化 [M]. 北京：中国旅游出版社.

曹新宇，宋军，鲍齐，2002. 中国秘密社会（3）·清代教门［M］. 福州：福建人民出版社.

蔡建文，2002. 中国扫"黑"行动［M］. 福州：福建人民出版社.

池子华，吴建华，2016. 中国社会史教程［M］. 苏州：苏州大学出版社.

褚松燕，2007. 权利发展与公民参与：我国公民资格权利发展与有序参与研究［M］. 北京：中国法制出版社.

戴鞍钢，2019. 晚清史［M］. 上海：复旦大学出版社.

戴玄之，1973. 红枪会（1916-1949年）［M］. 台北：食货出版社有限公司.

戴玄之，2019. 明清帮会教门［M］. 北京：中国社会科学出版社.

邓之诚，1991. 骨董琐记［M］. 北京：中国书店.

邓治文，2009. 我们是谁：合并型组织的社会认同研究［M］. 长沙：湖南人民出版社.

董原，2009. 公共关系学［M］. 北京：中国铁道出版社.

杜恂诚，1998. 中国传统伦理与近代资本主义：兼评韦伯《中国的宗教》［M］. 上海：上海社会科学院出版社.

杜永明，1998. 黑白二十四史（下）［M］. 北京：中国文联出版公司.

范丽珠，欧大年，2013. 中国北方农村社会的民间信仰［M］. 上海：上海人民出版社.

方行，2015. 中国古代经济论稿［M］. 厦门：厦门大学出版社.

费孝通，2020. 乡土中国［M］. 成都：天地出版社.

冯波，2016. 西方古典社会学理论［M］. 北京：中国传媒大学出版社.

冯尔康，2019. 冯尔康文集·清史专题研究［M］. 天津：天津人民出版社.

冯尔康，1994. 中国宗族社会［M］. 杭州：浙江人民出版社.

冯国超，2002. 清史通鉴［M］. 北京：光明日报出版社.

傅金铎，张连月，2002. 中国政党：中国社会团概论［M］. 北京：华文出版社.

傅衣凌，1989. 傅衣凌治史五十年文编［M］. 厦门：厦门大学出版社.

傅衣凌，1992. 明清封建土地所有制论纲［M］. 上海：上海人民出版社.

甘开鹏，2012. 现代社会学教程［M］. 厦门：厦门大学出版社.

高鹏程，2015. 近代红十字会与红卍字会比较研究［M］. 合肥：合肥工业大学出版社.

高其才，2008. 中国习惯法论［M］. 北京：中国法制出版社.

葛剑雄，熊月之，2008. 西制东渐：近代制度的嬗变［M］. 长春：长春出版社.

谷更有，2013. 唐宋时期的乡村控制与基层社会［M］. 天津：天津古籍出版社.

郭彦军，2017. 近代上海社团发展及其社会管理意义研究［M］. 上海：上海交通大学出版社.

何勤华，2009. 法律文化史研究（4）［M］. 北京：商务印书馆.

何秉松，2011. 何秉松刑法学文集［M］. 北京：中国民主法制出版社.

何信恩，2011. 辛亥革命与绍兴［M］. 杭州：西泠印社出版社.

赫治清，1996. 天地会起源研究［M］. 北京：社会科学文献出版社.

侯建强，梁慧丽，2019. 历史学视角下的中国近代社会发展研究［M］. 北京：九州出版社.

胡俊生，2016. 社会学教程新编［M］. 武汉：武汉大学出版社.

胡铁球，2015. 明清歇家研究［M］. 上海：上海古籍出版社.

胡祥翰，1989. 上海小志［M］. 上海：上海古籍出版社.

胡训珉，贺建，1991. 上海帮会简史［M］. 上海：上海人民出版社.

胡珠生，1996. 清代洪门史［M］. 沈阳：辽宁人民出版社.

黄海涛，2012. 明清实学经济伦理思想研究［M］. 昆明：云南大学出版社.

黄仁伟，2016. 江南与上海：区域中国的现代转型［M］. 上海：上海社会科学院出版社.

李吉奎，2014. 孙中山研究丛录［M］. 广州：中山大学出版社.

回龙述古老人，1935. 回龙师尊普度语录（下）[M]. 上海：上海宣化书局.

姜守鹏，1992. 明清社会经济结构 [M]. 长春：东北师范大学出版社.

蒋维明，1980. 川湖陕白莲教起义资料辑录 [M]. 成都：四川人民出版社.

金东日，2016. 组织理论与管理 [M]. 天津：天津大学出版社.

乐正，1991. 近代上海人社会心态 [M]. 上海：上海人民出版社.

雷冬文，2004. 近代广东会党：关于其在近代广东社会变迁中的作用 [M]. 广州：暨南大学出版社.

雷家宏，2017. 中国古代的乡里生活 [M]. 北京：商务印书馆.

李朝霞，李占文，等，2017. 公共关系实务 [M]. 北京：中国医药科技出版社.

李恭忠，黄云龙，2011. 洪门与辛亥革命丛书：发现底层：孙中山与清末会党起义 [M]. 北京：中国致公出版社.

李华瑞，2014. 宋代救荒史稿 [M]. 天津：天津古籍出版社.

李立新，2011. 管理学 [M]. 北京：北京理工大学出版社.

李梁，王金伟，2019. 中国道路的时代价值 [M]. 上海：上海大学出版社.

李芹燕，2018. 影响的剖析：社会化媒体与当代中国的生活方式 [M]. 成都：西南交通大学出版社.

李山，1998. 三教九流大观 [M]. 西宁：青海人民出版社.

李世瑜，2007. 社会历史学文集 [M]. 天津：天津古籍出版社.

李世瑜，1990. 现代华北秘密宗教 [M] 上海：上海文艺出版社.

李延明，吴敏，王宜秋，2010. 近代中国社会形态的演变 [M]. 合肥：安徽大学出版社.

李长莉，2002. 晚清上海社会的变迁：生活与伦理的近代化 [M]. 天津：天津人民出版社.

李子峰，1990. 海底 [M]. 石家庄：河北人民出版社.

李巍, 2018. 环境群体件治理模式研究 [M]. 北京：中国致公出版社.

连东, 2018. 鸦片罂粟通史：欲望、利益与正义的战争 [M]. 上海：上海社会科学院出版社.

连立昌, 秦宝琦, 2002. 中国秘密社会（2）·元明教门 [M]. 福州：福建人民出版社.

梁庚尧, 2016. 中国社会史 [M]. 上海：东方出版中心.

梁景之, 2004. 清代民间宗教与乡土社会 [M]. 北京：社会科学文献出版社.

梁瑞明, 2019. 社会学基础 [M]. 广州：中山大学出版社.

梁义群, 1995. 太平天国政权建设 [M]. 南宁：广西人民出版社.

林增平, 1991. 资产阶级与辛亥革命 [M]. 长沙：湖南出版社.

刘峰, 吴金良, 2017. 中华慈善大典 [M]. 杭州：浙江工商大学出版社.

刘会柏, 谭斌, 2012. 政治学原理 [M]. 成都：西南交通大学出版社.

刘平, 2003. 被遗忘的战争：咸丰同治年间广东土客大械斗研究 1854—1867 [M]. 北京：商务印书馆.

刘平, 2010. 中国密宗教史研究 [M]. 北京：北京大学出版社.

刘平, 2005. 中国民俗通志·江湖志 [M]. 济南：山东教育出版社.

刘雄峰, 2011. 明清民间宗教思想研究：以神灵观为中心 [M]. 成都：巴蜀书社.

刘延刚, 唐兴禄, 米运刚, 2015. 四川袍哥史稿 [M]. 成都：四川教育出版社.

刘延武, 2003. 中国江湖隐语辞典 [M]. 北京：中国社会科学出版社.

刘祖云, 2005. 社会转型解读 [M]. 武汉：武汉大学出版社.

楼嘉军, 2008. 1930—1939 上海城市娱乐研究 [M]. 上海：文汇出版社.

陆其国, 2009. 民国上海帮会 [M]. 上海：文汇出版社.

陆锡兴, 2019. 汉字民俗史 [M]. 北京：商务印书馆.

陆仲伟, 2002. 中国秘密社会（5）·民国会道门 [M]. 福州：福建人民出版社.

路遥, 2000. 山东民间秘密教门 [M]. 北京: 当代中国出版社.

马庆钰, 2014. 治理时代的中国社会组织 [M]. 北京: 国家行政学院出版社.

马西沙, 韩秉方, 2017. 中国民间宗教史 [M]. 北京: 社会科学出版社.

马西沙, 1998. 中华文化通志·民间宗教志 [M]. 上海: 上海人民出版社.

毛佩琦, 1996. 中国社会通史·明代卷 [M]. 太原: 山西教育出版社.

慕小刚, 2017. 老上海记忆 [M]. 北京: 当代世界出版社.

聂磊, 2010. 危机管理中的社会组织研究 [M]. 北京: 知识产权出版社.

欧阳恩良, 潮起龙, 2002. 清代会党 [M]. 福州: 福建人民出版社.

欧阳恩良, 2004. 形异神同: 中国秘密社会两大系统比较研究 [M]. 贵阳: 贵州人民出版社.

彭先国, 2015. 民国土匪问题的历史学阐释 [M]. 湘潭: 湘潭大学出版社.

濮文起, 濮蕾, 2018. 天津民间宗教史 [M]. 济南: 山东画报出版社.

濮文起, 2016. 河北民间宗教史 [M]. 北京: 宗教文化出版社.

濮文起, 2015. 新编中国民间宗教辞典 [M]. 福州: 福建人民出版社.

秦宝琦, 2004. 中国地下社会 (第一卷) [M]. 北京: 学苑出版社.

秦宝琦, 2012. 中国洪门史 [M]. 福州: 福建人民出版社.

秦宝琦, 2006. 中国秘密社会新论: 秦宝琦自选集 [M]. 福州: 福建人民出版社.

秦义春, 2010. 洪门 [M]. 北京: 中国社会出版社.

瞿秋白, 1993. 瞿秋白文集: 政治理论篇 (4) [M]. 北京: 人民出版社.

曲洪志, 林永光, 王公伟, 2003. 中国传统文化概论 [M]. 济南: 山东大学出版社.

阙道隆, 1994. 中国文化精要 [M]. 北京: 中国青年出版社.

韩星, 2015. 段正元与道德学社 [M]. 北京: 知识产权出版社.

荣孟源, 章伯锋, 1987. 近代稗海 [M]. 成都: 四川人民出版社.

容闳, 2006. 容闳回忆录: 我在中国和美国的生活 [M]. 北京: 东方出版社.

上海市出租汽车公司党史编写组, 1991. 上海出租汽车人力车工人运动史 [M]. 北京: 中共党史出版社.

上海市卢湾区志编纂委员会, 1998. 卢湾区志 [M]. 上海: 上海社会科学院出版社.

尚丽新, 车锡伦, 2015. 北方民间宝卷研究 [M]. 北京: 商务印书馆.

邵雍, 1997. 中国会道门 [M]. 上海: 上海人民出版社.

邵雍, 2017. 中国近代贩毒史 [M]. 上海: 上海社会科学院出版社.

邵雍, 2010. 中国近代会道门史 [M]. 合肥: 合肥工业大学出版社.

邵雍, 2016. 中国近代秘密社会研究 [M]. 上海: 上海书店出版社.

邵雍等, 2013. 社会史视野下的近代上海 [M]. 上海: 学林出版社.

宋常铁, 2013. 上海往事: 杜月笙与孟小冬 [M]. 武汉: 华中科技大学出版社.

宋军, 2002. 清代弘阳教研究 [M]. 北京: 社会科学文献出版社.

宋钻友, 张秀莉, 张生, 2011. 上海工人生活研究(1843—1949)[M]. 上海: 上海辞书出版社.

宋钻友, 2007. 广东人在上海(1843—1949)[M]. 上海: 上海人民出版社.

苏全有, 陈建国, 2006. 中国社会史专题研究 [M]. 呼和浩特: 内蒙古人民出版社.

苏轼, 2018. 乞增修弓箭社条约状二首 [A] // 吕思勉. 吕著史学与史籍(下)[M]. 长春: 吉林人民出版社.

苏智良, 陈丽菲, 1991. 近代上海黑社会研究 [M]. 杭州: 浙江人民出版社.

苏智良, 2010. 上海黑帮 [M]. 上海: 上海辞书出版社.

苏智良, 2017. 中国毒品史 [M]. 上海: 上海社会科学院出版社.

陶成章, 1985. 陶成章集 [M]. 北京: 中华书局.

天津市档案馆，2009. 旧天津的新生［M］. 天津：天津人民出版社.

万明，2005. 晚明社会变迁问题与研究［M］. 北京：商务印书馆.

万晴川，2018. 古代小说文化学［M］. 长春：吉林文史出版社.

中国人民政治协商会议上海市委员会文史资料委员会，1986. 旧上海的帮会［M］. 上海：上海人民出版社.

王怀明，2014. 组织行为学：理论与应用［M］. 北京：清华大学出版社.

王淼，2017. 现代性悖论研究［M］. 长春：吉林人民出版社.

王绍光，2007. 安邦之道：国家转型的目标与途径［M］. 北京：生活·读书·新知三联书店.

王卫国，王玺昌，奚德强，2014. 上海港码头号子［M］. 上海：上海文化出版社.

王学泰，2014. 游民文化与中国社会［M］. 太原：山西人民出版社.

王学泰，2012. 中国游民［M］. 上海：上海远东出版社.

王询，2007. 文化传统与经济组织［M］. 沈阳：东北财经大学出版社.

池子华，张丽萍，汪丽萍，2015. 红十字运动研究 2015 年卷［M］. 合肥：合肥工业大学出版社.

王兆祥，1993. 白莲教探奥［M］. 西安：陕西人民教育出版社.

韦克难，沈光明，2003. 社会学概论［M］. 成都：四川人民出版社.

卫国，王玺昌，奚德强，2014. 上海港码头号子［M］. 上海：上海文化出版社.

陈翰笙，1985. 华工出国史料汇编（5）［M］. 北京：中华书局.

吴汉民，1999. 20 世纪上海文史资料文库（10）［M］. 上海：上海书店出版社.

吴凯，2010. 中国社会民俗史（6）［M］. 北京：中国古籍出版社.

吴鹏森，2008. 犯罪社会学［M］. 北京：社会科学文献出版社.

吴增基，吴鹏森，孙振芳，2018. 现代社会学［M］. 上海：上海人民出版社.

吴善中，2003. 晚清哥老会研究［M］. 长春：吉林人民出版社.

忻平，1996. 从上海发现历史：现代化进程中的上海人及其社会生活 1927—1937［M］. 上海：上海人民出版社.

熊月之，2019. 上海人解析［M］. 上海：上海教育出版社.

徐光有，2018. 省际结合部：清末捻变再研究［M］. 长春：吉林大学出版社.

徐珂，1917. 清稗类钞（27）［M］. 北京：商务印书馆.

徐祥运，刘杰，2018. 社会学概论［M］. 沈阳：东北财经大学出版社.

徐小跃，1999. 罗教与《五部六册》揭秘［M］. 南京：江苏人民出版社.

许纪霖，1997. 寻求意义：现代化变迁与文化批判［M］. 上海：上海三联书店.

许建兵，李艳荣，宋喜存，等，2016. 社会学教程［M］. 长春：吉林大学出版社.

严昌洪，1997. 在商业革命的大潮中：中国近代商事习惯的变迁［M］. 武汉：华中理工大学出版社.

杨丹，2019. 人际关系学［M］. 武汉：武汉大学出版社.

杨庆堃，2016. 中国社会中的宗教［M］. 成都：四川人民出版社.

杨在军，2006. 晚清公司与公司治理［M］. 北京：商务印书馆.

杨子慧，1996. 中国历代人口统计资料研究［M］. 北京：改革出版社.

杨继绳，2013. 中国当代社会阶层分析［M］. 南昌：江西高校出版社.

姚宇，2019. 从实证主义到实用主义的社会分析［M］. 北京：中国经济出版社.

易益典，李峰，2013. 社会学教程［M］. 上海：上海人民出版社.

于凤春，刘邦凡，2011. 社会学概论［M］. 北京：中国铁道出版社.

余耀东，2012. 江湖习俗［M］. 合肥：黄山书社.

余英时，2013. 士与中国文化［M］. 上海：上海人民出版社.

郁有满，2004. 江苏帮会志［M］. 北京：方志出版社.

袁秋菊，高慧，2018. 组织行为学［M］. 重庆：重庆大学出版社.

张光耀，1991. 襄樊港史［M］. 北京：人民交通出版社.

张国刚，2002. 中国社会历史评论（4）[M]. 北京：商务印书馆.

张弘文，石沧，1994. 青红帮三大亨 [M]. 石家庄：河北人民出版社.

张洪成，2017. 毒品犯罪刑事政策之反思与修正 [M]. 北京：中国政法大学出版社.

张仁善，2013. 礼·法·社会：清代法律转型与社会变迁 [M]. 北京：商务印书馆.

张顺义，2016. 中华茶道 [M]. 北京：线装书局.

张宪臣，2005. 吴桥民俗志 [M]. 北京：西苑出版社.

张献忠，2015. 从精英文化到大众传播：明代商业出版研究 [M]. 桂林：广西师范大学出版社.

张晓丽，赵杨，杨林，2015. 社会学 [M]. 北京：航空工业出版社.

张心昊，1993. 现代公共关系学 [M]. 北京：警官教育出版社.

张艳玲，2015. 人在租界之杜月笙 [M]. 北京：华文出版社.

张永理，2007. 封建主义及其当代影响研究 [M]. 北京：中国政法大学出版社.

张驭寰，2015. 中国城池史 [M]. 北京：中国友谊出版公司.

张志军，2016. 河北宗教简史 [M]. 北京：宗教文化出版社.

张志军，2016. 河北宗教史图集 [M]. 北京：宗教文化出版社.

张治库，2019. 现代社会关系视域下的马克思主义人学研究 [M]. 北京：中央编译出版社.

张忠民，陆兴龙，2003. 企业发展中的制度变迁 [M]. 上海：上海社会科学院出版社.

张忠民，陆兴龙，2003. 企业发展中的制度变迁 [M]. 上海：上海社会科学院出版社.

张仲礼，熊月之，沈祖炜，2002. 长江沿江城市与中国近代化 [M]. 上海：上海人民出版社.

张仲礼，1990. 近代上海城市研究 [M]. 上海：上海人民出版社.

张爽，2012. 有组织犯罪文化研究 [M]. 北京：中国人民公安出版社.

章开沅，罗福惠，1993. 比较中的审视：中国早期现代化研究 [M].
杭州：浙江人民出版社.

赵崔莉，2015. 被遮蔽的现代性：明清女性的社会生活与情感体验
[M]. 北京：知识产权出版社.

赵宏，2012. 民国三大帮会：青都 [M]. 北京：民主与建设出版社.

赵清文，2019. 品读王阳明：知行合一的心学智慧 [M]. 北京：华夏
出版社.

赵英兰，2001. 民国生活掠影 [M]. 沈阳：沈阳出版社.

赵颖，2009. 当代中国黑社会性质组织犯罪分析 [M]. 沈阳：辽宁人
民出版社.

郑大华，2012. 中国近代思想史学术前沿诸问题 [M]. 长沙：湖南师
范大学出版社.

郑光路，2018. 成都"变脸" [M]. 成都：西南交通大学出版社.

郑劭荣，刘丽娟，2009. 侠客 [M]. 北京：中国社会出版社.

郑永华，赵志，2012. 近代以来的会道门 [M]. 北京：社会科学文献
出版社.

中国科协发展研究中心课题组，2014. 近代中国科技社团 [M]. 北京：
中国科学技术出版社.

周蓓，2013. 清代基层社会聚众案件研究 [M]. 郑州：大象出版社.

周国文，2019. 生态和谐社会伦理范式阐释研究 [M]. 北京：中央编
译出版社.

周秋光，曾桂林，向常水，2013. 中国近代慈善事业研究 [M]. 天津：
天津古籍出版社.

周武，吴桂龙，1999. 上海通史（第5卷）晚清社会 [M]. 上海：上
海人民出版社.

周武，2019. 边缘缔造中心 [M]. 上海：上海书店出版社.

周育民，邵雍，2012. 中国帮会史 [M]. 武汉：武汉大学出版社.

朱邦兴，胡林阁，徐声，1984. 上海产业与上海职工 [M]. 上海：上
海人民出版社.

朱俊强，2000. 秘密社会与社会控制：广西天地会研究（1794—1921）[M]. 桂林：广西师范大学出版社.

朱小云，2017. 中国武术发展研究 [M]. 北京：光明日报出版社.

朱英，2011. 辛亥革命与近代中国社会变迁 [M]. 武汉：华中师范大学出版社.

祝慈寿，1999. 中国工业劳动史 [M]. 上海：上海财经大学出版社.

邹牧仑，2006. 长河落日：中国近代的政治演变 [M]. 北京：中国社会出版社.

崔溥，1992. 漂海录：中国行记 [M]. 北京：社会科学文献出版社.

贝尔纳·布里赛，2014. 上海：东方的巴黎 [M]. 刘志远，译. 上海：上海远东出版社.

田海，2018. 天地会的仪式与神话：创造认同 [M]. 李恭忠，译. 北京：商务印书馆.

田海，2017. 中国历史上的白莲教 [M]. 刘平，王蕊，译. 北京：商务印书馆.

穆黛安，2019. 华南海盗（1790—1810）[M]. 北京：商务印书馆.

裴宜理，2018. 上海罢工：中国工人政治研究 [M]. 北京：商务印书馆.

小科布尔，1987. 江浙财阀与国民政府（1927—1937 年）[M]. 蔡静仪，译. 天津：南开大学出版社.

谢弗，2014. 社会学与生活 [M]. 赵旭东，等译. 北京：世界图书北京出版公司.

青木正儿，1985. 中国文学思想史 [M]. 孟庆文，译. 沈阳：春风文艺出版社.

小浜正子，2003. 近代上海的公共性与国家 [M]. 葛涛，译. 上海：上海古籍出版社.

赫胥黎，2014. 天演论 [M]. 严复，译. 贵阳：贵州教育出版社.

布赖恩·马丁，2002. 上海青帮 [M]. 周育民，等译. 上海：上海三联书店.

彼得. M. 布劳, 2008. 社会生活中的交换与权力 [M]. 北京: 商务印书馆.

费弗, 2006. 组织的外部控制: 对组织资源依赖的分析 [M]. 闫蕊, 译. 北京: 东方出版社.

史蒂文·瓦戈, 2007. 社会变迁 [M]. 王晓黎, 等译. 北京: 北京大学出版社.

周锡瑞, 1998. 义和团运动的起源 [M]. 张俊义, 王栋, 译. 南京: 江苏人民出版社.

酒井忠夫, 2017. 道家·道教史的研究 [M]. 曾金兰, 译. 济南: 齐鲁书社.

平山周, 1927. 中国秘密社会史 [M]. 上海: 上海商务印书馆.

弗里德曼, 2000. 中国东南的宗族组织 [M]. 刘晓春, 译. 上海: 上海人民出版社.

罗德里克·马丁, 1992. 权力社会学 [M]. 丰子义, 张宁, 译. 北京: 生活·读书·新知三联书店.

诺贝特·埃利亚斯, 2003. 个体的社会 [M]. 翟三江, 陆兴华, 译. 北京: 译林出版社.

柏桦, 刘更光, 2007. 宗教与邪教: 明清时期刑罚政治观 [J]. 西南大学学报 (人文社会科学版): 56-63.

蔡勤禹, 1999. 明清时期民间宗教等级制度评析 [J]. 青岛大学师范学院学报: 6-9.

蔡少卿, 2001. 论澳洲的华人秘密社会 [J]. 江海学刊: 132-137.

曹春婷, 邵雍, 2014. 南京国民政府时期青帮头面人物的阶层分析: 以《近代家里知闻录》为中心 [J]. 江西师范大学学报 (哲学社会科学版): 111-116.

潮龙起, 甘满堂, 2004. 清代秘密会党的茶诗与茶阵 [J]. 农业考古 (4): 157-158, 171.

潮龙起，2004. 秘密社会研究的理论视角 [J]. 烟台大学学报（哲学社会科学版），17（3）：324-327.

潮龙起，2003. 租界、教会与近代中国的秘密社会 [J]. 复印报刊资料（中国近代史）：98-104.

陈宝良，1994. 明代的秘密社会与天地会的渊源 [J]. 史学集刊（1）：1-10.

渡边惇，钱保元，1990. 清末时期长江下游的青帮、私盐集团活动：以与私盐流通的关系为中心 [J]. 盐业史研究（2）：60-77.

耿金，2011. 清末会党与革命党合作原因探析 [J]. 思想战线，37（S2）：168-172.

郭莹，2000. "帮会文化"略论 [J]. 湖北大学学报（哲学社会科学版），27（1）：72-75.

黄国信，叶锦花，2012. 食盐专卖与海域控制：以嘉万年间福州府沿海地区为例 [J]. 厦门大学学报（哲学社会科学版）（3）：101-108.

黄清根，1994. 帮会与中国文化 [J]. 江汉论坛（2）：70-74.

李恭忠，2016. 蒙冤叙事与下层抗争：天地会起源传说新论 [J]. 南京大学学报（哲学·人文科学·社会科学），53（5）：110-123.

李恭忠，2016. 辛亥前后的"洪门民族主义"论说 [J]. 近代史研究（6）：4-22.

李海珉，1993. 丐帮切口透视 [J]. 汉语学习（4）：32-35.

李凯鸿，1993. 第一届中国近代秘密社会史国际学术讨论会综述 [J]. 近代史研究（6）：255-261.

李明伟，2002. 清末民初城市社会阶层嬗变研究 [J]. 社会科学辑刊（1）：116-121.

梁家贵，许广芳，2004. 抗日战争时期秘密社会研究综述 [J]. 贵州社会科学（1）：116-121.

梁家贵，2009. 秘密社会与政治势力之博弈：以"黔东事变"的同善社为例 [J]. 甘肃社会科学（2）：6-11.

刘平，2009. 秘密社会与社会变迁（三篇）[J]. 甘肃社会科学（2）：1.

刘平，2004. 要重视乡村边缘群体的研究 [J]. 史学月刊（12）：9-12.

刘子扬，1987. 清代秘密会党档案史料概述 [A] //中国会党史研究会. 会党史研究 [C]. 上海：学林出版社.

鲁西奇，江田祥，2011. 传统中国秘密社会的"核心集团"与"核心区"：以白莲教"襄阳教团"的形成为中心 [J]. 厦门大学学报（哲学社会科学版）（6）：17-25.

陆勇，2006. 晚清社会变迁中的长江下游青帮 [J]. 上海师范大学学报（哲学社会科学版）（2）：103-110.

陆勇，2003. 晚清秘密教门与近代社会变迁 [J]. 云南社会科学（4）：83-87.

麻国庆，2000. 秘密社会与传统汉族社会结构 [J]. 思想战线（3）：97-102.

马学军，2016. 把头包工制：近代中国工业化中的雇佣和生产方式 [J]. 社会学研究，31（2）：102-122，243.

欧阳恩良，2007. 论乾嘉时期贵州秘密社会的兴起 [J]. 贵州社会科学，212（8）：145-151.

欧阳恩良，2009. 民俗文化与秘密社会 [J]. 中国文化研究（3）：61-69.

秦宝琦，1995. 18 世纪中国秘密社会与农民阶级的历史命运 [J]. 清史研究（1）：80-91.

秦宝琦，1992. 清前期秘密社会简论 [J]. 清史研究（1）：39-49.

秦宝琦，2000. 从无为教到青莲教 [A] //中国第一历史档案馆编. 明清档案与历史研究论文集：庆祝中国第一历史档案馆成立 70 周年（下）[M]. 北京：中国友谊出版公司.

饶怀民，1994. 第一届中国近代秘密社会史国际学术讨论会综述 [J]. 湖南师范大学社会科学学报（1）：76-80.

阮清华，2007. 革命史叙事框架下帮会研究的一个误区：试论游民与帮会之关系 [J]. 华东师范大学学报（哲学社会科学版）（5）：43-48.

邵华，2015. 湘军兴起与晚清湖南社会的失范 [J]. 求索（6）：165-169.

邵雍，2010. 1945—1947 年秘密社会的组党风潮 [J]. 民国档案（4）：116-121.

邵雍，2008. 近代秘密社会与民主革命的关系 [J]. 上海师范大学学报（哲学社会科学版）（5）：105-111.

申浩，2001. 江南"访行"的兴起、结构及功能 [J]. 史林（3）：69-75.

时刚，华强，2010. 近代社会转型期的流民问题与秘密结社 [J]. 南京政治学院学报，26（1）：67-71.

苏智良，陈蒙，1989. 近代上海帮会繁盛原因初探 [A] //洪泽. 上海研究论丛（2）[M]. 上海：上海社会科学院出版社.

田明，2013. 邮政发展与中国近代社会交往方式的转型刍议 [J]. 民国研究（1）：141-156.

王大为，曹新宇，2000. 一个西方学者关于中国秘密社会史研究的看法 [J]. 清史研究（2）：13-23.

王笛，2010. 神秘的语言和沟通：19 世纪四川袍哥的隐语、身份认同与政治文化 [J]. 史林（1）：89-97.

王笛，2015. 乡村秘密社会的多种叙事：1940 年代四川袍哥的文本解读 [J]. 四川大学学报（哲学社会科学版）（3）：12-26.

王骥洲，张登国，2013. 体制外社会伦理情结探析 [J]. 东岳论丛（5）：80-83.

王见川，2015. 民间宗教经卷的年代及真伪问题：以《九莲经》《三煞截鬼经》为例 [J]. 清史研究，97（1）：109-117.

吴雪梅，2017. 适应性选择：明清两湖乡村社会秩序的形成机制：乡村社会秩序建构的另外一种解释 [J]. 华中师范大学学报（人文社会科学版），56（6）：124-131.

吴之邨，2003. "洪门"考源 [J]. 安徽史学（1）：26-27.

习五一，2002. 宗教与邪教：中华民族文化古今渊源辨析［J］. 公安大学学报（5）：1672-2140.

谢元鲁，2007. 论中国古代社会的虚拟血缘关系［J］. 史学月刊（5）：5-15.

徐泓，1980. 明代的私盐［J］. 台湾大学历史学系学报（7）：259-263.

尹恩子，2002. 哥老会起源问题研究综述［J］. 清史研究（1）：106-113.

虞和平，1997. 西学东渐与中国现代社团的兴起：以戊戌学会为中心［J］. 社会学研究（3）：52-59.

张军，黄美珠，1993. 秘密社会与第一次工人运动高潮［J］. 党史研究与教学（2）：38-42.

张佐良，2007. 从河州事变看乾隆朝民变的政府对策［J］. 学术研究（11）：110-115.

赵树冈，2013. 文本、仪式与认同：19 世纪星马华人秘密社会组织研究［J］. 世界民族（1）：52-62.

赵志，2003. 试论清后期金丹道教与帮会组织的融合［J］. 阴山学刊（3）：66-70.

郑永华，2003. 教祖神话与明清北京秘密教门问题探析［A］// 朱明德. 北京古都风貌与时代气息研讨会论文集［C］. 北京：北京燕山出版社.

周东华，2009. 论民国武侠会党小说的民俗意义［J］. 浙江社会科学（6）：95-100.

周建超，2000. 大革命时期中共关于农村秘密社会工作的理论与实践［J］. 江苏社会科学（3）：158-163.

周育民，2012. 九宫道若干历史问题辨析［A］//中国义和团研究会. 义和团运动 110 周年国际学术讨论会论文集［M］. 济南：山东大学出版社.

朱新山，2010. 试论传统乡村社会结构及其解体［J］. 上海大学学报（社会科学版）（5）：36-42.

高士达, 2004. 为财神, 还是为弥勒: 关于中国清朝中期民间宗教各派中的钱财及其使用 [A] //社会问题研究丛书编辑委员会编. 宗教、教派与邪教: 国际研讨会论文集 [M]. 南宁: 广西人民出版社.